MÉMOIRES INÉDITS

DE

L'INTERNONCE A PARIS

PENDANT

LA RÉVOLUTION

L'auteur et les éditeurs réservent leurs droits de traduction et de reproduction à l'étranger.

Ce volume a été déposé au ministère de l'intérieur (section de la librairie) en mai 1890.

PARIS. TYPOGRAPHIE DE E. PLON, NOURRIT ET Cie, RUE GARANCIÈRE, 8

Mgr DE SALAMON

MÉMOIRES INÉDITS

DE

L'INTERNONCE A PARIS

PENDANT

LA RÉVOLUTION

1790-1801

Avant-propos, Introduction, Notes et Pièces justificatives

PAR

L'Abbé BRIDIER

du Clergé de Paris.

PARIS

LIBRAIRIE PLON

E. PLON, NOURRIT ET Cie, IMPRIMEURS-ÉDITEURS

RUE GARANCIÈRE, 10

—

1890

Tous droits réservés

AVANT-PROPOS

J'étais à Rome il y a quelques années.

J'habitais, *Via delle quattro Fontane,* une maison bien charmante, bien hospitalière au clergé français; et là, j'étais l'hôte de M. Captier, qui représente auprès du Saint-Siège la Compagnie de Saint-Sulpice [1].

Or, un jour, il reçut la visite d'un avocat romain, M. Alessandro Bosi.

« Je suis possesseur, lui dit ce dernier, des Mémoires manuscrits d'un de vos anciens évêques, Mgr de Salamon, internonce à Paris pendant la Révolution. Je songe à m'en défaire; voulez-vous les accepter? »

En même temps, il lui présentait trois petits volumes, *tre piccoli volumi*, pour parler comme M. Bosi.

---

[1] M. Captier est le frère du R. P. Captier, prieur d'Arcueil, tombé, en 1871, sous les balles de la Commune.

En tête du premier se lisait cette épigraphe classique :

Infandum, regina, jubes renovare dolorem.

Au-dessous, en grosses lettres :

A Madame de Villeneuve, née comtesse de Ségur.

Puis, à la fin de chaque volume, sur le dernier feuillet, une signature ainsi libellée :

Certifié conforme à l'original.

Louis DE SALAMON, *évêque d'Orthozie.*

Tout le reste était écrit par une main étrangère et rédigé en *italien.*

M. Captier ne soupçonnait même pas qu'il eût existé un évêque, surtout un internonce, du nom de Salamon. C'est le cas de presque tous ceux qui lisent maintenant ces lignes. Mais il pensa que le document pourrait intéresser l'histoire de notre Église de France. Trop occupé, d'ailleurs, pour suivre cette affaire, il m'adressa M. Bosi.

Je reçus les manuscrits de l'internonce, je les lus et trouvai un personnage des plus curieux, un récit des plus captivants. En même temps, certaines parties de ces Mémoires me semblaient constituer, au point de vue historique, une véritable révélation. Bref,

M. Captier ne s'était pas trompé : l'œuvre était digne d'être connue.

Mais ne l'était-elle point déjà? C'est la question que je me posais en relisant ces mots de la signature : *Certifié conforme à l'original.* Je n'avais donc entre les mains autre chose qu'une copie. Par suite, il existait, ou avait existé, un original. Où cela? En France, sans aucun doute, le récit étant dédié à une Française, Mme de Villeneuve-Ségur. Ce texte original avait-il échappé aux chercheurs? La chose me semblait difficile. Ils sont si nombreux, si avides, et le morceau était si friand! Dès lors, qui me prouvait que cet *inédit* n'était pas *édité*, publié, peut-être même oublié déjà au fond de nos bibliothèques de France, ou bien au milieu des livres qui se promènent sur nos quais?

Je soumis mes réflexions à M. Bosi :

« Il est vrai, me dit-il… Je n'y avais pas songé.

— Je le crois sans peine, répondis-je ; ces doutes-là ne viennent jamais qu'à l'esprit des acheteurs. »

Bref, il fut convenu que je commencerais par éclaircir la question, et qu'en attendant, les précieux *piccoli volumi* resteraient en dépôt entre les mains de M. Captier.

Peu après, je rentrai en France et commençai mes recherches.

J'écrivis tout d'abord à la famille de Mme de Villeneuve-Ségur, puisque c'est à cette dame qu'est adressé le récit [1].

Je pris des informations à Avignon, à Carpentras, à Saint-Flour et à Rouen, que l'auteur avait successivement habités. Je consultai ses biographies, d'ailleurs bien rares et bien courtes [2]. J'eus recours à MM. Léopold Delisle et d'Auriac, dont l'obligeance et les lumières me dispensèrent de longues recherches à la rue de Richelieu [3]; et j'acquis la certitude que ce document n'était ni publié ni même connu [4].

Je l'écrivis à M. Captier, en lui envoyant le prix convenu; il m'expédia les manuscrits. Qui fut content? On le devine.

---

[1] M. l'abbé de Villeneuve, du clergé de Poitiers, arrière-petit-fils de Mme de Villeneuve, a bien voulu faire des recherches au château des Roches.

[2] Celles de Barjavel, Feller, Michaud, Larousse. La plus nette est celle de Feller, augmentée par Pérennès. On la dirait dictée par l'internonce lui-même. V. Pièces justificatives.

[3] On n'y possède qu'un mandement du prélat.

[4] Depuis lors, j'ai visité les Bibliothèques et les Archives de ces différentes villes; j'ai fait plusieurs communications sur ces Mémoires, en particulier au Salon des OEuvres du Cercle catholique des étudiants (rue du Luxembourg). Je n'ai rien découvert ni rien appris de plus.

Et moi, je n'étais guère moins heureux que M. Bosi. Car, en cherchant avec ardeur, j'avais le désir très vif de ne rien trouver.

Maintenant, de qui les tenait mon vendeur? D'une famille autrefois dans l'aisance, chez laquelle descendait Mgr de Salamon.

Voilà ce que m'a dit M. Bosi, et rien davantage. Pour le reste, il avait pris des engagements de discrétion.

Ce renseignement est peu de chose, et cependant il suffit à nous faire deviner la vérité.

Reçu dans une noble famille, quand il venait à Rome, le prélat voulut reconnaître cette hospitalité. Que pouvait-il offrir? Rien de plus agréable, sans doute, que ces pages toutes pleines de lui. D'ailleurs, la chose était facile, l'œuvre se trouvant déjà composée pour Mme de Villeneuve.

Il chargea donc un scribe habile[1] d'en faire une copie sur beau papier, la retoucha[2], la signa de sa main; et tel fut son présent.

[1] Un des maîtres de la corporation évidemment. Aussi se servait-il de poudre d'or! Il en reste encore des parcelles attachées aux soies du papier. Cela y met de beaux reflets. Du reste, ce scribe ne devait pas savoir l'italien, car les fautes sont nombreuses et nous valent quelques passages indéchiffrables.
[2] Trop rapidement.

Ces trois petits volumes, si soignés, si jolis, si frais — alors qu'ils étaient jeunes! — sous leur couverture de carton aux couleurs bigarrées, la riche famille les conserva longtemps.

Mais les livres, comme dit Horace, ont leurs destinées, les destinées de leurs possesseurs eux-mêmes.

La pauvreté vint s'asseoir au foyer. Après bien d'autres choses, la bibliothèque fut vendue, sauf ces manuscrits, chers souvenirs d'un hôte aimé et du bonheur passé. Puis, le besoin pressant, on en vint à se dire qu'ils avaient, eux aussi, une *valeur vénale*. Avec cela, on s'assurait quelques ressources de plus; et l'on se décida à les offrir. Mais on le fit comme on eût fait une mauvaise action, en s'enveloppant de mystère et en s'assurant le secret. Telle est, sans doute, l'explication. Elle n'est point neuve, elle convient à plusieurs documents du même genre. C'est ce qui la rend plausible.

Elle achève d'expliquer aux lecteurs comment la copie des Mémoires de l'internonce se trouve entre mes mains.

Quant à l'original, il est perdu, sans doute. Mais qu'importe? Ma copie, revêtue de la griffe du prélat

AVANT-PROPOS. VII

et certifiée conforme, équivaut à l'original, et... je la livre au public [1].

[1] Pour compléter ces renseignements, je dois ajouter ici un fait curieux, que m'a raconté M. Boulay de la Meurthe.

Il y a dans l'*Histoire des émigrés* de FORNERON, t. II, un passage ainsi conçu : « Lorsque l'abbé *Salomon*, ancien conseiller-clerc au Parlement de Paris, est poursuivi comme *émigré rentré*, Merlin de Douai recommande aux juges de le condamner, et imagine d'ingénieux déclinatoires pour le transférer devant un autre tribunal, dès qu'il le voit acquitté. » Comme l'auteur ne cite pas ses sources, M. Boulay le questionna à ce sujet. « J'ai feuilleté, lui répondit-il, les Mémoires de ce personnage, mais je ne puis vous en dire davantage, car je les dois à une communication toute confidentielle, et *j'ai pris des engagements de discrétion.* » C'est exactement ce que me disait M. Bosi. Est-ce mon exemplaire, est-ce un autre, que Forneron a eu entre les mains?

En tout cas, il l'a feuilleté bien rapidement, car il écrit *Salomon*, quand le prélat signe très lisiblement *de Salamon*, et, ce qui est bien plus fort, il n'est dit ni insinué nulle part, pas plus dans les Mémoires que dans les documents contemporains, que le prélat fut poursuivi comme émigré rentré.

INTRODUCTION

I

L'OCCASION ET LA DATE DES MÉMOIRES.

Mgr de Salamon ne voulait pas écrire le récit de ses aventures. Ce n'est pas que la tâche l'effrayât : il avait le travail facile, une mémoire excellente, des souvenirs encore tout frais et le secours des notes qu'il n'avait pas manqué de prendre; car c'était chez lui une vieille habitude.

Seulement, il avait des préjugés qui ne sont plus de notre époque, il craignait de passer auprès des gens de son monde pour un *plumitif,* c'est-à-dire pour un de ces malheureux qui trafiquent de leur esprit et « composent pour vivre ».

Puis, il était modeste, du moins il n'avait pas la maladie moderne[1] de faire parler de soi, et ne se sou-

---

[1] *Le cabotinage.* Il nous envahit.

ciait point de livrer en pâture à la curiosité publique sa personne et ses sentiments.

Aussi les chasseurs de Mémoires, nombreux en ce temps-là, car le gibier ne manquait pas, s'étaient vus éconduits. Entre autres, l'abbé Sicart, l'instituteur des sourds-muets.

Ce dernier tenait beaucoup à avoir les aventures de son *camarade de violon*. C'est ainsi qu'il désignait l'internonce, parce qu'ils avaient été enfermés ensemble, à l'Abbaye, dans une de ces petites prisons qu'on appelle un *violon*.

Il voulait les joindre aux siennes. Elles paraîtraient ensemble dans le premier numéro des *Annales catholiques* qu'il s'apprêtait à lancer [1]. Cela ferait sensation et amènerait des abonnés.

Il revint donc à la charge, envoya un libraire, fit offrir jusqu'à 3,000 francs, le tout sous main et sans paraître ; car il avait été reçu de façon à n'y pas revenir.

Mais l'internonce était un ancien magistrat, « il savait plus d'un tour » : il flaira celui-ci. « Je sais qui vous envoie, dit-il au messager, remportez votre argent. » L'autre tourna les talons.

---

[1] Le premier numéro, paru en 1796, contient, en effet, la relation de l'abbé Sicart.

Et cependant, à ce moment-là même, — c'était sous la Terreur, — l'internonce n'avait, pour parler son langage, « ni un sou dans sa poche, ni un morceau de pain à se mettre sous la dent ».

Il ne s'était départi de sa résolution qu'à l'égard d'un souverain, et quel souverain ! Celui qu'il se plaît à appeler le grand, l'immortel Pie VI. Peu de jours après sa sortie de l'Abbaye, il lui avait envoyé une relation des massacres : encore était-ce une sorte de document diplomatique, bref, succinct et rédigé en italien [1].

La place paraissait donc inexpugnable, quand Mme de Villeneuve [2] s'en vint donner l'assaut.

Elle était liée, depuis longtemps, avec l'internonce. Elle l'avait entendu, et bien des fois, raconter ses aventures. Elle en avait été charmée : il les contait si bien ! Elle désira les goûter tout à son aise, à tête reposée ; en d'autres termes, elle voulut les lire.

---

[1] Je n'ai pu remettre la main dessus. La comparaison eût été curieuse avec le premier livre des *Mémoires*.

[2] Elle était fille du comte de Ségur, grand maître des cérémonies de l'Empereur, et sœur de l'auteur de *Napoléon et la Grande Armée*. Elle avait épousé le baron de Villeneuve, trésorier général de la ville de Paris. Une de ses filles épousa le comte Balbo, ambassadeur de Sardaigne à Paris, dont il est question dans les Mémoires.

Du reste, elle connaissait très bien les scrupules du narrateur. Elle les respectait, les approuvait. Aussi lui donnait-elle sa parole que le manuscrit ne sortirait pas de ses mains. Et quand même, quand les surprises de l'avenir viendraient tromper sa promesse et ses prévisions, il restait un moyen bien simple d'échapper, c'était de se servir d'une langue étrangère. Elle parlait, elle écrivait l'italien, en prose, en vers, avec la même facilité que le prélat lui-même [1]. Qu'il rédigeât donc ses Mémoires en italien. De la sorte, c'était mettre une barrière, c'était mettre les Alpes, pour ainsi dire, entre lui et le public. Qui jamais s'aviserait de l'aller chercher là ?

Joignez que la solliciteuse était une femme vertueuse, une femme aimable, et qu'avec cela, elle voulait bien ce qu'elle voulait.

Le moyen de résister ! L'internonce se rendit, et se rendit à discrétion. Il écrivit ses Mémoires sans arrière-pensée, sans défiance de l'avenir, à cœur ouvert, par le menu, avec les noms des personnages contemporains, citant amis, ennemis, enfin comme il contait dans les salons..... sans oublier les médisances.

---

[1] On conserve, paraît-il, aux Roches, des poésies italiennes de Mme de Villeneuve.

Du reste, il pensait bien les arrêter à la fin du premier livre : c'est ce que prouve la conclusion.

Mais l'appétit vint à Mme de Villeneuve... en lisant. Il fallut se remettre au travail, ajouter le second livre, puis le troisième, enfin tout.

Ceci se passait au moment où M. Pasquier était préfet de police. C'est l'époque indiquée par les Mémoires, par conséquent entre 1808 et 1812.

Or, en 1812, Mme de Villeneuve mourut, âgée de trente-quatre ans. L'internonce venait de terminer son travail. Et ainsi, comme tant d'œuvres célèbres, — qu'on me pardonne ce rapprochement, — celle-ci a été composée pour répondre aux désirs d'une femme, et c'est à Mme de Villeneuve-Ségur que nous la devons[1].

II

LA FAMILLE DE L'INTERNONCE. — IL ENTRE AU PARLEMENT DE PARIS.

Avant d'aborder l'examen des Mémoires de l'internonce, je dois dire un mot de sa naissance et de sa

---

[1] Tout cela ne se trouve expressément nulle part, mais se *dégage* des Mémoires et des renseignements que j'ai recueillis sur Mme de Villeneuve.

situation au Parlement de Paris : car ce sont elles, en partie, qui fixèrent sur sa personne les regards de Pie VI.

Les Salamon (et non Salomon, comme on écrit souvent) sont originaires du comtat Venaissin.

Le père de l'évêque était natif de Saint-Roman de Mallegarde. Il s'établit à Carpentras, où il épousa Anne Eysseri[1], la fille d'un imprimeur, et parvint bientôt aux plus hautes charges de la cité. Il était, en qualité de premier consul[2], aux côtés de l'évêque d'Inguimbert, lorsque cet insigne bienfaiteur de Carpentras posa la première pierre du magnifique hôpital qu'on y voit encore. C'était en 1750. Les trois années suivantes le retrouvent remplissant les mêmes fonctions, qui, pour le dire en passant, venaient immédiatement après celles de recteur[3], et ne pouvaient être conférées qu'à un membre de la noblesse de robe[4].

Il eut de son mariage deux fils : Alphonse, baron de Salamon, et Louis-Sifferin, qui n'est autre que notre évêque.

---

[1] Elle était d'origine italienne. V. *Mémoires*, l. II, p. 217.
[2] On appelait ainsi les magistrats municipaux.
[3] C'était le représentant officiel du Saint-Siège dans le Comtat.
[4] Le *Dictionnaire de la noblesse* ne mentionne pas les Salamon. Leur noblesse devait être assez récente.

INTRODUCTION.   XV

Le premier naquit en 1747. Il fut successivement secrétaire-archiviste de la légation d'Avignon et vice-sénéchal de Montélimar, où il se fixa. Il était maire de cette ville, quand la Révolution éclata. Arrêté et incarcéré à la Conciergerie, vers la fin de la Terreur, il en sortit à la mort de Robespierre, et devint maire de Lyon pendant la réaction thermidorienne. Sa carrière, diversement appréciée, fut assez agitée et assez bruyante pour attirer presque uniquement l'attention des biographes et rejeter dans l'ombre celle de son cadet[1].

Espérons que ces Mémoires remettront chacun à sa place, et que, sans ajouter ni retrancher rien à la renommée du baron, dont ils ne soufflent mot[2], ils montreront que l'internonce est encore la meilleure gloire de la famille.

Barjavel, dans son *Dictionnaire des hommes illustres de la Provence et du Comtat,* place sa naissance en 1750. Chose plus singulière ! Cette date se retrouve sur le portrait du prélat, donné par son propre neveu[3]

---

[1] Voir, sur le baron de Salamon, l'*Histoire de Montélimar*, de M. DE COSTON.

[2] Il semblait pourtant naturel que l'internonce rappelât ce souvenir dans ses *Mémoires,* au livre III. Il est vrai que son frère suivait une ligne politique bien différente de la sienne.

[3] Ange-Marie-Alphonse de Salamon, qui fut receveur des contributions indirectes à Montélimar.

au musée Calvet, d'Avignon. C'est lui donner dix ans de trop, si l'on en croit (et pourquoi non?) son propre témoignage. Au livre I⁰ʳ, chap. xi, des *Mémoires,* il se dit âgé de trente-deux ans en 1792. Il est donc né en 1760 [1].

Outre cette date, assez indifférente d'ailleurs, on voit, dans les manuscrits, qu'il apprit à Carpentras les premiers éléments du latin. Un de ses camarades de rudiment était cet aimable abbé Vitali, qu'il revit, comme il le raconte, vingt-trois ans plus tard, sur le lieu de la tuerie, et qui, lui, n'évita pas le fer des assassins [2].

Puis, à l'âge de neuf ans [3], il quitte son pays natal, qu'il n'habita plus, pour ainsi dire, et entre au collège de la Trinité de Lyon, dirigé par les Oratoriens. Quelle pouvait être la cause de cette séparation, imposée à un enfant dans un âge si tendre? Peut-être le bannissement des Jésuites, obligés, dès 1762, de quitter les beaux établissements qu'ils possédaient

---

[1] C'est aussi la date donnée par Feller. V. Pièces justificatives.

[2] V. liv. I⁰ʳ.

[3] Ce *mince détail* se trouve reproduit et au livre I⁰ʳ des *Mémoires,* et dans une lettre de 1814, qu'on trouvera aux Pièces justificatives. Des rencontres de cette sorte suffiraient, en dehors de toute autre chose, à prouver l'*authenticité* des Mémoires.

dans le Comtat et à Carpentras même. Peut-être aussi que les parents de Mgr de Salamon partageaient, à l'endroit de ceux-ci, les injustes préjugés de la plupart des gens de robe, et préféraient aller chercher au loin des maîtres de leur choix.

Du moins, le cours de ses humanités une fois achevé, il n'avait qu'à se rapprocher de son pays pour faire d'excellentes études supérieures. On sait quel éclat jetait alors l'Université d'Avignon. Je me figure que le jeune étudiant, tout en se destinant à la cléricature, visait déjà, par goût et par tradition de famille, à une carrière judiciaire. Il dut faire ce qu'il lui fallait de théologie[1] et reporter toute l'activité de son esprit vers l'étude du droit. A l'âge de vingt ans, en effet, en 1780, il était reçu docteur agrégé de cette Faculté, le plus beau fleuron de l'Université avignonnaise.

Dès ce moment, arrivent les honneurs, et ils devaient venir d'eux-mêmes chercher le fils d'un premier consul de Carpentras et le frère d'un homme bien connu du légat d'Avignon.

On ne voit pas que l'abbé de Salamon soit allé, vers cette époque, jusqu'à Rome, mais la situation de sa fa-

---

[1] Il avait un tour d'esprit *pratique* et non *spéculatif*. V. ce qu'il dit à ce sujet, liv. II, p. 204.

mille explique suffisamment l'origine de ses relations avec Pie VI, et les bontés de ce grand pape à son égard.

Celui-ci, en effet, nomma le jeune docteur, *tout frais émoulu* de l'Université, auditeur de la rote d'Avignon, que le cardinal d'Armagnac avait établie autrefois avec l'autorisation de Rome. Cette nomination constituait déjà un assez joli passe-droit; car il fallait avoir quarante ans, et l'abbé en avait à peine la moitié. Puis, à vingt-deux ans, nouvelle faveur : le doyen d'un des chapitres d'Avignon étant venu à décéder, l'auditeur se met sur les rangs, et demande une dispense pour se faire ordonner prêtre, comme devait l'être le titulaire. Le Pape la lui octroya, en ajoutant avec infiniment de grâce qu'il le traitait, en cette occasion, « comme il eût fait un nonce ou un prince [1] ».

*
* *

« Les habitants du Comtat et d'Avignon sont *regnicoles* », dit Expilly, dans son *Dictionnaire des Gaules et de la France*.

Ce terme, un peu barbare, signifie que, bien que sujets du Pape, ils avaient droit d'exercer, comme *les*

---

[1] V. le liv. I, p. 5.

Français de France, toutes les charges du royaume. Ils ne s'en faisaient point faute. Un fort courant s'était établi d'Avignon vers Paris, et les ecclésiastiques n'étaient pas les derniers à se laisser entraîner. Une preuve, entre autres, c'est que sur soixante-dix prêtres environ, compagnons de l'abbé de Salamon à l'Abbaye, il retrouve jusqu'à deux de ses compatriotes [1].

Il n'est donc pas étonnant qu'une place de conseiller-clerc au Parlement de Paris étant venue à vaquer, l'abbé de Salamon l'ait achetée, et que, pour entrer dans le premier corps judiciaire du royaume, il ait assez volontiers quitté son siège d'auditeur de la rote et sa stalle de doyen du chapitre.

Je ne sais pas au juste la date, mais ce ne peut être au delà de 1784, puisqu'il prit part, comme il le dit, aux débats du fameux procès du Collier [2].

D'ailleurs, le portrait du musée Calvet, où on le voit représenté en magistrat du Parlement, est de cette année-là même.

Ce tableau fut sans doute un cadeau du jeune conseiller-clerc à ses parents, lors de ses pre-

---

[1] Les abbés Vitali et Capparuis, vicaires à Saint-Merry et à Saint-Paul-Saint-Louis.
[2] Voir en particulier Pièces justificatives, p. 325.

mières vacances. Le peintre, Jean-Baptiste Bourgeois, d'Avignon, l'a représenté debout, de grandeur naturelle, avec les insignes de sa dignité, la robe noire aux larges manches bordées de pourpre, et le rabat. L'absence du bonnet traditionnel s'explique par l'attitude du personnage, qui, une feuille à la main, semble lire quelque rapport devant la Chambre des enquêtes. Les cheveux, abondants et *soigneusement poudrés,* confirment les confidences de l'auteur sur cette partie de sa personne[1].

La physionomie est des plus intéressantes. Les traits réguliers, sans rien de froid, les yeux vifs et pleins d'intelligence, les lèvres minces et flexibles offrent un singulier mélange d'énergie virile et de distinction quasi féminine : c'est même cette dernière qui surnage dans l'ensemble, comme dirait Saint-Simon, et que l'on emporte comme impression définitive. Bref, ce portrait *illustre* bien le caractère de l'internonce, et explique en partie la séduction qu'il exerça sur tous ceux qui l'approchaient[2].

[1] Il revient souvent, dans son récit, à ces détails *de toilette.* Il y attachait une grande importance.

[2] Comme on le voit partout dans les Mémoires. Du reste, l'internonce, — *qui se connaît fort bien,* — en fait la remarque. V. l. III, p. 278.

On verra, aux Pièces justificatives, quelques détails curieux sur le rôle du jeune magistrat[1], qui fut d'ailleurs bien court.

Il n'entrait, en effet, au Parlement que pour assister au spectacle lamentable de ses dernières années, que pour le voir engager avec la Cour une lutte interminable, opposer une opiniâtre résistance aux mesures les plus sagement démocratiques, donner l'assaut à l'autorité royale, et tomber enfin, le premier, sous les coups de ces états généraux qu'il avait appelés de tous ses vœux.

Sans doute, l'abbé de Salamon avait pensé vivre et mourir *sur les fleurs de lis*. Son rêve était fini, ou du moins allait finir avec la Chambre des vacations, qui nous amène au seuil des Mémoires.

III

L'INTERNONCE. — SES MÉMOIRES. — LEUR VALEUR HISTORIQUE.

C'est les Mémoires en main que je continue maintenant la biographie de Mgr de Salamon, non pour

---

[1] Il penchait, ce me semble, un peu trop pour le *statu quo*.

refaire son récit, mais pour en dégager les principaux faits, qui intéressent l'histoire de la Révolution en général et celle de l'Église de France en particulier.

La Chambre des vacations ayant été établie pour remplir l'intérim créé par la suppression des Parlements, l'abbé de Salamon fut appelé à en faire partie. Il en a résumé l'histoire au commencement du second livre de son œuvre. Le passage est intéressant; et, sous une forme anecdotique, il contient un certain nombre de renseignements précieux pour qui voudrait écrire une histoire détaillée du Parlement de Paris [1]. L'auteur, en effet, fut peut-être le seul de tous ses collègues d'alors qui évita l'échafaud, et je ne crois pas qu'il existe un autre récit authentique des derniers instants de cette célèbre assemblée.

Au moment où elle allait se séparer, c'est-à-dire vers la fin de 1790, Mgr Dugnani fut contraint de quitter Paris, où, depuis quelque temps déjà, il n'y avait plus, pour le représentant du Saint-Siège, ni honneur ni sécurité; c'est alors que Pie VI nomma l'abbé de Salamon son internonce auprès de Louis XVI.

---

[1] La Chambre des vacations ne fut, en effet, qu'un *prolongement* du Parlement. C'est ainsi que l'entendaient les magistrats qui en faisaient partie. V. *Mémoires*, liv. II, p. 131.

La raison de ce choix ressort, et des détails qui précèdent, et du récit que l'on va lire.

Mais ce que l'auteur ne dit pas, c'est qu'il avait depuis longtemps déjà *posé sa candidature* à ce poste important. Les lettres que je cite à la fin du volume ne laissent aucun doute à cet égard.

On y voit que, dès l'année 1786, il tient le cardinal secrétaire d'État au courant des incidents politiques et religieux qui se succèdent dans le royaume. Il note soigneusement pour lui la situation des esprits; il blâme ou loue la conduite des hauts dignitaires du clergé, fait valoir, de peur qu'on ne les oublie, ses propres services. Il va même jusqu'à conseiller telle ou telle mesure. Bref, il se donne la mission d'*informateur officieux* du Saint-Siège. Il la prend même tellement au sérieux, qu'il a peur d'être compromis, si l'on vient à ouvrir sa correspondance. Aussi, pour dérouter le « Cabinet noir », une bien vieille institution, paraît-il, il ne signe plus ses lettres à partir de 1788.

Pie VI n'avait donc plus qu'à le revêtir d'un caractère officiel.

Les Mémoires mettront en pleine lumière cette mission, jusqu'ici peu connue, et qui n'est point par ailleurs un fait sans importance. Car il honore et le Pontife, qui voulut jusqu'au bout, jusque sous la Terreur, montrer aux catholiques et au clergé français l'intérêt qu'il prenait à leur sort, et Mgr de Salamon lui-même, qui, en acceptant dans un temps pareil ces délicates fonctions, s'exposait aux plus grands périls.

Un de ses premiers actes fut de transmettre aux métropolitains et de répandre dans le public les fameux Brefs relatifs à la Constitution civile du clergé.

C'était un coup droit porté aux partisans de celle-ci. Ils voulurent le parer et trouvèrent, — il fallait bien trouver quelque chose, — que ces documents étaient supposés. De là, une querelle fort vive entre eux et le clergé fidèle. Un mot de l'internonce aurait pu la terminer, au moins pour les hommes de bonne volonté. Il ne le prononça pas, et pour cause, car il se fût par là désigné au bourreau[1].

Toutefois, en 1821, il eut l'occasion d'expliquer son rôle au sujet des Brefs, dans une lettre à l'*Ami de la religion*[2].

Mais ses importantes déclarations, contenues en

---

[1] V. *Mémoires*, l. III, p. 232.
[2] Pièces justificatives, p. 234.

quelques lignes, se sont trouvées perdues, pour ainsi dire, au milieu des cent soixante-huit volumes de la *Revue*, et c'est pourquoi sans doute elles ont échappé aux historiens qui ont écrit sur la matière.

Eh bien ! il les renouvelle dans ses Mémoires; et, grâce à eux, grâce à ce document, mieux défendu contre l'oubli par son volume et surtout par son intérêt, elles vont émerger et prendre pied sur le terrain de l'histoire.

Il est acquis désormais que ces Brefs sont bien authentiques. Car ils ont été reçus, *expédiés dans les formes canoniques* aux métropolitains, confiés aux imprimeurs, répandus dans le public par Mgr de Salamon, par l'internonce, par le représentant officiel du Saint-Siège [1].

La publication des Brefs n'arrêta rien. Pie VI le savait bien, et son silence prolongé s'explique en partie de la sorte [2]. De plus belle on favorisa le clergé

---

[1] Il y en avait une autre. En condamnant le coupable, c'est-à-dire l'Assemblée nationale, il aurait atteint Louis XVI, qui n'avait été que faible ou mal conseillé. Je m'étonne que certains écrivains aient vu un mystère dans cette conduite de Pie VI.

[2] « Pourquoi, dit M. Gazier (*Études sur l'histoire religieuse de la Révolution française*, p. 23), le Souverain Pontife, au lieu d'adresser à quelques personnes *triées sur le volet* des Brefs *clandestins...* » Ces expressions ne sont plus exactes. V. *Mémoires*, l. III, p. 232, et Pièces justificatives, p. 334.

schismatique, de plus belle on persécuta le clergé orthodoxe. Alors, l'internonce, qui ne fut jamais un « *contemplatif* », mais un homme d'action, rédigea une adresse, la fit signer par les catholiques de Paris, et la remit entre les mains du Roi. En même temps, il l'expédiait au Pape. C'est une belle page, honorable pour le rédacteur et les signataires; elle met en pleine lumière le caractère *officiel* de Mgr de Salamon. Aussi, malgré sa longueur, je me permets de la citer.

Adresse des catholiques de Paris, présentée au Roi le 6 *octobre* 1791, *envoyée par l'*internonce *au souverain pontife Pie VI.*

« SIRE,

« Les catholiques de Paris se voient, depuis plus de six mois, exilés de leurs temples, privés de leur culte, en butte à tous les outrages du fanatisme, sans qu'ils aient fait entendre une seule réclamation.

« Disciples d'un Maître qui, mourant sur la croix, a prié même pour ses bourreaux; enfants d'une religion dont la première loi est la charité et le premier bienfait la paix, ils ont cru devoir étouffer d'abord leurs plaintes, et concentrer en eux-mêmes les élans de leur douleur. Mais à présent que la promulgation des lois constitutionnelles a dû calmer l'effervescence des esprits, nous osons, Sire, parler de nos droits à la liberté commune, et demander pour l'exercice de notre culte la protection des lois.

« Nous ne dirons point à Votre Majesté que notre religion existait en France avant la monarchie, que nous l'avons reçue de nos pères, qui l'avaient eux-mêmes reçue de leurs aïeux. Mais nous lui dirons :

« Nous sommes Français, soumis aux lois politiques de l'État, tributaires à ses besoins, non point par nécessité, mais par principe de conscience. Nous ne voulons, nous ne désirons que la paix. La Constitution du royaume nous donne des droits, il est temps que nous puissions en jouir. La nation se repose sur vous, Sire, de l'exécution des lois. C'est donc à vous que nous devons désormais faire entendre nos réclamations, et c'est à votre justice et à votre vigueur que nous dénonçons les persécutions dont nous sommes chaque jour les victimes. Votre Majesté ne l'ignore pas : le lendemain même de son acceptation, le fanatisme s'est porté à des excès faits pour déshonorer une nation libre, et le berceau de la Constitution a été ainsi souillé par des attentats [1].

« Mais ce n'est point assez pour nous, ce ne serait point assez pour la Constitution elle-même, que notre culte clandestin ne fût point troublé. Les lois et le bon ordre exigent qu'il soit public, et nous le demandons.

« A la voix qui nous crie : Achetez donc alors des temples... nous répondons, Sire :

« Ces temples ont été bâtis par nos aïeux, par les disciples de notre culte, formant la majeure partie des habitants de la capitale, et dans leur totalité la majeure partie des membres de la nation.

« Nous plaçons, d'ailleurs, sous les yeux de Votre Majesté, et les sacrifices immenses que nous avons faits à la Révolution, et la masse énorme d'impôts qui pèsent sur nos têtes, à raison de nos propriétés.

« Oui, Sire, nous le publierons sans crainte d'être démentis, cent des catholiques de Paris payent plus de contributions que dix mille de ceux qui veulent mettre des entraves à l'exercice de leur culte.

« D'après ces considérations, Sire, nous demandons

---

[1] Ce jour-là, on a fouetté des femmes catholiques qui sortaient de l'église des Irlandais. (*Note de l'Adresse.*)

à Votre Majesté de mettre des temples dans chaque paroisse de Paris à la disposition des catholiques dissidents ou non conformistes. Ici, surtout, la justice sera un grand bienfait. En tranquillisant les consciences, Votre Majesté tarira les larmes et préviendra le désespoir d'une foule de malheureux.

« Rien, d'ailleurs, dans notre culte, ne sera contraire aux lois de l'État, et la nation n'aura pas de patriotes plus vrais ni Votre Majesté de sujets plus fidèles.

« Que si nous étions assez malheureux pour être seuls esclaves dans un royaume libre, nous ne vous le dissimulons pas, Sire, les royaumes voisins nous offriront un asile, où nos droits seront respectés ; et l'amour de notre foi est assez puissant pour nous porter à chercher ailleurs et des lois qui nous donnent la liberté, et des chefs qui puissent nous en faire jouir [1].

« Nous sommes avec respect, Sire, de Votre Majesté, les très humbles et très fidèles sujets.

« Les catholiques de Paris [2]. »

Des démarches aussi retentissantes ne pouvaient manquer de signaler l'abbé de Salamon à la haine

---

[1] Allusion évidente à l'émigration.
[2] Voir THEINER, *Documents inédits relatifs aux affaires religieuses de la France*, t. I, chap. CXIX.

des révolutionnaires. Aussi ne l'oublia-t-on point dans le coup de filet préparatoire aux massacres. Il fut arrêté comme internonce du Pape, jeté en prison et finalement conduit à l'Abbaye[1].

Rien de circonstancié, de vivant, de vécu, comme le récit des Mémoires sur ces journées terribles. D'ailleurs, il respire partout un grand air de sincérité, concorde pour l'ensemble, — on ne peut demander plus, — avec les relations contemporaines[2], et se recommande à l'attention des historiens de l'Église et de la Révolution.

Quelle figure admirable, en effet, que cet abbé Royer, curé de Saint-Jean en Grève, ce prêtre comme les aimait l'internonce[3], pieux autant qu'aimable, héroïque avec simplicité, si tendre et si compatissant aux faiblesses d'autrui! Sicart avait ébauché son esquisse, et encore vaguement, dans ses Mémoires. Ici, c'est un portrait en pied.

Quelle angélique silhouette que celle de ce jeune religieux Minime, ce frère aîné de Paul Seigneret, qui

---

[1] Outre les documents cités aux Pièces justificatives, voy. PICOT. t. VI, p. 216.

[2] Celles de l'abbé *Sicart* et de M. *de Charnois*. V. aux Pièces justificatives.

[3] V. *Mémoires*, p. 24.

n'a qu'une crainte, celle de ne pas mourir, résiste à ses sauveurs et se livre à ses bourreaux [1] !

Puis, c'est un spectacle qui rappelle et confirme celui des Carmes et de Saint-Firmin. Soixante prêtres environ voient approcher la plus épouvantable des morts. Ils pourraient échapper, ils n'ont qu'à prononcer un mot. Pas un ne le prononce, parce qu'il est contraire à la vérité.

Sans doute, il y a quelques ombres au tableau [2], mais les aveux de l'auteur achèvent de mettre en lumière sa véracité. Que ceux-là lui jettent la pierre, qui, placés en un pareil cas, se sentent assurés de faire mieux.

L'explication des massacres, de cette *Saint-Barthélemy* de la Révolution française, comme l'appelait Napoléon [3], se dégage non moins nettement du récit

---

[1] V. *Mémoires*, p. 56, 84.

[2] L'abbé Godard, grand vicaire de Toulouse, se sauve par une fenêtre et *oublie* d'indiquer le chemin à ses compagnons. L'abbé Sicart se cache *où il peut*, et l'internonce lui-même recourt à une stratégie merveilleuse de sang-froid et de souplesse, mais qui n'a rien d'héroïque. V. *Mémoires*, p. 69, 77, 101.

[3] Un soir, à Sainte-Hélène, l'Empereur se rappelle que c'est l'anniversaire des massacres de septembre. Il nous dit comme sortant d'un rêve : « C'est aujourd'hui l'anniversaire d'un hideux souvenir, les massacres de septembre, la *Saint-Barthélemy* de la Révolution française, tache sanglante qui fut l'œuvre de la *Commune de Paris*, triste rivale de la Législative, et qui puisait sa force dans les passions de la *lie du peuple*. » V. *Correspondance de Napoléon (Œuvres de Napoléon à Sainte-Hélène)*, t. XXXII, p. 343.

de l'internonce. C'est la Commune de Paris qui a voulu, préparé, organisé cette abominable boucherie. C'est une troupe d'assassins, *la lie du peuple,* embrigadés et payés par elle, qui l'a exécutée. Quant au peuple, comme toujours, il a suivi, égaré, mais non méchant. Il cherche même les innocents parmi ces prisonniers qu'on lui a peints comme de grands coupables, il les défend, il les protège, il les arrache aux massacreurs jurés et aux buveurs de sang. De là, un mélange singulier de férocité et de douceur, de justice et d'emportement, qui éclate à chaque pas du récit et surprend le narrateur lui-même [1].

D'autre part, un certain nombre de fougueux révolutionnaires, Manuel, Torné, Sergent, Dugazon, et Maillard, le *légendaire Maillard,* lui doivent des actions de grâces. Il montre qu'il restait au fond du cœur de ces hommes, même des plus sanguinaires [2], quelques bonnes parties. Cela n'est point pour déplaire. Après tout, il vaut mieux penser que les monstres sont rares. J'ajoute que les biographies *sérieuses* de ces personnages ne contredisent pas le récit de l'internonce. Il n'y a que Pétion qui n'ait point à s'en louer.

[1] V. *Mémoires,* p. 92.
[2] Évidemment, je fais des différences entre eux.

A-t-il été noirci, calomnié, du reste innocemment? Je le crois. Ou alors, ce Pétion était un bien féroce hypocrite[1].

Quoi qu'il en soit, l'abbé de Salamon en fut quitte pour la peur... et pour ses cheveux[2]. Mais il y avait en lui deux personnages, et tous deux devaient avoir maille à partir avec la Révolution. L'internonce en était quitte, du moins pour le moment. C'était le tour du magistrat.

En effet, il avait collaboré, comme tous ses confrères, à la fameuse protestation du Parlement contre les actes de l'Assemblée nationale. Ce document fut découvert en 1794, on lut au bas le nom de *Salamon*[3]. Aussitôt, les membres du Comité de sûreté générale lancèrent contre le signataire un décret de prise de corps.

Toujours heureux, il l'évita. On verra comment. On lira cette curieuse odyssée d'un proscrit de la Terreur.

Assurément, cette partie des Mémoires est presque

---

[1] Voir *Mémoires*, p. 42. Du reste, on n'est guère d'accord sur le rôle de Pétion, qui était maire de Paris lors de ces tristes journées.
[2] Voir *Mémoires*, p. 83.
[3] Voir Pièces justificatives, et *Mémoires*, p. 139.

partout purement anecdotique. Elle échappe à tout contrôle, et n'a guère d'importance au point de vue de l'histoire générale.

Toutefois, j'en rapporte une impression plus vive des années terribles 1793 et 1794. Quel temps, que celui où un homme honorable, un ancien membre du Parlement de Paris, le représentant officiel du Saint-Siège, se voit réduit à errer dans les bois, à coucher sur de la paille ou des feuilles, à vivre sans abri, sans pain, comme le dernier des vagabonds, ou plutôt, il le dit lui-même, à la façon d'une bête fauve! Il est des pages qui donnent l'idée de la Terreur, celles-ci en donnent la sensation.

Et cependant, l'abbé de Salamon ne perdait pas la tête. Il ne la perd jamais[1]! Il continuait d'exercer quand même ses fonctions, non pas celles d'internonce, pour le moment sans objet, mais celles de vicaire apostolique. C'est le titre que lui avait donné Pie VI après les massacres, et il achève de caractériser la situation de la France, retombée, pour ainsi parler, à l'état sauvage.

Il avait groupé autour de lui quelques prêtres égale-

[1] C'est le témoignage qu'il se rend quelque part à lui-même.

ment proscrits, et, aux portes mêmes de la capitale, à la barbe de la Convention [1], il tenait conseil, donnait des décisions, accordait des dispenses, et, grâce à mille expédients que lui suggérait son esprit souple et industrieux, il trouvait moyen de poursuivre sa correspondance avec Pie VI et le cardinal Zelada.

Oh! cette correspondance, cette correspondance *diplomatique*, dont les Mémoires citent de si jolis fragments [2], quel remords! ou plutôt quels regrets! Car de remords, je n'en ai point et ne puis en avoir. J'ai cherché, demandé, mis en mouvement bien des personnes, de celles pour qui les Archives vaticanes n'ont point de secrets et de celles qui en font ouvrir les portes. L'issue de ces démarches me dispense de recommencer. C'est à moi, qui me tenais dans l'ombre, à moi que mes enquêteurs ont été renvoyés, comme à l'homme de France et... de Rome le mieux informé sur Mgr de Salamon!

Sans doute, elle est égarée, perdue, anéantie [3]! C'est

---

[1] *Mémoires*, p. 178 et 204.

[2] Voir *Mémoires*, p. 216.

[3] Peut-être brûlée. Une partie des Archives du Quirinal furent détruites en 1798, lors de l'enlèvement de Pie VI. — Voir à ce sujet une intéressante communication de M. l'abbé Batiffol, dans le *Bulletin de la Société nationale des antiquaires de France*, 2ᵉ trimestre 1889.

un vrai malheur pour mon volume : elle en eût été le joyau ; et aussi pour l'internonce. Car elle aurait probablement fourni des preuves à l'appui du chapitre premier du troisième livre, ce chapitre si curieux, si suggestif pour ceux qui croient que l'histoire est toujours à refaire, comme la toile de Pénélope.

Vous y verrez, en effet, le Concordat de 1801 reporté en 1796 ! Attribué à Pie VI et au Directoire, non plus à Pie VII et au premier Consul ! Négocié par l'abbé de Salamon et non plus par Consalvi !

Tout cela est bien étonnant ! bien peu d'accord aussi avec ce que l'on sait des cinq Directeurs[1]. Il n'en reste pas trace ailleurs que dans nos Mémoires. Même un fragment des Archives des affaires étrangères est loin de le corroborer[2]. Puis, ce chapitre premier présente quelque incohérence[3] au point de vue chronologique.

---

[1] La Reveillère-Lepaux, Rewbell, Le Tourneur, Barras et Carnot. Le seul homme qui pensait *peut-être dès ce moment-là* à un concordat, c'était le jeune général de l'armée d'Italie. Certains documents cités par Theiner le feraient supposer.

[2] Voir ce fragment cité par M. SCIOUT, *Rome, le Directoire et Bonaparte en l'an IV et V* (*Revue des questions historiques*, avril 1887). Il y est question d'un abbé *Evangelisti*, secrétaire de légation. Chose singulière, c'est le pseudonyme que prenait l'internonce dans sa correspondance avec Rome. V. *Mémoires*, p. 217.

[3] Même les lecteurs au courant de ces questions trouveront peut-être, en lisant ce chapitre, que je me sers ici d'un *euphémisme*.

Voilà ce que je constate..., en attendant la découverte de la correspondance diplomatique [1].

Une foule d'anecdotes, où il y a bien à glaner, sur les prisons, les prisonniers et les victimes de la Révolution, coupent, à la façon d'entr'actes, les débats palpitants du grand procès de l'internonce, qui composent le reste du livre. Les adversaires du Directoire trouveront là, contre lui, une charge nouvelle, car ce récit est parfaitement vrai, dans l'ensemble, et les journaux de l'époque le confirment.

Seulement, ils ont raccourci la pièce, ou les Mémoires l'ont allongée. Ceux-ci parlent de trois comparutions, ceux-là de deux seulement. Les Mémoires reculent le jugement définitif jusqu'au 3 mars, les feuilles publiques l'avancent jusqu'en janvier. Chose curieuse! c'est le narrateur lui-même qui m'a renvoyé aux journaux, — non toutefois par le plus court chemin [2], —

---

[1] Il y a cependant un acte qui semble bien s'être rattaché à une négociation de ce genre, c'est le fameux Bref de Pie VI *aux catholiques*. On sait quelles réclamations il souleva, et que son authenticité fut contestée, parce qu'il paraissait trop favorable au Directoire. Il parut en 1796, c'est-à-dire à l'époque des prétendues négociations de l'internonce avec le ministre des relations extérieures. Voir sur ce Bref, PICOT, t. VII, p. 26.

[2] Il renvoie, en effet, à Ladevèze et au *Journal des Débats*, où il n'y a ni Ladevèze ni compte rendu de son procès. J'ai fini par découvrir que Ladevèze écrivait dans le *Courrier universel*, journal

et qui m'a permis de découvrir et d'établir la contradiction.

Ici encore, pour résoudre la question, à supposer qu'elle ne le soit déjà dans l'esprit du lecteur, il faudrait le registre d'écrou de la Conciergerie et les Archives du Tribunal criminel de la Seine. Les communards ont tout brûlé !

Enfin, je n'ai garde d'oublier le narrateur. Il m'en voudrait, lui qui n'a point coutume de s'oublier lui-même. La chose est d'ailleurs bien naturelle, car il écrivait ses propres aventures. Puis, en les écrivant, il se voyait toujours au milieu d'un cercle d'auditeurs et d'auditrices sympathiques : les occuper de sa personne, c'était répondre à leur attente.

Peut-être même cette illusion, j'allais dire ce *mirage*, commun aux imaginations vives, aux cau-

caméléon, qui a changé vingt fois de nom, et qui en 1796 s'appelait *le Véridique*. C'est enfin là que j'ai recueilli les renseignements cités aux Pièces justificatives, et qui sont, en effet, comme un *canevas* du procès de l'internonce. Il renvoie également au *Journal de M. Nicolle* (sic). Les biographies de Nicolle le font rédacteur de l'*Éclair*, qui ne contient rien sur l'internonce. Quant au *Spectateur* de M. Racin (V. *Mémoires*, p. 266), aucun des *Spectateur* que j'ai trouvés à la Nationale ne répond aux indications du narrateur. Enfin, le *Moniteur* et les *Annales catholiques*, qu'il ne cite pas, indiquent ou résument son affaire. V. Pièces justificatives. — Je m'attendais aussi à trouver dans l'*Ami des lois*, de Poultier, de plus nombreuses indications. V. Pièces justificatives.

seurs qui causent d'eux-mêmes, aux auteurs de Mémoires, a-t-il amené *par-ci par-là un petit brin* d'embellissement. C'est une simple supposition que je fais; elle m'est venue en lisant certaines pages; je la livre pour ce qu'elle vaut; et, fermant cette parenthèse, j'en arrive à ma remarque finale.

Quand on parle du clergé du dix-huitième siècle, on songe tout de suite à deux types extrêmes, tous deux représentés dans ces Mémoires, l'un par l'héroïque curé de Saint-Jean en Grève, l'autre par cet abbé du livre II que l'auteur appelle fort bien son *lamentable compatriote*.

Eh bien! l'abbé de Salamon n'a rien de commun, sans doute, avec ce pauvre dévoyé, mais il ne ressemble pas non plus tout à fait au premier. Il représente un type nouveau, qu'une étude d'ensemble sur le clergé du dix-huitième siècle ne devra pas oublier, le prêtre magistrat, le prêtre homme du monde.

Il fréquente peu, ou point, chez les gens d'Église; il débite des rapports au lieu de prêcher des sermons, instruit des procès au lieu d'entendre des confessions, connaît mieux les Coutumes de France que son Écriture sainte. Il fait sa société des gens de robe, des gens du siècle, les plus distingués du reste. A force de vivre au milieu d'eux, il prend leurs allures, leurs goûts, leurs libertés, et se sécularise, si j'ose ainsi parler. On le verra bien en lisant les Mémoires, mais on ne devra pas s'en effaroucher.

Car, il faut bien le remarquer, ce n'est là qu'une question de forme, et par le fond, par l'âme, par le cœur, il demeure, selon l'expression de saint Paul, le modèle du troupeau.

Comme il se croit près d'être massacré à l'Abbaye, il fait son examen de conscience, et dit à Dieu pour se rassurer contre la pensée de ses jugements : « Vous savez que je n'ai jamais parlé contre votre sainte religion. » Confidence caractéristique et de l'homme et du milieu. Le prêtre aujourd'hui n'a pas le devoir ni même l'occasion de fréquenter des sociétés où l'on tourne ses croyances en ridicule. Quand il paraît, on se surveille, au moins par politesse. Il n'en était point de même au dix-huitième siècle, et si l'internonce s'était interdit tous les salons où l'esprit de Voltaire ne donnait pas le ton, il aurait été contraint de vivre comme un ermite : ce qui n'était pas dans ses goûts.

Seulement, à la différence de certains abbés trop célèbres du même monde, mais non du même caractère que lui, il gardait le silence et protestait par son attitude.

Tel qu'il est, tel qu'il se peint naïvement, je l'aime beaucoup, quant à moi, avec sa belle chaleur d'âme, son grand dévouement pour Pie VI et pour l'Église, et sa tendresse filiale pour la pauvre femme du peuple, sa vieille gouvernante, la bonne Blanchet, la perle des héroïnes de ces Mémoires, qui en offrent plus d'une.

Après cela, je vous l'accorde, mes chers confrères, mon héros n'est point, comme nous autres, un élève de Messieurs de Saint-Sulpice, et au regard de ce qu'on est convenu d'appeler le genre ecclésiastique, assurément il y a mieux [1].

IV

L'ÉVÊQUE D'ORTHOZIE. — LE CONCORDAT DE 1817.

Relevé de ses fonctions en 1801 par l'arrivée en France du légat *à latere*, Mgr Caprara, l'abbé de Salamon fut nommé aussitôt *administrateur* général des diocèses de Normandie.

Cette province était alors fort agitée. Les divisions,

[1] Je dois remercier ici M. l'abbé Gendry, du clergé de Nantes, ancien chapelain de Saint-Louis des Français. C'est à lui que je dois la plupart des lettres auxquelles j'ai renvoyé dans le cours de ce chapitre. Il les a recueillies en préparant les matériaux d'un important ouvrage qu'il a entrepris sur la vie et le pontificat de Pie VI.

communes à tout le reste du pays, entre les prêtres assermentés et les inscrmentés, s'étaient compliquées là d'un gros conflit, un *conflit de chanoines*, entre les sièges de Rouen et de Séez. Comme le gouvernement, qui n'avait point encore signé le Concordat, et le cardinal, qui n'était pas reconnu, ne pouvaient agir officiellement, on convint que ce dernier interviendrait à titre officieux, et il délégua l'abbé de Salamon [1].

Celui-ci parcourut les diocèses de Normandie, nomma des grands vicaires, et parvint à concilier les esprits. C'est, du moins, le témoignage qu'il se rend à lui-même, dans les dernières lignes de son ouvrage. Mais il semble qu'il se flatte un peu, car l'auteur des Mémoires sur les affaires ecclésiastiques de France [2] affirme, au contraire, qu'il n'obtint guère de succès, et ce qui semble justifier cette opinion, c'est que les Archives de l'archevêché et du diocèse de Rouen, où je me suis adressé, n'ont rien gardé du passage de l'internonce, *pas même une signature*.

Ce n'est pas à dire, toutefois, qu'il perdit son temps.

L'abbé de Salamon conservait, de l'homme de loi,

---

[1] Voir *Mémoires sur les affaires ecclésiastiques de France*, t. 1er. Paris, Adrien Le Clerc, 1823.
[2] Ouvrage déjà cité, *ibid*.

un goût très vif du document et du dossier. De Pradt relève avec humeur ce trait de caractère, dans son *Histoire des quatre Concordats*[1], mais il faut avouer que les circonstances troublées où l'on vivait le rendaient précieux. C'est ainsi que l'internonce avait pu envoyer à Pie VI, sur sa demande, les biographies détaillées de tous les évêques constitutionnels. Il recueillit de même, en Normandie, comme il nous l'apprend lui-même[2], des renseignements exacts sur les prêtres assermentés ou insermentés des différents diocèses de cette province, pensant qu'un jour ou l'autre, cela pourrait servir. Il ne se trompait pas. A quinze ans de là, en effet, nous le voyons mettre ces notes à la disposition du cardinal de Périgord[3].

Cette mission terminée, l'abbé de Salamon rentra,

---

[1] *Les Quatre Concordats*, t. III, ch. XLII, Paris, Béchet, 1818.

[2] « Pour moi, qui ai toujours été obligé de vivre à Paris ou dans les environs, je connais *tout mon monde*, et si Votre Excellence avait besoin de renseignements sur tels ou tels individus, elle peut me les demander. Pendant mon administration apostolique en Normandie, j'avais pris des renseignements exacts sur tous les prêtres des différents diocèses, et d'une manière fort impartiale, même sur les prêtres intrus. C'est ainsi que j'avais envoyé des notices très vraies et très exactes à Pie VI (encore un recueil qu'il serait intéressant de retrouver !) sur tous les évêques constitutionnels qu'il m'avait demandées. » Fragment d'une lettre citée par DE PRADT, *ibid.*

[3] DE PRADT, *ibid.* — Mgr de Salamon était très lié avec ce cardinal. Voir *Pièces justificatives*.

pour longtemps, dans la vie privée. Fut-ce de son plein gré? Je ne le pense pas, et je crois que, malgré son attachement, — qu'il étale bien un peu, — pour l'ancien ordre de choses, il eût volontiers accepté un des sièges érigés par le Concordat, et dont son dévouement à l'Église l'avait, du reste, rendu tout à fait digne. Deux lettres, assez curieuses, échangées vers cette époque entre lui et le cardinal Gerdil, et que je cite également à la fin du volume, fixeront l'opinion du lecteur à ce sujet.

Quoi qu'il en soit, il fut écarté, à supposer même, — et cela est probable, — que son nom ait été prononcé[1]. Il lui fallut se contenter, avec la consécration épiscopale qu'il reçut à Rome en 1804, du titre d'évêque *in partibus* d'Orthozia.

Encore s'est-il trouvé des écrivains[2] pour lui envier cette récompense. Témoin de Pradt, qui se plaît, dans l'ouvrage déjà cité, à s'en railler, et n'y voit

---

[1] Il dut être proposé par Pie VII.
[2] Non seulement des écrivains, mais aussi Napoléon. L'abbé de Salamon avait été nommé par Pie VI *proprio motu*. L'Empereur se plaignit très haut, rejeta les Bulles, et fit à ce propos ajouter au Concordat un *décret organique*, défendant à tout ecclésiastique français de se laisser nommer évêque sans l'assentiment du gouvernement. V. *Mémoires sur les affaires ecclésiastiques de France*, t. II.

« qu'une de ces faveurs dont Rome n'est pas avare ».

Il faut avouer que cette critique est d'assez mauvais goût, quand il s'agit d'un homme qui a par deux fois risqué sa tête pour l'Église. De Pradt, qui fut successivement évêque de Poitiers et archevêque nommé de Malines, n'en fit jamais autant.

C'est à propos du Concordat de 1817 que Mgr de Pradt a rencontré sur son chemin Mgr de Salamon, et qu'il l'a si fort maltraité.

Celui-ci, en effet, était rentré en scène avec la Restauration [1]. Réactionnaire décidé, il était de ceux qui regardaient Napoléon comme un usurpateur, l'Empire comme un interrègne, et tous ses actes, même et surtout les plus importants, comme nuls. Aussi n'avait-il pas hésité à se rendre à Rome, dès 1815, pour s'y saisir, sur la désignation du Roi, de la place d'auditeur de la rote. Il ne l'avait pas demandée, il ne l'avait pas désirée, comme en témoigne une de ses lettres à sa sainte amie, la prieure des Carmélites de Carpentras [2]; il ne faisait qu'obéir à la volonté de Louis XVIII. Seulement, il y avait une difficulté : le poste n'était

---

[1] Il paraît même qu'il fut question, vers cette époque, de le nommer cardinal. Le bruit en avait couru dans le Comtat. Voir *Pièces justificatives*.
[2] Voir *Pièces justificatives*.

pas à prendre, il était pris, depuis plusieurs années déjà, par un prélat sans reproche, Mgr Isoard. De là, pour Mgr de Salamon, une situation délicate, même assez ridicule, dont il ressentit l'amertume; et c'est ainsi qu'il faut expliquer[1] les passages, plus que vifs, des deux lettres singulières citées par l'abbé de Pradt[2].

Ces lettres sont adressées à l'un des négociateurs secrets du Concordat de 1817, le cardinal de Talleyrand-Périgord, ancien archevêque de Rouen, devenu plus tard archevêque de Paris. Elles montrent que leur auteur faisait aussi bon marché du Concordat de 1801 que de la nomination d'Isoard. Et de fait, ces deux actes se tenaient. Il s'agissait, au fond, de savoir qui triompherait, des intransigeants ou des modérés, et si les contrats passés par la cour de Rome avec un souverain qui avait régné douze ans sur la France, étaient valides.

---

[1] C'est plus simple que de chercher à nier l'authenticité de ces lettres, comme le faisait l'*Ami de la religion*, 10 janvier 1816. Elles concordent, d'ailleurs, avec certaines parties des lettres citées aux Pièces justificatives.
[2] *Les Quatre Concordats*, t. III, ch. XLII. « Les *philosophes*, dit à ce propos de Pradt, n'ont jamais plus dit de la cour de Rome. » Alors de Pradt n'avait guère lu ses philosophes! — De plus, il faut bien remarquer que Mgr de Salamon écrivait *ab irato*, et dans une lettre tout à fait confidentielle. Tout ceci ne met pas une légère différence entre lui et les philosophes.

Pie VII, avec son grand esprit de sagesse, les jugea tels. Le Concordat de 1817 ne fut qu'une refonte de celui de 1801 ; Isoard fut maintenu, et Mgr de Salamon serait demeuré auditeur de la rote *in partibus*, comme il était évêque d'Orthosia, si le Roi ne l'eût fait agréer au Pape pour l'un des quarante-deux sièges nouvellement érigés, celui de Belley.

Mais, pour des raisons que je n'ai pu découvrir, il n'occupa jamais ce siège, et dut attendre jusqu'en 1820, où il fut nommé évêque de Saint-Flour. Après tant d'agitations et des fortunes si diverses, il abordait enfin au port.

V

L'ÉPISCOPAT DE MGR DE SALAMON.

Ce n'est pas à dire, toutefois, que Mgr de Salamon n'eut plus qu'à goûter les douceurs du repos.

Depuis longtemps déjà, Saint-Flour se trouvait sans évêque. Mgr de Belmont étant mort au milieu des démêlés de Pie VII avec Napoléon, son successeur, Mgr Joubert, n'avait pu prendre possession de son siège, et, malgré l'habile administration d'un grand vicaire tel que M. de Rochebrune, le diocèse était en souffrance.

Heureusement, le nouveau pasteur portait allègrement encore ses soixante-deux ans, comme en témoigne visiblement un autre portrait, qui est de cette époque, et se trouve à l'évêché de Saint-Flour.

Le sommet de la tête, dégarni de cheveux, reporte la pensée aux massacres de septembre; car c'est à la suite et par l'effet de cette longue agonie qu'ils avaient, comme il le dit lui-même, commencé à tomber. Il n'en reste que deux longues touffes blanches, qui garnissent les tempes et encadrent agréablement le visage. Mais, à part cela, on est étonné de le revoir, après tant d'épreuves et d'angoisses, la tête haute sur des épaules bien droites, le teint animé, le sang à fleur de peau, le regard vif et clair, respirant enfin, dans toute sa personne, un feu et une activité qui ne demandent qu'à s'épancher [1].

---

[1] En l'absence de Sa Grandeur Mgr Baduel, évêque de Saint-Flour, Mgr Lamoureux et M. le chanoine Boyer, mon ami, ont bien voulu me permettre d'étudier ce portrait. Ce sont nos communes réflexions que je transcris ici.

On ne peut faire un pas, à Saint-Flour, sans rencontrer quelque souvenir de ce fécond épiscopat.

C'est, à l'entrée même de la ville, le beau monastère de la Visitation, qui fut élevé, en grande partie, grâce à ses encouragements et à sa générosité, comme le rappellent ses armes, sculptées au-dessus du portail principal. C'est, non loin de là, — rien n'est bien loin à Saint-Flour! — la Congrégation de Notre-Dame, dont il favorisa le développement, et qui, sous son épiscopat, envoya un essaim fonder, à Salers, un pensionnat aujourd'hui florissant. C'est le Petit, c'est le Grand Séminaire, qui furent ses œuvres de prédilection, parce qu'elles étaient alors les plus nécessaires de toutes.

Saint-Flour, en effet, avait vu, comme les autres diocèses de France, les vocations des jeunes nobles se tarir, pour la plupart, avec la suppression des bénéfices ecclésiastiques. De là, un abaissement sensible dans le nombre, et aussi dans le niveau intellectuel du clergé : car les familles pauvres, ou d'aisance médiocre, qui continuaient, presque seules, à alimenter le sacerdoce, depuis qu'il n'était plus qu'une carrière de dévouement, ne pouvaient pas mettre à la portée de leurs enfants des moyens suffisants d'instruction et de culture intellectuelle. L'évêque en avait la preuve affligeante dans le style, et même l'orthographe des lettres qu'il recevait parfois de ses prêtres [1].

Est-il besoin d'ajouter qu'il déplorait vivement cette lacune, qui portait atteinte au prestige du clergé? « Vainement, — dit-il dans un de ses mandements, « — vainement posséderait-on une solide instruction « en théologie et dans les matières ecclésiastiques. « L'opinion ne juge pas les prêtres, quels qu'ils « soient, sur le genre de connaissances qu'elle n'est « pas en état d'apprécier. Il importe que le peuple « regarde le prêtre comme appartenant à la classe « instruite. »

Paroles aussi justes qu'elles sont bonnes à répéter, et qui trouveraient, au besoin, leur meilleure confirmation dans les efforts des sectaires de tous les temps pour fermer au clergé les sources de la science humaine. Elles expliquent les efforts et les sacrifices de Mgr de Salamon en faveur des sémi-

---

[1] Voir la collection de ses mandements. J'ai pu la feuilleter à la bibliothèque du Grand Séminaire, grâce à l'obligeance des RR. Pères Lazaristes.

naires. Si l'on veut les connaître en détail, il suffit de parcourir la collection de ses mandements ; c'est là que j'ai cueilli moi-même, à défaut d'autres pièces, cette poignée de renseignements.

Bornons-nous à dire ici qu'il détourna, sur la maison déjà ancienne de Pleaux, la faveur de Charles X, en lui faisant donner le titre de « Petit Séminaire », avec neuf bourses et quatre-vingts demi-bourses, dons, hélas! bien éphémères [1] ; qu'il élargit le cercle des études, en y inscrivant les mathématiques et la physique ; établit des examens de littérature, du reste assez rudimentaires, que les jeunes gens devaient subir devant l'évêque et les grands vicaires, avant de passer au Grand Séminaire ; et qu'enfin, il fonda, avec le concours d'un digne et saint prêtre, M. l'abbé Tripier, un pensionnat ecclésiastique à Saint-Flour.

Cet établissement eut des débuts modestes : on conduisait les élèves aux cours du collège Royal, aujourd'hui, je crois, National. Mais quand la loi de 1850 nous apporta la liberté de l'enseignement secondaire, il voulut voler de ses propres ailes, et atteignit bientôt à un degré de prospérité qui fait le plus grand

---

[1] Je crois bien, en effet, qu'il n'en reste rien depuis assez longtemps.

honneur au coup d'œil des fondateurs. C'est aujourd'hui une maison de plein exercice, qui rivalise avec son aînée de Pleaux, pour donner au diocèse de Saint-Flour des hommes distingués et des prêtres vertueux.

Quant au Grand Séminaire, Mgr de Salamon lui rendit ses anciens maîtres, les RR. Pères Lazaristes, qui l'avaient occupé dès 1676, et s'en étaient vu chasser par la Révolution. Puis, il lui assura un recrutement plus facile, en soutenant de sa bourse les séminaristes peu fortunés, et en leur donnant, par testament, une somme de cent mille francs. Tels furent ses légataires universels[1], avec les pauvres toutefois, à qui il laissa le reste de sa fortune, afin de leur assurer, après sa mort, comme il avait fait durant sa vie, du pain, des vêtements et du bois pour se chauffer.

Le bon semeur semait sur une terre féconde. La moisson leva abondante, et il eut le bonheur de la contempler. Dans son mandement de carême pour l'année 1828, qu'on dirait être son *Nunc dimittis*, il

[1] D'après certaines notes que m'a fournies M. de Coston, il n'avait jamais eu de consolations du côté de sa famille. — Il paraît que celle-ci attaqua le testament. Pour éviter tout scandale, l'autorité diocésaine consentit à composer.

jette un coup d'œil satisfait sur toutes les œuvres diocésaines, et salue en particulier les cent cinquante élèves de son Grand Séminaire, « la joie, dit-il, et la couronne de son épiscopat ». C'était mieux que le prix de sa générosité, c'était le fruit de la bénédiction de Dieu sur un père, qui ne lui avait jamais disputé ses enfants.

On ne peut lire, en effet, sans une vive émotion son instruction pastorale du 1er janvier 1826, par laquelle il établit dans son diocèse l'œuvre de la Propagation de la Foi, fondée à Lyon en 1822.

Après avoir énuméré les difficultés des missions, et relevé, entre autres détails menus et familiers, « qu'une bouteille de vin pour dire la messe coûte cent « vingt francs, arrivée au Tong-king », il déclare qu'il accueillera les demandes de tout jeune clerc voulant aller aux Missions, et ordonne de lire deux fois chaque année, au Grand Séminaire, son instruction pastorale. C'était pousser jusqu'à l'héroïsme la confiance en la Providence divine, si l'on songe à la pénurie de sujets dont souffrait alors Saint-Flour. Il sembla même, un instant, que Mgr de Salamon avait commis une imprudence. L'année 1827, vingt et un de ses prêtres moururent ; mais cette épreuve fut passagère, et l'on a vu qu'en fin de compte, Dieu ne demeura pas avec lui en reste de générosité.

Mgr de Salamon s'éteignit le 11 juin 1829. Dieu lui épargna ainsi la douleur de voir une révolution de plus, et la fortune de la dynastie qu'il aimait, sombrer définitivement dans la tourmente de 1830.

Il eut le convoi des pauvres et fut mis dans la fosse commune : c'était son expresse volonté.

Quand on cessa d'enterrer dans le jardin de la Visitation, qui servait en ce temps-là de lieu de sépulture, Mgr de Pompignac, l'un de ses successeurs, et alors chanoine, fit exhumer ses restes.

Ils reposent, paraît-il, au cimetière actuel, dans le caveau réservé aux membres du chapitre. Je dis « paraît-il », car cet insigne bienfaiteur du diocèse de Saint-Flour n'a pas même une tombe, pas même une croix, où se lise son nom.

Le vœu de son humilité a été bien fidèlement exaucé !

Il est toutefois une maison qui a voulu, pour Mgr de Salamon, quelque chose de plus, sinon de mieux, que le souvenir discret des cœurs. Ai-je besoin de nommer sa maison de prédilection, son Grand Séminaire ?

On y voit, au chevet de la chapelle et à l'entrée de la salle d'exercices, deux plaques de marbre, où sont gravés ces mots d'une sobriété expressive et délicate :

A LA MÉMOIRE

DE

MONSEIGNEUR DE SALAMON,

ÉVÊQUE DE SAINT-FLOUR,

DÉCÉDÉ LE 11 JUIN 1829,

PAR LA RECONNAISSANCE DU GRAND SÉMINAIRE
ENVERS SON ILLUSTRE ET INSIGNE BIENFAITEUR.

*
* *

Tel est l'homme, tel est le prélat dont je présente les Mémoires au public. Comme de juste, je leur ai fait la toilette. Mais je n'insiste pas ; ce sont des secrets entre eux et moi, et qui n'intéresseraient personne.

Je dirai seulement que j'ai pris soin de rejeter aux deux extrémités, dans cette Préface et aux Pièces justificatives, tout ce que le sujet comporte d'érudition.

De la sorte, j'ai ménagé à la narration un courant aisé et limpide. Les lecteurs le descendront sans effort, ils seront captivés au charme de tous les aimables visages qu'il reflète tour à tour [1], ils en deviendront meilleurs, et sans doute, du haut du ciel où il est maintenant, Mgr de Salamon me pardonnera d'avoir publié ses Mémoires [2].

Paris, 14 mai 1890.

[1] Il reflète bien aussi çà et là *quelques vilaines physionomies;* mais c'est peu de chose en comparaison des Blanchet, des Dellebart, des Colin, de Mlle Grandin, du curé de Saint-Jean en Grève, de Richard, etc., etc. Bref, ces Mémoires nous font voir la nature humaine *en beau*. Cela n'est point si commun par le temps qui court.

[2] J'adresse ici mes remerciements à tous ceux qui ont bien voulu m'aider. Je citerai en particulier mes deux confrères, MM. Lamarche et Daix, ce dernier surtout qui m'a si largement prêté, pour la partie la plus aride de ce travail, le secours de sa vieille expérience.

MÉMOIRES DE MGR DE SALAMON

LIVRE PREMIER

MON MARTYRE

DEPUIS LE DIMANCHE 2 SEPTEMBRE 1792, A 2 HEURES APRÈS MIDI, JUSQU'AU LUNDI 3 DU MÊME MOIS, A 8 HEURES DU MATIN, DANS LE JARDIN DE L'ABBAYE DE SAINT-GERMAIN DES PRÉS.

> *Infandum, regina, jubes renovare dolorem.*
> « Reine, vous m'ordonnez de renouveler une douleur que les paroles ne sauraient bien rendre. »
> (Énée à Didon. — VIRGILE, *Énéide*, liv. II.)

A MADAME DE VILLENEUVE,
Née comtesse de Ségur.

Après avoir vécu dix-neuf ans entiers accablé de disgrâces, abreuvé d'amertumes, en butte à toutes sortes de persécutions, je dois, Madame, me rendre à vos désirs en vous racontant l'une des scènes les plus terribles de la Révolution, celle qui précéda et présagea la scène, plus tragique encore, qui a étendu un voile funèbre sur la France et jeté la consternation dans toute l'Europe[1]. Vous voulez que je vous fasse par écrit le récit lamentable de l'horrible massacre des 2 et 3 septembre 1792, où je fus conduit comme représentant du Pape, où, présent sur le lieu de la tuerie, je vis périr sous mes yeux soixante-dix de mes compagnons d'infortune, et n'échappai moi-même que par une grâce visible de cette divine Providence que tout sur la terre doit reconnaître, et qui deux fois encore, dans la suite, m'arracha comme par miracle à une mort certaine et à l'échafaud.

Vous serez obéie, Madame. Je fais pour vous, — tant votre aimable vertu a sur moi d'ascendant, — ce que je n'ai voulu faire ni pour une autre personne, ni même pour soulager ma propre détresse[2]. Seulement, n'attendez point un style brillant et fleuri. J'écrirai tout ce que je pourrai me rappeler de cet horrible drame avec simplicité, sans ornement et peut-être sans suite. Mon cœur est encore trop bouleversé par la pensée de cet affreux massacre, et mon esprit trop affaibli déjà par les craintes et par les années, pour que je puisse espérer de mettre dans ce récit beaucoup d'ordre et de clarté.

[1] La mort de Louis XVI.
[2] L'abbé Sicart, instituteur des Sourds-Muets, m'a très souvent sollicité de lui donner mes *Mémoires*, et il m'a envoyé un libraire, dans un moment où je n'avais pas même de pain, pour m'en offrir trois mille francs. (*Note de l'auteur.*)

CHAPITRE PREMIER

L'ARRESTATION DE L'INTERNONCE.

L'abbé de Salamon est nommé internonce. — Lettres de Pie VI et du cardinal Zelada. — Échos de l'édit des protestants : le duc de Brissac, la maréchale de Noailles et Mgr de Juigné, archevêque de Paris. — L'internonce devant Louis XVI. — Comment il est arrêté : Mme Blanchet. — Marat et ses médecines.

J'étais né sujet de Pie VI, de sainte mémoire, et j'avais été comblé de ses faveurs. Aussi, quand Dugnani, son nonce auprès de la Cour de France, saisi d'effroi en voyant jeter dans son carrosse la tête d'un garde du corps, abandonna la capitale[1] pour aller aux bains d'Aix en Savoie, Sa Sainteté voulut m'avoir à sa place, en qualité d'internonce auprès de Louis XVI, qui résidait à cette époque au palais des Tuileries. Le Souverain Pontife me fit connaître ses desseins par l'intermédiaire de son ministre secrétaire d'État, le cardinal Zelada.

Effrayé d'une semblable mission, et devinant par un secret pressentiment les dangers auxquels j'allais m'exposer, je refusai cet honneur, et offris de donner

[1] Vers la fin de 1790.

plutôt des conseils au secrétaire d'ambassade, qu'on a coutume d'appeler l'auditeur de la nonciature. Il se nommait Quarantotti, et, lors de son départ, le nonce Dugnani l'avait laissé à Paris. Pie VI, grand pape au reste, mais voulant bien ce qu'il voulait, n'approuva pas le choix de son nonce. Il décida que Quarantotti quitterait sur-le-champ la capitale, et que l'on transporterait chez moi les archives de la nonciature. Le ministre secrétaire d'État m'écrivit que le Pape repoussait mes excuses, et que, pour couper court à tous mes prétextes, Sa Sainteté daignait me donner elle-même ses ordres par écrit. En effet, je trouvai dans le courrier ministériel une longue lettre de six pages, sur un papier de grand format et doré sur tranches. Elle était entièrement écrite de la main de Pie VI, et présentait ceci de particulier qu'elle était en trois langues, en français, en italien et en latin. Il y avait en tête : « Mon cher abbé »; le corps de la lettre était en italien, et elle finissait par ces mots : *Pontificatûs nostri anno decimo septimo;* puis la signature en grosses lettres : *Pius Sextus.*

Cette lettre était des plus émouvantes. Le Pape m'y rappelait paternellement tout ce qu'il avait fait pour moi. En effet, j'étais, dès l'âge de vingt et un ans, auditeur de rote, magistrature éminente qui exige quarante ans, et en outre doyen du chapitre d'Avignon[1].

---

[1] Celui de Saint-Pierre, d'après Barjavel.

Cette dernière dignité, la principale de ce chapitre, ne pouvant être accordée qu'à un prêtre, le Pape avait consenti que je fusse ordonné à vingt-deux ans[1], et m'avait à cet effet octroyé une dispense, en y ajoutant cette formule : *More principum et nuntiorum,* c'est-à-dire, privilège réservé aux princes et aux nonces.

Dans sa lettre, Sa Sainteté daignait me donner elle-même ses instructions sur la manière de me conduire. Elle me faisait aussi connaître ses sentiments à l'égard de certains ministres d'alors, et particulièrement de M. de Montmorin, ministre des affaires étrangères, qu'elle n'aimait pas. Le Pape, au reste, ne m'en disait pas le motif. Il voulait bien encore me donner des éloges pour ma conduite au Parlement, spécialement dans l'affaire du Collier[2], où fut impliqué le cardinal de Rohan, et qui donna lieu à un procès si retentissant. Mais il me louait surtout à propos de l'édit des protestants[3], contre lequel j'avais déployé un grand zèle, et qui certainement n'aurait pas été enregistré, si l'archevêque de Paris, Mgr de Juigné, qui siégeait au Parlement comme pair de France, ne m'avait abandonné. Sa désertion en entraîna beaucoup d'autres, et l'édit passa[4].

[1] Au lieu de vingt-quatre, qui est l'âge canonique.
[2] En 1786.
[3] Enregistré le 9 janvier 1788. Il s'agissait de rendre aux protestants l'état civil.
[4] C'est l'honneur de Mgr de Juigné.

J'ajouterai en passant que j'avais sur ce même sujet avec la maréchale¹ de Noailles une correspondance très vive et surtout très active. Elle allait jusqu'à m'écrire quelquefois trois lettres par jour, de son hôtel de la rue Saint-Honoré, au quai des Miramiones², où je demeurais. C'était une terrible³... que j'avais à mes trousses, et bien que pensant de même au fond, nous avions souvent de grandes discussions, parce qu'elle me pressait toujours d'aller de l'avant et au plus vite.

Je baisai avec respect la lettre du grand Pontife, et me consacrai sans réserve à son service, bien résolu à souffrir la mort plutôt que de l'abandonner. Je lui répondis par une lettre pleine de soumission et de dévouement, qui l'émut profondément. Il me témoigna sa satisfaction par l'entremise de son ministre, le cardinal Zelada, digne en tout d'un tel souverain.

Pour exécuter les ordres du Pape, j'évitai M. de Montmorin, et m'adressai à M. le duc de Brissac⁴, pair de France, avec qui j'avais eu l'honneur de me lier pendant les sessions du Parlement de 1787-88 et du commencement de 1789. Je lui demandai les moyens à prendre pour arriver jusqu'au Roi.

---

¹ Le texte, mal écrit, permettrait aussi bien de lire « le maréchal »; mais cette correspondance fiévreuse dénote évidemment une femme.
² Quai des Tournelles.
³ Pitolante. Mot inconnu. Peut-être un mot de terroir?
⁴ Il commandait la garde du Roi.

M. le duc de Brissac me reçut à bras ouverts en me disant :

« Je veux vous rendre service... » Puis, passant à autre chose : « Ah! mon cher abbé! ajouta-t-il, où allons-nous!... Si nous n'avions pas laissé passer l'édit des protestants, nous n'en serions peut-être pas là.

— J'en gémis tous les jours, monsieur le duc, lui répondis-je... Au moins, ce n'est ni votre faute ni la mienne. »

Après un court entretien, il me dit : « Venez demain ici même, à midi. »

Il habitait aux Tuileries, au rez-de-chaussée. Je fus de la dernière exactitude. En me voyant, il me dit : « Le Roi vous recevra demain à une heure, seul, dans son cabinet, et *je vous conduirai moi-même.* » Je lui témoignai une vive reconnaissance.

Je fus en effet présenté à Sa Majesté le lendemain.

Elle était seule dans son cabinet, qui me parut petit. Le Roi sourit en me voyant et me dit :

« Je vous connaissais de nom, car vous êtes venu une fois à Versailles, — j'y étais allé en effet, et même deux fois, avec une petite députation du Parlement, — mais je ne remettais pas vos traits... Que puis-je donc faire pour le Pape?

« — Sire, lui répondis-je, je n'ai présentement d'au-
« tres ordres de Sa Sainteté que de témoigner à Votre
« Majesté tout l'intérêt qu'elle prend à sa situation, et

« de lui dire qu'elle conserve un tendre attachement
« pour sa personne sacrée, qu'elle compte encore, pour
« ce qui regarde la religion, sur sa puissante protection,
« et que, dans les circonstances actuelles, elle ne pou-
« vait lui donner une plus grande preuve de sa con-
« fiance qu'en nommant un membre de son Parlement
« pour résider près d'elle... Et Votre Majesté, ajoutai-je,
» peut être assurée que la fidélité que je dois au Pape
« comme son sujet n'altérera en rien celle que je lui
. dois à elle-même, et que j'ai jurée, comme membre
« de son Parlement, et qu'elle me verra lui donner tous
« les jours des preuves de mon zèle à la servir, en ren-
« dant la justice à ses sujets dans la chambre des vaca-
« tions[1], sous la présidence de M. de Rosambo. »

Le Roi daigna me répondre qu'il était reconnaissant au Pape de lui avoir donné cette preuve de confiance et de m'avoir choisi.

Je demeurais alors dans la cour des Fontaines, au palais Marchand [2].

J'avais refusé jusqu'au 10 août de monter la garde et de quitter l'habit ecclésiastique. A la suite de ces tristes journées, je fus menacé et insulté dans les rues. Rue Saint-Eustache en particulier, cinq hommes me

---

[1] Établie pour remplir l'intérim créé par le décret de l'Assemblée nationale, — 29 novembre 1789, — qui prolongeait indéfiniment les vacances du Parlement.
[2] Près du Palais-Royal, rue de Valois.

poursuivirent en criant : « Voilà un aristocrate du « palais! voilà un aristocrate du palais! » Je me mis à marcher rapidement le long des boutiques, et m'échappai de la sorte, non sans leur répondre toutefois : « Pourquoi attaquez-vous un homme qui ne vous fait « rien? »

Cependant, à partir de ce moment, je me tins sur mes gardes, mais je ne changeai pas de conduite, car il est dans mon caractère, si doux qu'il soit maintenant pour tout le monde, de ne jamais céder à la peur et de ne rien faire par force.

Enfin, dans une réunion secrète, un massacre fut résolu, et chaque section se mit à rechercher de tous côtés les prêtres et même les laïques qui lui étaient suspects.

Je me réjouissais déjà d'avoir passé dix-sept jours sans être inquiété. Toutefois, comme j'avais entendu parler d'une visite domiciliaire, je recommandai à ma domestique, femme dévouée à mon service, mais franchement *aristocrate,* comme on disait alors, de se montrer polie et de ne point braver les commissaires de ma section, dans le cas où ils viendraient chez moi.

Cette domestique, qui gouvernait ma maison, avait déjà servi ma mère pendant trente années, et m'avait été donnée par elle pour diriger mon ménage, car je ne me suis jamais mêlé de pareils détails.

Or, le jour même de cette recommandation, le

27 août, à deux heures du matin, on vint frapper à ma porte à coups redoublés. Ma domestique exécuta mes ordres avec tant d'exactitude que, se levant en toute hâte, elle se heurta violemment la tête contre l'angle d'une porte, qu'elle ne voyait pas, et se fit une profonde blessure. Malgré cela, elle alla ouvrir et introduisit dans ma chambre cinq hommes qui portaient sur leurs habits une écharpe tricolore. C'étaient les commissaires de ma section. Ils étaient suivis de vingt hommes armés.

Je souffrais depuis quelques jours d'une indisposition, et j'avais en ce moment même un accès de fièvre, si bien que j'étais accoudé sur mon oreiller pour prendre un verre de limonade.

« Vous voyez, messieurs », leur dis-je comme ils entraient, « un malade gisant sur son lit avec la « fièvre... Que me voulez-vous?

« — Oh! rassurez-vous », me répondit celui qui semblait être le chef, « nous ne voulons pas vous déranger; « nous savons que vous êtes le ministre du Pape : « donnez-nous votre correspondance.

« — Eh bien! répliquai-je, si vous savez que je suis « le ministre du Pape, vous devez savoir aussi que ma « personne est sacrée, et cependant vous venez violer « mon domicile à main armée... Quant à ma corres- « pondance, j'y attache si peu d'importance que je « m'en sers pour chauffer mes chemises avant de les

« mettre [1], et vous pourrez en apercevoir des bribes
« traînant dans quelque méchante enveloppe sur le sol
« de mon cabinet... Au reste, cherchez vous-mêmes. »

Et je me laissai aller la tête sur mon oreiller.

Je n'étais pas cependant sans inquiétude. J'ignorais que ma pauvre domestique, toujours pleine de sollicitude et de prévoyance à mon endroit, épiait le moment où j'avais répondu à mes lettres, le mardi et le samedi, allait prendre la correspondance dans le portefeuille où je la mettais avec mes autres papiers, la portait au grenier et l'y cachait sous les pigeonniers. Elle ne m'en avait rien dit, parce qu'elle savait bien que je n'aimais pas ces précautions dictées par la peur, et que je ne l'aurais pas permis. Je dois l'avouer ici en passant, ce courage mal placé m'a fait quelquefois commettre des imprudences. La prudence et les précautions de cette pauvre femme étaient bien préférables, car le courage n'exclut pas la prudence. Mais alors... j'étais jeune!

Du reste, je nommerai cette brave femme. Elle s'appelait Mme Blanchet. Elle est devenue par la suite un objet de sympathie pour mes amis et même pour ceux qui ont entendu parler d'elle, car elle a partagé tous mes dangers et a été incarcérée trois fois : au couvent des Anglaises, rue Saint-Victor, où elle resta huit mois entiers, puis, trois mois durant, dans les prisons de la

---

[1] Per scaldare la mia camicia bianca, quando la muto.

Grande Force et des Madelonnettes. M. de Malesherbes, ministre d'État, qui a été guillotiné pour avoir défendu le Roi, laissait parfois son carrosse sur les bords de la Seine et s'en venait à pied le long de la rue des Augustins, où je demeurais depuis le massacre, et, quand il ne me trouvait pas, il restait une heure entière à causer avec elle. Elle ne savait ni lire ni écrire, mais M. de Malesherbes disait : « Cette femme a beaucoup d'esprit naturel, une grande sensibilité et la vivacité provençale. » Elle fut connue de la Reine et eut part à la munificence de Pie VI.

Les commissaires de ma section, ayant cherché sans rien trouver, dressèrent un procès-verbal et m'invitèrent à me lever pour le signer. Il était six heures du matin. Je leur représentai qu'étant malade, je ne pouvais me lever. Mais un homme que je reconnus pour un ancien soldat de la garde du Parlement me dit : « Je vous engage à obéir, monsieur, car ils sont capables de vous faire lever de force. » Je sautai donc à terre, et en un clin d'œil je fus habillé. « Me voilà prêt à vous suivre, leur dis-je alors, mais je refuse de signer votre procès-verbal », ce qui parut les contrarier. Je les suivis. Arrivé à l'escalier, j'aperçus une nombreuse troupe d'hommes armés. Je dis au commandant qu'en me rendant à discrétion et sans opposer de résistance, je n'avais pas entendu me laisser emmener au milieu de cette troupe, et que j'attendais résolument qu'elle se retirât. Nous eûmes une longue altercation; enfin, il la congédia.

Je remarquai à ce moment qu'ils emportaient une grande caisse. Elle contenait les archives de la Nonciature, que je n'avais pu cacher.

Je fus immédiatement conduit au comité de section, où l'on fit un nouveau procès-verbal pour constater ma présentation à la section. Il portait en outre que je serais conduit sous bonne escorte au Comité de surveillance de la fameuse Commune du 10 août. J'insistai de nouveau pour m'y rendre sans escorte, mais je ne pus rien obtenir, et il me fallut marcher honteusement au milieu de cette troupe de gardes déchaînés qui criaient : « Voilà le calotin ! — en italien *berettino* — voilà le ministre du Pape ! »

Je traversai la rue qui longe la Seine, puis la place de Grève, au milieu d'une foule de gens du peuple. Il était déjà plus de huit heures.

Arrivé à l'Hôtel de ville, je fus introduit dans une pièce très petite, pleine de gens qui avaient à peine figure humaine. Revêtus d'une écharpe tricolore passée en travers des vêtements déchirés qui couvraient leur corps, ils ne cessaient, avec un air de triomphe, de palper ma caisse, si bien que je ne puis comprendre comment elle ne s'ouvrit pas toute grande.

Ma pauvre Blanchet, les yeux baignés de larmes, son petit garçon, âgé de treize ans, et un jeune homme, le seul serviteur que j'avais conservé, composant à eux trois toute ma maison, me suivaient tristement de loin.

A peine étais-je entré dans ce repaire de cannibales, que l'un d'eux s'écria : « Voilà un scélérat pour la guillotine ! » Je lui répondis sans m'émouvoir : « Voilà le langage d'un peuple qui se dit libre ! »

Après avoir échangé entre eux je ne sais combien d'horribles propos, ils voulurent me faire subir un interrogatoire sur ma correspondance avec le Pape, mais je refusai net de répondre, en leur disant qu'ils n'étaient pas compétents et qu'ils n'avaient pas qualité pour me juger. Alors ils ordonnèrent de me conduire au dépôt de la Mairie [1]; c'était autrefois le palais de l'ancien premier président du Parlement, M. Bocard de Saron, mon très respectable ami, qui s'en était vu chasser en vingt-quatre heures par le président et le procureur général du département, le duc de la Rochefoucauld et Pastoret.

Je partis donc avec le même cortège, et j'arrivai comme un criminel dans cette même demeure où j'étais si souvent entré en magistrat respecté.

Le coffre qui contenait mes archives ne fit pas, cette fois, partie de mon cortège, et resta à l'Hôtel de ville.

Je fus de nouveau introduit dans un petit comité composé de cinq membres. J'y reconnus ce Marat qui

---

[1] Aujourd'hui Préfecture de police.

devint par la suite si célèbre et si terrible, et dont une courageuse jeune fille, Charlotte Corday, digne d'un meilleur sort (elle fut guillotinée et monta sur l'échafaud avec un grand courage), a délivré la France. Ce monstre, qui avait été décoré du titre de « médecin des écuries du comte d'Artois », je l'avais, dans une circonstance, consulté comme médecin. Il portait déjà dans son âme, aussi affreuse que sa figure, le germe de ses futures atrocités, car il m'ordonna une médecine qui m'aurait fait mourir, si le fameux pharmacien de la rue Jacob[1] avait voulu me la donner : « Je vois bien, me dit-il, que cette médecine ne peut être pour vous, c'est une médecine de cheval; je reconnais la signature du médecin, c'est un fou[2]. » Apparemment Marat m'avait pris pour un sujet de l'écurie dont il était le médecin !

Ce scélérat se mit à rire en me voyant, mais ne m'insulta pas, comme firent les autres, en m'envoyant au dépôt.

C'est ce même Marat qui, me rencontrant plus tard, après le massacre, comme je traversais la galerie de pierre du Palais-Royal[3], me cria : « Prends bien garde à tes oreilles! »

---

[1] ?

[2] Ou bien un monstre, comme dit l'internonce.

[3] Par opposition aux galeries de bois (galeries d'Orléans), qui subsistèrent jusqu'en 1829.

CHAPITRE II

LE DÉPOT DE LA MAIRIE.

La prison et les prisonniers. — L'abbé Sicart. — Les grands vicaires de Toulouse, de Bourges et de Strasbourg. — Le curé de Saint-Jean en Grève. — L'abbé Gervais, secrétaire général de l'archevêché de Paris. — Le chevalier du poignard.

On me fit traverser les basses-cours du côté de l'écurie, et monter au second étage, dans un grenier assez vaste, mais dont le toit était si bas qu'une personne haute de cinq pieds six pouces n'y pouvait rester commodément debout. Je le trouvai rempli de prisonniers, et je sus depuis qu'il y en avait quatre-vingts. Ils étaient entassés sur de la paille. Ils ne firent guère attention à moi tout d'abord, mais ils se plaignaient qu'on ne leur eût pas changé la paille, qui datait de quatre jours. Cette prison n'était éclairée que par des fenêtres fort étroites et garnies de barreaux de fer; encore étaient-elles en très petit nombre. Il y régnait une effrayante obscurité. C'était vraiment le vestibule de la mort.

Surpris d'abord de me trouver dans une situation si triste, je promenai mes regards çà et là, sans fixer personne, quand un des prisonniers me reconnut et s'approcha de moi; de mon côté, je le reconnus aussi.

C'était un procureur au Parlement, appelé Féron. Il me cria, en me tendant les bras pour m'embrasser :

« Comment un homme tel que vous peut-il se trouver ici!

« — Mon cher, lui répondis-je, ma présence ici est moins extraordinaire que la vôtre, bien que je vous connaisse pour un parfait honnête homme; mais je suis content, puisque je suis en votre compagnie. »

Alors, me désignant un misérable matelas que je n'avais pas vu, il ajouta : « Comme je suis malade, j'ai obtenu ce matelas, bien qu'à grand'peine. Je vous prie de l'accepter, parce que vous n'aurez ici pour lit qu'un peu de paille; encore on marche, on crache, on dort dessus depuis quatre jours, et elle est affreusement sale. »

Je fus très touché de son sacrifice, car je suis naturellement très sensible aux bons procédés, et je n'ai jamais oublié celui-là. Toutefois, sur le moment, je refusai son offre. Je ne voulais pas qu'il se privât pour moi, et puis, je le dirai franchement, j'avais peur de prendre sa fièvre, d'autant plus que la mienne m'avait subitement quittée. Mais comme je m'aperçus que mon refus lui faisait une peine sensible, je l'acceptai, dût-il m'en arriver malheur.

Il s'éloigna de moi, et s'en alla parler à beaucoup

d'autres personnes, qui vinrent aussitôt me saluer de l'air le plus respectueux.

Il y avait là le curé de Saint-Jean en Grève [1], homme aussi vénérable par ses vertus que par son grand âge : il avait quatre-vingts ans. Il était obligé de se tenir courbé, ainsi qu'un autre, l'abbé Godard, grand vicaire de Mgr de Fontanges, archevêque de Toulouse, parce qu'ils avaient six pieds de haut.

Il y avait encore là l'abbé de Bouzet, grand vicaire de Reims, frère d'un chef d'escadre, l'abbé Sicart, un grand vicaire de Strasbourg, l'abbé Gervais de l'archevêché, et beaucoup d'autres personnes bien connues.

J'en étais à les remercier, et je me félicitais d'avoir des compagnons d'infortune aussi recommandables, quand j'entendis à travers la porte la pauvre Blanchet, qui toute désolée me criait : « Monsieur, monsieur! venez me parler! » Je m'approchai. Elle me dit : « Me voici, que voulez-vous, monsieur, que voulez-vous que je fasse? » Elle était tout en larmes; je ne la voyais pas, mais je l'entendais sangloter. « Je veux que vous demeuriez tranquille, lui répondis-je. Je suis ici avec des personnes de mon rang, et je suis content; la fièvre m'a quitté, et je me sens bien. Allez faire mon chocolat et me l'apportez avec des pêches et une carafe de limonade. »

---

[1] L'abbé Royer. Saint-Jean en Grève était situé auprès de l'Hôtel de ville.

C'est qu'en effet j'étais alors aussi fidèle à prendre ma tasse de chocolat qu'à réciter mon bréviaire, et peut-être même un peu plus; car, je l'avouerai à ma honte, mes occupations me faisaient quelquefois oublier de le dire en entier. Bref, ce petit repas était chez moi une habitude d'enfance.

Je lui recommandai aussi de m'envoyer par mon domestique ce qui m'était nécessaire pour faire ma toilette. Sans être bien recherché, j'ai toujours, dès ma jeunesse, aimé la propreté. Je me rasais et me faisais coiffer presque au saut du lit. Jamais je n'ai manqué à cela, même en prison, sauf quand je fus mis au secret, sous le Directoire[1]. Seulement, après le massacre, j'ai coupé mes cheveux ras, et depuis lors personne n'a eu à me toucher la tête.

Je dis aussi à Mme Blanchet : « Rappelez-vous que c'est demain jeudi, et qu'il doit m'arriver un panier. Vous le porterez à mon ami, rue Sainte-Croix de la Bretonnerie, en lui disant de l'ouvrir, de manger ce qu'il y aura dedans, et d'écrire sans faute à ma place une lettre de remerciement, à moins qu'il ne trouve un autre moyen commode. »

La Blanchet était d'une rare pénétration, bien qu'elle ne sût ni lire ni écrire. Elle était habituée à m'entendre à demi-mot. Aussi me comprit-elle parfaitement. Cela

---

[1] Voir liv. III.

voulait dire : « Demain jeudi est le jour du courrier de Rome. Vous porterez mes dépêches à mon ami, rue Sainte-Croix de la Bretonnerie. Vous lui direz de les lire, et d'envoyer le courrier de cabinet Guillaume, — que la cour de Rome entretenait près de moi, — pour informer le Pape et le secrétaire d'État de ma triste position. » Tout ceci fut ponctuellement exécuté comme je l'avais ordonné.

J'ajoutai : « Faites venir Lafrance. » C'était mon valet. Il n'avait pour toutes fonctions qu'à me friser et à me servir à table, quand je dinais en ville. Il vint en effet peu après, et je ne lui donnai d'autre ordre que d'obéir à Mme Blanchet comme à moi-même.

Revenu au milieu de mes compagnons, je me jetai sur le matelas, car j'étais sur les jambes depuis deux heures du matin. Je devins bien triste en songeant à ce qui allait m'arriver.

Le curé de Saint-Jean en Grève était un saint homme, tout à fait aimable, gai et même jovial. Il cherchait à me distraire et à me faire rire, et il y parvenait quelquefois. Puis mes compagnons venaient l'un après l'autre à mes côtés, me raconter leurs aventures. Je remarquai entre autres en ce moment un tout petit homme, fort gracieux, qui était grand vicaire du cardinal de Rohan.

Cependant, comme je prévoyais les malheurs qui

allaient fondre sur nous, j'étais toujours plongé, malgré moi, dans une profonde rêverie.

L'heure du repas m'apporta quelque distraction. Chacun mangeait ce qu'il voulait, et il y en avait quelques-uns qui mangeaient ensemble. Je vis apporter un excellent repas, et même des pâtisseries qui avaient fort bonne mine.

Par contre, j'aperçus dans un coin un prêtre misérablement vêtu et tout malpropre, qui mangeait un morceau de pain sec.

C'est qu'en effet, n'étant pas dans une prison d'État, nous n'avions pas même le repas ordinaire des prisonniers.

Il paraissait un peu honteux de faire un si maigre festin. Je suis porté à m'émouvoir et à m'attendrir dès que je vois un malheureux, quand surtout il ne devrait pas l'être. Je fus touché en ce moment d'une vive compassion. Les prêtres m'inspirent plus de pitié encore que les autres hommes, quand je les vois avec un air misérable. Maintenant encore j'éprouve ces sentiments, lorsque je rencontre, dans les paroisses où je vais pendant la belle saison, de pauvres prêtres manquant de tout.

Je dis ce qui peut être à mon avantage, sans en tirer vanité, comme je dirai aussi ce qui pourra m'être défavorable. Cela est nécessaire pour la sincérité de mon récit. Et je ne suis pas sans craindre, Madame, que pour avoir voulu vous satisfaire, je ne perde en partie l'estime que vous avez daigné m'accorder, et que vous ne rabattiez de la bonne opinion que vous avez si vite conçue de moi; car vous verrez que je ne désirais pas le martyre, que je ne pensais pas assez à me préparer à la mort, et que je n'avais de courage que pour conserver ma présence d'esprit et trouver le moyen de me sauver. Toutefois j'ai pensé que Dieu m'avait pardonné cette terreur, parce que j'ai pu, pendant quelques années, être utile au Pape, et rendre à l'Église quelques faibles services.

Je m'avançai vers le prêtre et lui dis : « Monsieur « l'abbé, vous n'avez certainement point de parents « qui puissent avoir soin de vous et s'occuper de votre « nourriture; pardonnez-moi ma curiosité, elle part « d'un cœur sensible : qui êtes-vous donc ? » Il parut embarrassé par ma présence, mais se remettant bientôt un peu : « J'étais, me dit-il, un des aumôniers de « l'Hôtel-Dieu. J'ai été chassé pour n'avoir pas voulu « prêter le serment, et l'on ne m'a laissé que le méchant « habit que je porte sur le corps. Voilà déjà trois « semaines que je suis ici; j'ai été pris aux environs « des Tuileries, le lendemain du 10 août, par des gens « qui me criaient que j'étais un scélérat et un chevalier « du poignard. »

A ces mots du bon prêtre, j'avoue qu'il me vint envie de rire, et je murmurai en moi-même, tout en le regardant : « Un chevalier du poignard! »

Je lui demandai ensuite de quelle province il était et s'il avait de l'argent. Il me répondit qu'il était de la Gascogne, et qu'il était si peu rétribué à l'Hôtel-Dieu, qu'il n'avait que quelques sous pour acheter du pain. « Eh bien! lui dis-je, gardez votre pain. Je pense qu'on « ne tardera pas à m'apporter mon déjeuner, car je ne « loge pas loin d'ici, et certainement il y en aura assez « pour vous et pour moi. »

Il fut si content qu'il ne put rien répondre, mais il me prit la main et s'efforça de la baiser en disant : « Je commence à comprendre qui vous êtes, et je vois « bien à votre charitable conduite que vous êtes le « digne ministre du Père commun des fidèles. » Très ému moi-même, je lui serrai affectueusement la main.

En ce moment, le gardien de la prison m'apporta une corbeille fermée : c'était mon repas. J'y trouvai un bon potage à la Borghèse. Ma pauvre Blanchet, qui était fort habile et adroite en tout et particulièrement à coudre, savait bien peu faire la cuisine ; aussi, quand je mangeais chez moi, ce qui arrivait rarement, elle ne me donnait que du bouilli et du rôti. Et en effet, il y avait de tout cela dans la corbeille, avec de belles pêches, car elle savait bien que je les aimais beaucoup. Elle avait joint aux provisions un couvert d'argent.

Je donnai la cuiller à l'abbé, qui mangea tout le potage, et je me servis de la fourchette. Il déjeuna fort bien, au point que je fus obligé de demander du pain au gardien; bref, il me parut avoir mangé de fort bon appétit. Quant à moi, je mangeai deux côtelettes de mouton et une aile de poulet.

Je continuai à donner chaque jour son repas à ce pauvre prêtre. Ce ne fut du reste pas long, car nous abandonnâmes ce lieu infect le 1er septembre, comme on va le voir ci-après.

J'ai dit « lieu infect ». On n'aura pas de peine à le croire, quand on saura que nous étions quatre-vingts dans une espèce d'entresol, bien étroit pour un si grand nombre de personnes, extrêmement bas et peu aéré, et où, depuis trois semaines déjà, on dormait, on mangeait et on se promenait sur de la paille : encore cette paille ne se changeait pas tous les jours. Puis on était obligé de satisfaire, — excusez ce détail, — tous les besoins naturels dans une moitié de tonneau placée dans un coin de la même pièce, et qui ne se vidait que toutes les vingt-quatre heures au plus tôt.

Un grand et beau jeune homme en fut suffoqué, et ne revint pas à lui, bien qu'on l'eût aussitôt transporté dans la cour.

C'est donc là que, le soir venu, nous nous reposâmes, c'est-à-dire que nous nous jetâmes sur notre paille, sans pouvoir toutefois nous y endormir.

Il y avait là ce vénérable curé de Saint-Jean, qui était très plaisant, tout en étant très saint homme : ce qui prouve, en passant, que Dieu préfère une piété qui n'exclut pas la gaieté et l'amabilité, à cet extérieur sévère qui semble toujours censurer les autres. Il nous racontait des histoires plaisantes qui nous faisaient éclater de rire, si bien que moi-même, malgré tous mes sujets de tristesse, je riais à en être incommodé. C'était à croire que nous étions étendus sur une plume moelleuse et sur la pourpre. Cela se prolongeait parfois jusqu'à une heure du matin, et j'étais obligé de lui dire : « Allons ! monsieur le curé, en voilà assez, dormons ! » et aussitôt il interrompait le cours de ses histoires et demeurait en silence. Au reste, le bon Dieu n'y perdait rien : à quatre heures du matin il était debout ou bien à genoux (car il ne pouvait se tenir debout à cause de sa haute taille), priant Dieu ou récitant son bréviaire quand il faisait jour.

CHAPITRE III

L'ARRÊTÉ DE LA COMMUNE.

Manuel. — L'abbé Godard, grand vicaire de Toulouse. — Le message des évêques renfermés aux Carmes, à l'internonce. — L'abbé Simon, chanoine de Saint-Quentin, et la loyauté révolutionnaire. — Menteur et naïf. — Heureuse inspiration. — L'abbé Sicart et l'horloger Monotte. — Où allons-nous donc ?

Enfin, le samedi 1er septembre 1792, jour d'horrible mémoire, Manuel, le procureur de la Commune, vint nous annoncer, en se tenant sur le seuil de la porte, comme s'il avait affaire à de vrais pestiférés, et se sentant sans doute suffoqué par la puanteur, que la Commune du 10 août avait pris un arrêté aux termes duquel nous allions être transférés le soir même. Il venait, ajoutait-il, nous le notifier. En effet, il nous laissa cet arrêté. C'était un papier imprimé, de la grandeur de ceux qu'on affiche sur les murs de la ville.

A cette nouvelle, presque tous mes compagnons furent dans la joie, pensant sortir enfin de leur misérable situation. Les uns disaient : « Nous allons partir ce soir, et peut-être serons-nous déportés; il faut faire provision d'argent pour notre voyage »; les autres :

« Nous allons être réunis aux prêtres qui sont aux Carmes, et nous y serons mieux. »

Pour moi, je demeurais debout, appuyé à l'une des lucarnes qui tenaient lieu de fenêtres. Je fus atterré en entendant ces mots : « Vous allez être transférés. » Mais, pensais-je en moi-même, cela signifie, en termes de justice, que nous allons être conduits dans une prison d'État, parce qu'ici nous ne sommes que dans un dépôt; on va nous écrouer, et tout ceci aboutira, sans doute, à nous intenter un procès criminel.

Telles étaient les pensées qui me traversaient l'esprit, lorsque l'abbé Godard, homme intelligent et versé dans les sciences ecclésiastiques, mais crédule et un peu poltron, s'approcha de l'affiche et dit à tout le monde : « Avancez-vous, je vais la lire à haute voix. » Et comme il ne pouvait, à cause de sa haute taille, — il avait bien six pieds, — se tenir debout sans courir le risque de se heurter la tête au toit, il se mit à genoux.

J'avoue que je considérais leur naïveté avec pitié, et comme il m'est en certaines circonstances absolument impossible de taire ce que je pense, je leur dis : « Je ne « voudrais pas troubler votre joie; mais comment « pouvez-vous espérer quelque pitié de la Commune du « 10 août?... Vous ne sortirez pas de prison », ajoutai-je d'un ton assuré; « vous allez être transférés et écroués « dans une autre : je connais les termes judiciaires, et « vous qui êtes instruits, vous devez savoir qu' « être

« transféré » ne veut pas dire sortir. Je crois qu'il
« vaudrait mieux pour nous demeurer quelques jours
« de plus dans cette prison, bien affreuse, il est vrai,
« mais qui est un simple dépôt, que d'aller dans une
« prison d'État, où il nous faudra supporter les lenteurs
« de la justice. — Vous êtes un visionnaire, me répondit
« l'abbé Godard, vous voyez tout en noir. » Et il se mit
à lire.

Il était alors huit heures du matin.

Manuel, affectant un air de bonté, avait dit, en s'en
allant, que chacun pourrait voir ses parents et ses amis
pendant la journée.

Pour moi, j'avoue que je prêtais peu d'attention à ce
qui se passait autour de moi. J'étais tombé dans une
profonde et vague rêverie; j'avais même perdu le sentiment de ma situation, quand le gardien de la prison
entra brusquement et prononça mon nom. Je revins
promptement à moi et m'élançai vers la porte, qui était
restée ouverte. J'y trouvai un homme mal vêtu et d'un
âge avancé. Il me salua avec respect et me demanda si
j'étais l'abbé de Salamon, internonce du Pape. « Ne
prononcez pas ces mots, lui dis-je vivement..... vous le
voyez en effet devant vous : que puis-je faire pour vous,
dans le triste état où je suis? »

Il est vrai de dire pourtant qu'à ce moment je ne
pouvais guère lui inspirer de pitié. J'avais continué
dans ma prison ce que je faisais dans ma chambre en

me levant, c'est-à-dire que j'étais frais rasé, et que mes cheveux étaient poudrés, à peu près comme aujourd'hui, sauf que j'en avais alors davantage. Mme Blanchet ne me laissait pas manquer de linge blanc [1]....... Aussi mon extérieur contrastait fort avec celui de mes compagnons ; ceux-ci avaient l'air le plus misérable du monde, avec leur calotte, qu'ils portaient nuit et jour et qui était toute couverte de duvet, et leur barbe qu'ils laissaient pousser. On eût dit de ces convalescents d'hôpitaux qui vont et viennent sans rien faire, dans leurs salles.

« Je suis prêtre, me dit cet individu, mais je ne suis
« pas emprisonné, et je suis envoyé vers vous par
« Mgr l'archevêque d'Arles, les évêques de Saintes et
« de Beauvais [2], et les prêtres détenus aux Carmes. Ils
« ont appris avec le plus vif déplaisir que vous étiez
« prisonnier ici, vous, le représentant du Pape, vous si
« nécessaire à l'Église de France. Tous les chemins pour
« arriver au Souverain Pontife étant fermés, ils m'ont
« chargé, au cas où je pourrais parvenir jusqu'à vous, de
« vous présenter leurs hommages et de vous demander
« des conseils, en particulier sur la conduite à tenir au
« sujet du nouveau serment de liberté et d'égalité que
« l'on vient de décréter, et que tout le monde doit prêter. »

---

[1] Passage indéchiffrable : *La mia lovata della mattina non era anche meschina ed' era bleio.*
[2] Mgr Dulau et les deux La Rochefoucauld.

C'est qu'en effet, dans l'intervalle, une nouvelle assemblée s'était réunie sous le nom d'Assemblée législative. Elle avait commencé ses travaux par la proclamation de la République, et, le 27 août, elle avait décrété le serment de liberté et d'égalité.

Je répondis à ce digne prêtre :

« Je suis ému jusqu'aux larmes de l'extrême bonté
« de Mgr l'archevêque d'Arles et de ses respectables
« confrères... » J'étais en effet pénétré de crainte et de respect, en voyant que des prélats si éminents en vertu et en science s'adressaient à moi, simple prêtre, revêtu sans doute d'un titre respectable, mais bien éloigné du mérite de ces miroirs de l'Église. J'en restai un moment comme interdit; mais retrouvant bientôt ma présence d'esprit : « Offrez-leur, ajoutai-je, l'expres-
« sion de ma vénération et de ma reconnaissance...
« Eh! que suis-je, moi, simple prêtre, même honoré
« de la confiance du Souverain Pontife, pour donner
« des conseils à Mgr l'archevêque d'Arles, ce nouveau
« Chrysostome, à l'abbé de Rastignac et à l'abbé Bon-
« naud, grand vicaire de Lyon, ces prêtres distingués,
« qui viennent de publier sur ces matières les ouvrages
« les plus lumineux et les plus élevés? C'est d'eux-
« mêmes que j'attendrais plutôt l'éclaircissement de
« ces questions.

« — Monsieur, me répondit-il, je leur ferai part de
« vos sentiments de modestie; mais dites-moi, je vous

« en prie, ce que vous pensez du nouveau serment
« d'égalité et de liberté.

« — Je ne puis encore savoir les intentions du Pape,
« ce serment étant tout à fait nouveau; mais j'ose vous
« assurer qu'il ne lui sera pas favorable, et, puisque vous
« persistez à demander ce que j'en pense, je vous dirai
« que je ne me permettrai pas de blâmer ceux qui le prê-
« teront, mais que, pour ma part, je suis bien déterminé
« à le refuser... Dites à ces messieurs que, quand j'aurai
« l'honneur de les voir, nous aviserons ensemble aux
« moyens d'avoir sur ce point une doctrine uniforme [1]. »

Hélas! nous ne devions plus nous revoir!

Pendant que j'étais dans la petite chambre qui précédait notre prison, il vint un prêtre appelé Simon, chanoine de Saint-Quentin, âgé de plus de quatre-vingts ans. Il voulait voir son frère, déjà incarcéré, qui avait soixante-quinze ans. On le fit bien entrer, mais, quand il fut pour sortir : « Vous êtes prêtre, lui dit-on; puisque vous êtes entré dans la prison, restez-y; vous serez emmené avec les autres tout à l'heure. » Il fut massacré à l'Abbaye, et son frère, emprisonné avant lui, a été sauvé. Quelle bizarrerie dans la destinée humaine!... ou plutôt adorons les volontés immuables de la divine Providence.

Rentré dans ma prison, je me rafraîchis la tête avec

---

[1] On n'y arriva jamais.

du vinaigre des quatre voleurs : Blanchet m'en avait en cachette remis un flacon pour chasser les mauvaises odeurs et soutenir mon courage.

Cette pauvre Blanchet, toujours attentive à ce qui pouvait m'être nécessaire, restait dans le vestibule de la prison, pour entendre au moins le son de ma voix, ou pour avoir de moi une parole, quand je pouvais lui en glisser quelqu'une. Elle demeurait là jusqu'à ce qu'on la chassât, à la tombée de la nuit.

Je vis un matin qu'elle avait les yeux baignés de larmes, et je lui dis : « Qu'avez-vous?

« — Oh! monsieur, répondit-elle, je suis allée ce
« matin au Grand-Marché pour vous acheter les plus
« belles pêches; il y a une si grande agitation dans
« Paris, et l'on tient contre les prêtres des propos si
« épouvantables, que je ne crains pas de vous assurer
« que nous sommes à la veille d'un grand malheur...
« Et vous ne voulez pas que je fasse des démarches
« pour vous faire sortir de prison!

« — Non, lui répondis-je... consolez-vous... il faut
« que je partage le sort de ces braves gens... Je vous
« donne tout ce qu'il y a dans ma maison.

« — Ah! à quoi me serviront les objets qui sont dans
« votre maison, me répondit-elle en pleurant, si je
« vous perds! »

Trop attendri pour soutenir cette conversation, je dus la quitter brusquement.

Revenu dans la salle, je trouvai tous mes compagnons dans l'agitation. Beaucoup faisaient déjà leurs paquets, comme s'ils devaient être mis en liberté dans quelques instants. D'autres écrivaient des billets à leurs parents et à leurs amis, pour leur annoncer cette bonne nouvelle prétendue et leur demander de l'argent pour le voyage, si l'on venait à les déporter. Et de fait, on apporta dans la journée deux cents louis au vicaire général de Strasbourg, dont j'ai parlé plus haut. Voilà ce qui a fait dire après le massacre, — et je l'ai moi-même entendu répéter, — que les prêtres avaient leurs poches pleines d'or, pour payer les Prussiens et faire la contre-révolution [1].

Nous demeurâmes dans l'incertitude jusqu'au samedi 1er septembre 1792. Ce jour-là, à onze heures du soir, un membre de la Commune du 10 août, ceint de son écharpe tricolore, nous cria d'une voix forte : « On va transférer les soixante-trois plus anciens : qu'ils s'avancent pour se faire inscrire. »

Bien que je fusse l'un des derniers arrivés, je m'empressai, — je ne sais pourquoi, — de me présenter, et l'on m'inscrivit, sans me poser aucune question. Ce fut assurément par une sorte d'inspiration du ciel; car, si je suis encore en vie, c'est, on le verra ci-après, par suite de cette démarche.

---

[1] En 1870, c'étaient, disait-on, des voitures pleines d'or que les prêtres français envoyaient aux Prussiens!

On nous fit descendre les uns après les autres dans la grande cour du palais.

Nous laissâmes dans la prison quinze ou dix-huit de nos compagnons. Le plus connu était l'abbé Sicart, instituteur des sourds-muets. Il ne fut transféré avec les autres que le lendemain dimanche, à deux heures, au moment précis où commençaient les massacres, et on les égorgea tous, sans ombre d'interrogatoire, comme ils descendaient de voiture.

Le seul abbé Sicart fut sauvé par un certain Monotte, horloger de la rue des Augustins, fameux patriote, grand révolutionnaire, mais qui était une manière de philanthrope. Il se mit entre les assassins et l'abbé Sicart, et, découvrant sa poitrine bronzée : « Tuez-moi, leur cria-t-il, mais épargnez la vie de cet homme si nécessaire à l'humanité souffrante. » Les assassins, voyant un si grand patriote protéger l'abbé Sicart, abaissèrent leurs sabres et leurs piques, et le laissèrent échapper, après l'avoir, à ce que j'ai ouï dire, légèrement blessé à l'oreille. L'abbé ne s'en alla pas aussitôt, mais il fut enfermé, en attendant, au Comité, dans une de ces petites prisons que l'on appelle vulgairement « violons ».

Excusez, Madame, cette petite digression. Je l'ai faite à dessein de vous montrer que la divine Providence commençait déjà à me protéger, en m'inspirant de me faire inscrire à la hâte pour être transféré. Cependant j'étais arrivé des derniers et, comme ceux-ci, destiné à rester cette nuit encore à la mairie, d'où je ne serais sorti que pour aller tout droit à un genre de mort si épouvantable. J'aurais été massacré en descendant de voiture, sans qu'un autre Monotte se fût présenté pour me sauver la vie. Mais je reviens à mon sujet.

On nous fit donc descendre dans la cour, et l'on nous entassa six par six dans des voitures qu'on avait fait avancer.

Comme je montais sur le marchepied, j'aperçus à ma droite tout ce qui composait ma maison. Blanchet, les yeux baignés de larmes, me demanda où nous allions. Je lui répondis sèchement, très sèchement, avec une rudesse dont je me repentis aussitôt après : « Ne venez pas abattre mon courage avec vos larmes ; je ne sais où l'on me conduit : suivez la voiture, si vous le pouvez, et vous le saurez. » Pour toute réponse à des paroles qui paraissaient si dures, cette pauvre femme me prit la main et la baisa. Je la retirai avec vivacité et montai dans la voiture.

Le lugubre cortège se mit en marche.

On eût dit une exécution aux flambeaux qu'on allait accomplir. Nous étions cernés de tous côtés, et nous avions l'air de criminels conduits à la potence. Un lugubre silence, joint aux ténèbres d'une nuit que les nuages rendaient plus obscure, ajoutait encore à l'horreur de cette espèce de convoi funèbre.

On passa le long du quai des Orfèvres, par le pont Neuf, la rue Dauphine et le carrefour dit de Bussy. « On ne nous conduit pas aux Carmes, disaient quelques-uns de notre voiture; nous laissons la rue à gauche... On va du côté de l'Abbaye... » Nous arrivâmes en effet devant la tour qui sert de prison militaire, et où se trouvait déjà le président de Champlâtreux, mon ami, qui n'échappa à ce massacre que pour périr sur l'échafaud, et l'on passa outre. « Où allons-nous donc? » dis-je à mon tour. A peine avais-je parlé que nous tournâmes dans le passage Sainte-Marguerite, qui conduisait à la cour des moines bénédictins.

Pendant tout ce trajet, nous étions escortés, outre la foule des gens armés, d'une multitude d'hommes du peuple. Mais ils gardaient le silence et ne semblaient nous suivre que par curiosité.

CHAPITRE IV

LA PREMIÈRE NUIT A L'ABBAYE.

Canaglia! — Le réfectoire des moines. — Les prisonniers militaires. — Un fâcheux camarade de lit. — L'abbé Vitali, vicaire à la paroisse Saint-Merri. — Les démarches de Mme Blanchet ; Torné, archevêque constitutionnel de Bourges, et Pétion, maire de Paris. — M. Clément de Saint-Palais. — Le vieux lieutenant général des armées du Roi.

On nous plaça dans une grande salle qui servait de poste à la garde nationale. Nous y fûmes accueillis par les injures les plus grossières de la part d'un certain nombre de ces gens, qui portaient l'uniforme de la nation. Puis, il n'y avait ni bancs ni chaises pour nous asseoir.

Cette triste réception et l'idée de passer toute la nuit dans une si affreuse situation abattirent complètement mon courage. Je fus pris de sueurs froides, et la fièvre me revint. Je chancelai et fus obligé de m'appuyer sur l'épaule d'un de mes compagnons, en lui disant : « C'est donc ici que nous allons passer la nuit!... « Je me sens défaillir... — Je ne puis vous offrir aucun « secours, me répondit-il... Que faire au milieu de cette

« canaille ?... Il vaut mieux souffrir que vous lamenter [1].
« Appuyez-vous sur moi. »

En ce moment, je vis entrer un homme qui paraissait donner des ordres. Je m'approchai et lui dis :

« Monsieur, est-ce que nous allons passer la nuit
« ici ?

« — Ça m'en a tout l'air, répondit-il : vous n'étiez
« point attendus ; on ne met ici que des soldats, et il
« n'y a rien de prêt pour vous recevoir.

« — Je vous prie en grâce de me conduire dans une
« autre prison, où je puisse m'asseoir ; j'ai la fièvre, et
« si vous ne vous en apercevez pas, vous n'avez qu'à
« me tâter le pouls, et vous en serez convaincu. »

Il hésita un instant à me répondre, et finit par me dire : « Je vais voir si cela est possible. »

Il revint en effet au bout de quelque temps — il était environ une heure après minuit — et me dit : « Suivez-moi. »

Je le suivis aussitôt, et il me conduisit dans une très grande prison, éclairée seulement par une petite lampe. Le plafond était soutenu par des piliers. Je sus dans la suite que c'était l'ancien réfectoire des moines.

Il y avait là quatre-vingt-trois prisonniers, tous soldats ou gentilshommes, arrêtés dans la journée du 10 août et dans les journées suivantes.

---

[1] Con questa canaglia è meglio soffrire.

Il ne s'y trouvait qu'un seul prêtre, nommé Vitali, vicaire de Saint-Merri, homme charmant et de belle mine. Je le reconnus le lendemain après quelques explications. Il était de mon pays natal, et nous avions appris ensemble les premiers éléments de la langue latine; mais je l'avais perdu de vue dès l'âge de neuf ans, pour aller continuer mes études à l'Oratoire de Lyon, et depuis lors je n'ai pour ainsi dire plus habité mon pays. Je ressentis une grande joie de cette heureuse rencontre, mais elle fut de bien courte durée, comme on le verra bientôt.

Tous ces prisonniers étaient étendus par terre sur des matelas.

On comprend aisément que le bruit de la porte de la prison, ouverte sans précaution à une heure du matin, éveilla tout le monde. Chacun leva la tête; quelques-uns s'assirent sur leurs misérables lits, pour voir qui arrivait à une pareille heure. Il y en eut beaucoup qui me reconnurent aussitôt et dirent: « Ah! c'est l'abbé de Salamon, ancien conseiller au Parlement de Paris! » Et chacun s'empressait de m'offrir une place à ses côtés.

Pour moi qui ne reconnaissais personne, — des gens couchés, en grand nombre, avec des bonnets de coton, ne sont pas aisés à reconnaître, — je les remerciai de tout cœur et leur dis : « Je vais m'étendre sur le matelas à côté de ce monsieur qui est là près de moi, et qui a la bonté de m'offrir une place sans me connaitre. »

Je m'aperçus presque au même instant que c'était un soldat nègre, qui avait déserté, comme on me le dit ensuite.

Je me couchai malgré cela, sans toutefois me déshabiller, mais je ne tardai pas à sentir une puanteur insupportable. Je me retournai de l'autre côté et j'essayai de dormir; j'y parvins au bout de quelque temps, mais à peine le jour commença-t-il à pénétrer dans la salle, que la plupart, s'étant levés sur leurs matelas, se plaignaient qu'ils n'avaient aucun secours, que les commissaires ne s'étaient pas montrés depuis trois jours, et qu'ils n'avaient pas la permission de demander quoi que ce fût en ville. Ce bruit m'éveilla, et je ne pus me rendormir.

J'ai été dans cinq prisons pendant la Révolution, dans les prisons de la Mairie deux fois, puis successivement à l'Abbaye, à la Grande Force, à la Grande Police et à la Conciergerie : j'ai toujours remarqué que les prisonniers étaient portés à se plaindre et même à se révolter [1].

A peine le jour était-il un peu avancé, que le gardien entra et me dit : « Une femme est là qui veut vous « parler, mais vous ne pouvez pas la voir; approchez-« vous de la porte. »

---

[1] Le moyen de faire autrement dans de pareilles prisons?

Vous devinez que c'était la pauvre Blanchet, qui venait prendre mes ordres.

Alors, réfléchissant que notre emprisonnement pourrait être long, peut-être même très dangereux, je commençai pour la première fois à penser sérieusement à ma position, et à réfléchir aux moyens à prendre pour recouvrer ma liberté. « Allez voir l'abbé Torné », lui dis-je.

L'abbé Torné était un ancien prédicateur du Roi, évêque constitutionnel de Bourges, membre de la Législative, très méchant homme, grand révolutionnaire et surtout prêtre sans moralité. Avant de le connaître, je lui avais rendu des services. Je lui avais fait gagner un procès à Rome au sujet d'un bénéfice ; il n'en était pas plus reconnaissant au Pape pour cela.

« Dites-lui, ajoutai-je, que je suis en prison, et que je le prie de me faire mettre en liberté. »

Je lui ordonnai de prendre une voiture, parce que le gardien m'avait dit : « La personne qui vous demande me paraît fatiguée et comme épuisée. »

Je sus depuis qu'elle était restée depuis le mercredi, jour de mon arrestation, c'est-à-dire cinq jours, sans manger ; elle ne s'était soutenue et n'avait supporté les grandes courses qu'elle faisait qu'en buvant une bouteille de liqueur de la Martinique, qui était dans la cave. Elle était restée constamment à la porte de la prison, et ne s'en éloignait que pour aller au marché m'acheter les plus belles pêches et un poulet gras et donner un coup d'œil au repas bien simple qu'elle me préparait.

Blanchet obéit et revint deux heures après, toujours derrière la porte de la prison. Elle me rapporta que Torné, qui savait sans doute ce qui se préparait, parut consterné de me savoir en prison. « Avez-vous votre voiture? lui dit-il...; allons chez Pétion... » Et il lui échappa de dire : « Allons le sauver! »

Ils allèrent en effet à la Mairie. Cet évêque constitutionnel était très intime avec Pétion, maire de Paris, homme horrible, mais que le peuple de Paris adorait, au point de mettre sur les chapeaux en grosses lettres : « Pétion ou la mort! »

Cependant il ne put pas arriver jusqu'à lui, et il n'eut pour toute réponse de Pétion qu'une petite lettre, écrite de son antichambre, et contenant ces simples paroles, sur une feuille de papier que Mme Blanchet m'apporta : « A trois heures, le prisonnier auquel vous vous intéressez sortira de prison. »

Quelle froide perfidie [1]! Nous étions au dimanche 2 septembre 1792, et les massacres devaient commencer à deux heures. Il était en effet vraisemblable que je sortirais de prison, mais pour être assassiné. Ne connaissant point le secret, je regardai ce billet comme

---

[1] Si froide, qu'on voudrait croire à un malentendu. Plus loin, il est dit que « Pétion était consigné depuis trois jours à la Mairie ». Ces deux affirmations ne paraissent pas s'accorder.

un bienfait, et je calmai un peu la pauvre Blanchet, qui croyait avoir gagné la cause. « Allons, Blanchet, tout va bien, lui dis-je... allez vous reposer... Maintenant je n'ai besoin de rien. »

Je m'éloignai de la porte et m'avançai vers le milieu de la salle pour reconnaître mes gens.

L'abbé Vitali, dont j'ai parlé plus haut, avait, avec son air aimable, la plus charmante figure du monde. Il vint me témoigner sa satisfaction de se trouver avec moi, et m'offrit une tasse de café à la crème, que j'acceptai, en voyant la peine qu'un premier refus lui causait.

Cette prison renfermait, comme je l'ai déjà dit, des soldats de tous grades.

En fait d'ecclésiastiques, il n'y avait que celui-là. Cependant je reconnus aussi un ancien magistrat à la Cour des comptes, M. Clément de Saint-Palais, l'un des commandants de la garde nationale. Mais je ne lui adressai pas la parole, parce que je le regardais comme un déserteur de la bonne cause.

Un très vieux soldat, lieutenant général des armées du Roi, m'entendant nommer, s'approcha de moi. Il me salua très aimablement et me dit :

« Vous êtes un ancien conseiller au Parlement, faites-
« moi donc la grâce de me dire de quelle manière je
« dois répondre à l'interrogatoire que je vais subir
« bientôt.

« — Mais comment êtes-vous ici? lui dis-je.

« — J'ai été pris au château dans les journées « d'août.

« — Eh bien! il faudra dire tout le contraire [1]. Vous « répondrez qu'étant vieux et presque octogénaire, « vous allez pour vous promener aux Champs-Élysées « presque tous les jours; qu'aux journées du 10 août « vous y étiez allé selon votre habitude, ignorant ce « qui se passait au château, et qu'une patrouille vous a « saisi au milieu de votre promenade. »

Comme je terminais mon petit discours, l'individu qui m'avait conduit la nuit dans cette prison entra et me dit :

« Suivez-moi.

« — Monsieur, lui dis-je, laissez-moi ici : j'y ai ren« contré un de mes compagnons d'enfance, prêtre « comme moi, beaucoup de personnes de ma connais« sance, et je m'y trouve bien. »

Hélas! je résistais sans le savoir à la Providence divine, qui depuis vingt ans me conduit comme par la main; je courais à ma perte! Car j'appris encore dans la journée que tous ces braves gens, avec lesquels je voulais rester, avaient été égorgés de trois heures à six heures du soir, et avec eux mon pauvre vicaire de Saint-Merri, malgré sa jeunesse.

---

[1] Qu'en pensent les casuistes?

L'homme insista, et je le suivis en remerciant tout le monde et mon nègre en particulier, à qui je donnai un assignat de 5 francs appelé *corset*. Je me le fis prêter par mon vieux militaire, car je n'avais pas un sou dans ma bourse.

CHAPITRE V

LE DIMANCHE EN PRISON.

L'internonce est réuni à ses compagnons. — La part de Dieu. — La part des pauvres. — Le dernier repas. — Un monstre.

Après avoir traversé en silence une longue cour, il me fit entrer dans une salle très obscure. Elle avait servi de chapelle à une congrégation d'artisans, comme il y en avait autrefois dans les maisons des religieux et surtout des Jésuites[1]. Je fus agréablement surpris de m'y voir réuni avec mes compagnons d'infortune que j'avais laissés la veille au corps de garde. Ils parurent heureux de me voir, et se précipitèrent tous vers moi, en me disant qu'ils avaient été fort en peine de mon absence.

Après les témoignages réciproques de politesse et d'amitié, j'examinai le local où nous nous trouvions.

C'était une pièce très vaste, que personne certainement n'avait habitée depuis longtemps, et qui recevait le jour par un vitrail aussi grand que ceux des églises et brisé en cent endroits. Il était tout sali par la

---

[1] Alors que les corporations ouvrières existaient encore.

pluie, la poussière, et couvert, ainsi que le reste de la salle, de grandes toiles d'araignée, comme il y en a dans les écuries.

Du reste, ni lits, ni chaises, ni bancs, à l'exception d'un seul, qui était très petit et muni d'un dossier très élevé; c'était ce qu'on appelle en italien un *archibanco*[1]. On pouvait y tenir douze ou quinze à la fois. Quant au plancher, il était recouvert d'un ou deux doigts de poussière.

L'examen attentif de cette prison me fit croire que nous n'y resterions probablement pas longtemps, et je dis à ces messieurs : « Cet endroit-ci n'est pas le lieu « de notre destination définitive; il n'y a ni lit, ni « chaise, ni paille. En attendant, un peu de propreté « ne nous ferait point de mal. Demandons deux balais « et un peu d'eau pour laver, et enlevons toute cette « saleté sur laquelle nous marchons. » Tous applaudirent à mon idée. On appela le gardien; nous lui fîmes acheter deux balais de basse-cour, et de cette façon nous parvînmes à mettre un peu de propreté.

Nous étions au 2 septembre, cette date qui doit rester à jamais, dans les annales de la France, une date horrible et funèbre. Elle tombait un dimanche. J'avoue que je n'y pensais pas, mais un plus saint prêtre que moi, le bon vieux curé de Saint-Jean en Grève, y pensait pour

---

[1] Je ne vois pas quel mot français pourrait traduire ceci.

nous. Après que nous eûmes balayé, il nous dit : « Mes-
« sieurs, c'est aujourd'hui dimanche; il est certain qu'on
« ne nous permettra ni de dire ni d'entendre la messe ;
« mettons-nous donc à genoux le temps qu'elle durerait,
« et élevons notre cœur vers Dieu. » Tout le monde
applaudit et s'agenouilla aussitôt pour prier. Nous
avions pourtant des laïques parmi nous, le premier président du conseil supérieur de la Corse, un procureur
au Parlement de Paris, un perruquier, dont j'aurai à
parler plus tard, un domestique du duc de Penthièvre,
et cinq ou six soldats déserteurs. Bref, nous étions en
tout soixante-trois.

Après avoir rendu hommage à Dieu avec beaucoup
de piété, nous nous mîmes à nous promener en long
et en large dans la prison, deux par deux ou en petites
bandes. Nous parlions de notre situation, du sort qui
nous attendait, et surtout des privations de tous genres
qu'on nous faisait subir, n'ayant à notre disposition
ni chaise pour nous asseoir, ni rien pour appuyer la
tête. Mes compagnons avaient même passé toute la nuit
qui venait de s'écouler, dans le corps de garde, debout
ou étendus sur le pavé. Quant à moi, je n'avais guère
mieux dormi aux côtés de mon nègre.

En ce moment le gardien de la prison entra et nous
dit : « La nation doit désormais vous nourrir, mais
vous êtes venus sans être attendus : il n'y a rien de
prêt pour aujourd'hui; il faut donc que vous songiez

vous-mêmes à votre repas; voici un traiteur que je vous amène. »

L'abbé Godard, grand vicaire de Toulouse, et moi, qui paraissions avoir mieux que les autres gardé notre sang-froid, nous nous approchâmes du traiteur et nous lui dîmes : « Préparez-nous un repas à quarante sous par tête, d'ici à deux heures... Nous répondons pour ceux qui ne pourront pas payer. »

Outre les soldats déserteurs, il y avait en effet parmi nous deux ou trois prêtres qui paraissaient tout à fait misérables, et, bien que nous fussions incertains de notre sort, c'était le moment de nous montrer charitables.

Au reste, je dois dire que j'ai toujours vu, dans les différentes prisons où j'ai passé, beaucoup d'union parmi les prisonniers et beaucoup de générosité : ce que les uns avaient, ils l'offraient à ceux qui ne l'avaient pas.

Le temps qui précéda le repas se passa à se promener un peu en tumulte. Tous parlaient à la fois, si bien que l'on ne s'entendait guère. Pour moi, je m'étais assis sur un coin du petit banc à dossier qu'il y avait là; j'examinais un peu distraitement ce qui se passait dans la salle. Je me souviens fort bien que j'étais préoccupé et fort triste.

Cependant le traiteur avait fait dresser une table très longue, mais très étroite, avec de longs bancs pour nous asseoir, et à deux heures de l'après-midi on apporta le repas. Je vis entre autres de fort belles volailles bouillies, mais je ne vins pas prendre ma place, parce qu'à peu près au même instant la pauvre Blanchet, qui n'oubliait rien, m'apporta un petit repas dans une corbeille bien recouverte. Il se composait d'une soupe à la Borghèse sans pain, de radis, de bœuf bien tendre bouilli, d'un poulet gras, d'artichauts au poivre, un de mes mets préférés, et de belles pêches. Il y avait en outre un couvert d'argent et une bouteille de vin.

Comme le seul son de ma voix contentait cette fidèle servante, j'allai près de la porte et je lui criai : « Blan-
« chet, je me trouve fort bien... votre repas est excel-
« lent... Allez dîner, vous aussi.

« — Je mangerai après trois heures, me répondit-elle,
« si M. Pétion vous fait sortir... A l'inquiétude que j'ai
« de vous voir en prison s'en joint une plus grande :
« je remarque autour des prisons et dans les rues par
« où j'ai passé une très grande agitation.

« — Que voulez-vous que j'y fasse ? lui dis-je... Ne
« vous affligez pas de cela. »

J'étais loin de me douter que c'étaient les préparatifs des massacres.

Je m'éloignai et je dis à mes compagnons : « Je ne
« mangerai pas avec vous... Une servante, pleine de
« sollicitude pour moi, vient de m'apporter mon repas,
« sans que je le lui aie demandé et commandé ;... mais

« je payerai le diner comme les autres, afin que le trai-
« teur n'ait pas à se plaindre. »

Tous se mirent à table très joyeusement.

Pour moi, je m'assis sur mon petit banc, pour voir ce qu'il y avait dans ma corbeille. J'appelai aussi le pauvre prêtre de l'Hôtel-Dieu, et je lui dis : « J'ai à manger
« pour deux : mangez le potage, je suis heureux de
« vous l'offrir; voici la cuiller, je prendrai la fourchette
« pour moi. » Je mangeai un peu de bœuf, une aile de poulet, quelques radis, un artichaut et deux pêches : tout le reste, à l'exception des pêches, je le donnai au pauvre prêtre que j'avais adopté. Ce pauvre homme mangea tout, et en outre il but la bouteille de bon vin rouge. Il n'avait sans doute point déjeuné. C'était pour moi une distraction de le voir manger.

Il y avait parmi nous un ancien domestique du duc de Penthièvre, qui portait encore sur les manches de son habit le petit galon de sa livrée. C'était un excellent homme; je me suis entretenu souvent avec lui, pendant la durée de notre emprisonnement. Il s'était pris d'affection pour moi, et était toujours prêt à me servir. Son beau-frère venait de lui envoyer un melon, qui se trouva être fort bon. Quand il vit que je n'étais pas à la table, il vint m'en porter la moitié, et j'eus beaucoup de peine à obtenir qu'il ne m'en laissât qu'une tranche.

J'allai ensuite à l'abbé Godard : « Il me semble, lui

dis-je, que vous avez là un assez bon repas, et qu'il vaut bien quarante sous par tête. » Et j'ajoutai : « Je vous prie de ne rien demander à ce pauvre abbé que j'ai fait manger avec moi : certainement il n'a pas un seul « baiocco [1] », et son amour-propre serait peut-être froissé s'il lui fallait avouer qu'il ne peut pas payer. » L'abbé Godard me répondit : « Soyez tranquille; on ne lui demandera rien. »

Ces messieurs continuaient à manger, et faisaient beaucoup de bruit. Tous dînaient avec bon appétit. Pour moi, j'étais allé m'asseoir sur mon petit banc, et en les regardant je me disais à moi-même : « Bon Dieu! comme ils sont contents [2]! »

A peine avais-je fait cette réflexion que le gardien, tirant les verrous avec un grand fracas, ouvrit la porte : « Dépêchez-vous, dit-il; le peuple marche sur « les prisons, et il a déjà commencé à massacrer les pri- « sonniers. »

Il était en ce moment deux heures et demie.

On conçoit aisément dans quelle stupeur nous jeta cette épouvantable nouvelle. Chacun quitta précipitamment la table sans finir de dîner, et l'abbé Godard et moi, nous nous mîmes à faire la quête pour payer un repas à moitié mangé. On ne comptait point; chacun mettait dans le chapeau de l'abbé Godard ce

[1] Un sou.
[2] Dio buono! come sono contenti!

qu'il voulait; il y eut même quinze francs de plus, que nous laissâmes au gardien comme pourboire, afin de nous le rendre favorable.

Or, cet homme était un monstre; on le verra bientôt.

Les tables une fois enlevées, à l'exception d'une petite, qui fut laissée par oubli apparemment, ou peut-être par fourberie, comme la suite permettra de le conjecturer, le gardien sortit, tira ses horribles verrous, et nous laissa abandonnés à nous-mêmes.

CHAPITRE VI

LA PRÉPARATION A LA MORT.

Des heures qui semblent des siècles. — Le crime du procureur au Parlement. — La marchande de la place Maubert et les deux jeunes religieux Minimes. — La dernière absolution. — Le perruquier du faubourg Saint-Antoine : « Je suis un honnête homme, et voilà mon délit. » — L'optimiste abbé Godard. — Quel scélérat que ce geôlier!

Il y eut alors parmi nous une grande agitation. Les uns s'écriaient : « Qu'allons-nous devenir? » les autres : « Il nous faut donc mourir! » Beaucoup allaient à la porte pour regarder par le trou de la serrure, trou qui n'existait pas, car les serrures des prisons ne s'ouvrent jamais que par le dehors et ne présentent du côté intérieur aucune ouverture. D'autres sautaient sur leurs talons comme pour voir par les fenêtres, qui avaient quatorze pieds de haut. D'autres enfin, marchant sans savoir où ils allaient, venaient se heurter durement les jambes au banc ou à la table qu'on avait laissés là.

Pour moi, j'étais toujours assis au coin de mon petit banc, examinant tout et comptant les heures de l'horloge, qui sonnait douze coups à chaque quart d'heure.

J'étais impatient de voir s'écouler les heures, parce que je pensais que la nuit mettrait fin à notre anxiété, en mettant fin aux massacres. Pauvre naïf que j'étais! Je ne connaissais pas la fureur et la scélératesse de nos assassins.

Je criais quelquefois à mes compagnons de garder le silence : je craignais que le grand bruit que nous faisions n'attirât l'attention des hommes qui étaient au dehors, et ne hâtât notre perte.

Nous commençâmes à entendre les cris du peuple. Cela ressemblait beaucoup à un grand murmure lointain.

Souvent mes compagnons se taisaient à ma voix, mais bientôt ils recommençaient à marcher au hasard dans la salle.

Je me levai alors pour me mettre au milieu d'eux, et les contenir en quelque façon par ma présence.

Je m'approchai alors de ce pauvre procureur au Parlement, qui m'avait donné si cordialement son matelas à la prison de la Mairie. C'était le plus peureux des hommes. Il tremblait de tous ses membres, comme s'il avait la fièvre, et peut-être l'avait-il en effet.

« Tranquillisez-vous, lui dis-je, mon cher compa-
« gnon ; vous n'êtes pas prêtre, vous serez probablement

« épargné..... Mais à propos, pour quel motif avez-vous
« été mis en prison ?

« — Pour avoir caché dans ma maison le curé de
« mon village, prêtre réfractaire, que je connaissais
« depuis déjà quarante ans.

« — Il ne faut pas perdre la tête ni vous décourager,
« lui dis-je...; je voudrais bien être à votre place... : vous
« n'aurez qu'à répondre que vous êtes père de famille,
« que vous avez cinq enfants, que vous n'êtes pas noble,
« et que vous ignorez pourquoi vous avez été incarcéré. »

Hélas! il était écrit dans les destinées de cet homme
qu'il mourrait. Il fut massacré vers deux heures du
matin. Il avait perdu la tête, et disait tout le contraire
de ce qu'il devait dire.

Je m'approchai aussi de deux jeunes religieux
Minimes : l'un était diacre et l'autre sous-diacre. Le
plus jeune avait une figure angélique. Ils me saluèrent
avec le plus profond respect.

« Comment donc, messieurs, leur dis-je, étant si
« jeunes, avez-vous attiré l'attention de ceux qui vous
« ont mis en prison?

« — Nous étions cachés, me répondit le plus âgé,
« chez une marchande de la place Maubert, qui pensait
« bien. Elle n'était pas trop aimée de ses voisins; ils nous
« découvrirent et la dénoncèrent; on la conduisit à la
« Force, et nous à la Mairie.

« — Cela est bien pénible pour vous.

« — Oh! mon Dieu, monsieur, me dit le plus jeune,
« je ne regarde pas comme une disgrâce de mourir pour
« la religion...; je crains au contraire qu'on ne me fasse
« pas mourir, parce que je ne suis que sous-diacre. »

Je fus tout attendri en entendant ces paroles, dignes des premiers martyrs de l'Église. J'avoue même qu'elles me firent rougir, et j'eus honte en moi-même de voir de si nobles et de si beaux sentiments dans un tout jeune homme, tandis que j'étais si peu disposé à penser comme lui. La surprise m'empêcha un instant de répondre, mais je me remis bientôt, et lui dis : « Remer-
« ciez Dieu : si vous n'êtes pas prêtre, vous n'êtes pas
« fait pour le martyre...; du reste, vous en avez le désir,
« et cela est aussi beau devant Dieu... Il vous réserve
« peut-être pour faire de plus grandes choses à son
« service. »

A ce moment je fus interrompu par l'arrivée du gardien, qui nous dit que le peuple était en fureur, que l'on faisait dans les premières cours un épouvantable massacre, que ceux qui étaient dans la prison où avait dormi monsieur l'abbé, — il disait ces mots en me regardant, — étaient égorgés, et que tous y avaient passé.

Il était alors cinq heures du soir.

Cette nouvelle inattendue me fit frémir, et, rentrant en moi-même, je remerciai Dieu de m'avoir tiré, malgré mes propres désirs, de cette prison.

Nous étions tous dans la consternation. Nous nous tournâmes, par une sorte d'inspiration, vers le curé de Saint-Jean en Grève, ce vieillard vénérable de quatre-vingts ans, qui jouissait d'une grande réputation de sainteté, et nous le priâmes de nous donner l'absolution *in articulo mortis*. Ce saint prêtre, qui conservait le calme d'une belle âme, nous répondit que le péril ne lui paraissait pas assez imminent, et qu'il fallait nous préparer à mourir d'une manière plus conforme à l'esprit de l'Église. Il ajouta qu'il y avait parmi nous des prêtres ayant exercé le ministère, et que nous devions nous disposer à la mort par une bonne confession.

Qu'allez-vous penser, Madame, de ma froideur et de mon indifférence apparentes? Pour vous complaire, je risque de perdre votre estime et d'affaiblir la bonne opinion que vous avez peut-être trop tôt conçue de moi. Mais je vous ai promis d'écrire en toute sincérité cette épouvantable période de ma vie. Je ne dois oublier aucun incident, et, s'il me faut dire des choses qui sont à mon avantage, je ne veux pas non plus paraître meilleur que je ne suis. Je désire vous montrer mes faiblesses comme mon courage, et mes regards tournés, en ce dernier moment, vers le monde plutôt que vers l'éternité.

J'avouerai donc qu'au lieu de songer à me confesser, j'allai machinalement m'asseoir à ma place accoutumée : on semblait la respecter, car je la trouvais toujours vide. Et là, le visage dans les mains, je regardais, à travers mes doigts croisés, ce qui se passait autour de moi, sans pouvoir analyser mes propres impressions.

Je vis beaucoup de prêtres s'asseoir sur le banc qu'on avait laissé à côté de la table après le repas, et d'autres se mettre à genoux pour se confesser. Je restai comme immobile dans cette posture pendant l'espace d'une heure. Je sentais même mes paupières se fermer, et je me rappelle qu'il me fallut faire quelque effort pour écarter le sommeil. Puis, je disais de temps en temps le *Pater* et l'*Ave, Maria,* mes prières favorites : j'ai tellement l'habitude de les dire, que je les récite même par les chemins tout en marchant. Je continuais aussi de compter les coups quand l'horloge sonnait : « Ah! disais-je, voilà sept heures; il sera nuit dans une « heure, et probablement les scélérats s'en iront. »

A ce moment, la pensée que je ne faisais pas comme les autres me vint à l'esprit : je me levai brusquement et allai me jeter aux pieds du curé de Saint-Jean en Grève, qui ne confessait personne en cet instant. Il se tenait debout, et comme il était de très haute taille, il se mit à genoux pour m'écouter.

Ma triste confession fut interrompue par l'arrivée de cet épouvantable gardien, qui prenait plaisir à nous donner de fausses nouvelles, et qui nous dit de sa grosse voix : « Le peuple est toujours plus irrité...; il y

« a peut-être plus de deux mille hommes dans l'Ab-
« baye. »

Et, de fait, nous entendîmes augmenter la rumeur, et les hurlements du peuple, que nous n'avions pas encore pu distinguer, arrivèrent jusqu'à nous.

Le gardien ajouta : « On vient d'annoncer que « tous les prêtres des Carmes ont été massacrés. »

Nous apprîmes depuis que beaucoup s'étaient enfuis par-dessus les murailles qui séparent les Carmes des autres jardins. Je vous ai fait remarquer ces murs, Madame, auprès de la chapelle, quand nous sommes allés ensemble aux Carmes.

A cette poignante nouvelle, mes compagnons se jetèrent spontanément aux genoux du curé de Saint-Jean en Grève, près duquel j'étais demeuré comme pétrifié, et tous ensemble, ecclésiastiques et laïques, nous lui demandâmes avec instance et avec une grande componction l'absolution *in articulo mortis*. Ce saint homme, qui était resté à genoux à côté de moi, se leva alors avec recueillement. Sa haute taille donnait plus de dignité encore à son attitude, qui annonçait vraiment un homme de Dieu. Après avoir prié un instant en silence, il nous exhorta à réciter le *Confiteor* et à faire un acte de foi, de contrition et d'amour de Dieu, ce dont chacun s'acquitta avec beaucoup de piété. Après quoi, il nous donna très pieusement l'absolution *in articulo mortis*, que nous désirions tous avec tant d'ar-

deur. Il se tourna ensuite vers moi et me dit : « Je suis
« moi-même un grand pécheur : ce n'était pas à moi
« de vous absoudre, c'était à vous, monsieur, à vous qui
« êtes le ministre du Vicaire de notre divin Sauveur. Je
« vous prie de me donner l'absolution avec autant de
« simplicité que je vous l'ai donnée tout à l'heure. »

J'avoue que je fus comme interdit à ces paroles, et
j'eus besoin de me recueillir un instant pour me rappeler la formule que je devais prononcer. Alors je me
relevai, et je bénis ce saint vieillard; plutôt que je ne
lui donnai l'absolution.

Depuis cet instant de recueillement, tous étaient
restés à genoux. Le curé nous dit : « Nous pouvons
« nous regarder comme des malades à l'agonie, mais
« conservant la raison et leur pleine connaissance,
« nous ne devons donc rien omettre de ce qui peut
« nous mériter la miséricorde de Dieu : je m'en vais
« réciter les prières des agonisants; unissez-vous à
« moi, afin que Dieu ait pitié de nous. »

Il commença les litanies accoutumées, auxquelles
nous répondîmes tous avec ferveur. Le ton dont ce
digne prêtre prononça la première oraison, qui commence ainsi : « Partez, âmes chrétiennes, de ce monde,
au nom de Dieu le Père tout-puissant, etc. », attendrit
nos compagnons, et presque tous fondirent en larmes.

Quelques laïques se plaignaient à haute voix de
mourir si jeunes, et laissaient échapper des impréca-

tions contre nos assassins. Le bon curé les interrompit pour leur représenter avec beaucoup de douceur qu'il fallait généreusement pardonner, et que Dieu, content de notre résignation, ferait naître peut-être des moyens de nous sauver.

Cet acte de notre sainte religion, destiné à consoler les agonisants, étant terminé, nous nous levâmes, et chacun s'en alla de son côté dans la salle.

Nous étions vraiment, — tant est grande la frayeur à l'approche de la mort, — comme des personnes à l'agonie, et chez qui une longue et cruelle maladie a brisé tous les ressorts de la machine. C'était un spectacle lamentable! Chacun satisfaisait, malgré soi, aux besoins de la nature : le sol ne tarda pas à être inondé, car nous étions dans cette pièce au nombre de soixante-trois, et depuis huit heures du matin; aussi une épouvantable odeur s'y répandit bientôt.

Je fis comme les autres. Je dirai cependant, en toute vérité, que j'obéissais aux nécessités de la nature, et non à la peur, car je n'étais pas absolument convaincu du péril, et j'avais un secret pressentiment que je serais sauvé. Toutefois, j'étais loin d'être tranquille, et je me sentais tout pensif et tout triste.

La nuit était venue. On nous laissait sans lumière, mais nous étions éclairés par la lune, qui resplendissait au ciel dans tout son éclat. Je dus reconnaître que je m'étais trompé dans mon calcul, car les massacres continuaient, et le fracas paraissait même accru par le silence de la nuit. Alors, par un phénomène contraire, le son de l'horloge, que j'aimais à entendre jusque-là, me devint tout à fait insupportable.

En cet instant, un jeune homme m'accosta : c'était un perruquier. Il me salua en levant son chapeau et me dit :

« Je n'ai pas l'honneur de vous connaître, mais
« je vous vois déployer un si grand courage depuis ce
« matin, qu'un je ne sais quoi me dit que vous ne
« mourrez pas. Je viens vous prier de me rendre un
« petit service, quand vous serez sorti de prison.

« — Vous êtes dans l'erreur, lui répondis-je, je suis
« prêtre et, comme tel, plus exposé qu'un autre.

« — En tous les cas, monsieur, rendez-moi le ser-
« vice de prendre cette lettre pour ma femme, afin de
« la lui remettre quand vous serez délivré. Pour moi »,
ajouta-t-il en pleurant, « je connais ceux qui m'ont fait
« mettre ici, et ils sont certainement au milieu des
« assassins, qui attendent ma mort. Je suis du faubourg
« Saint-Antoine, rue des Amandiers, n° 22. Je suis un
« honnête homme, et voilà précisément mon délit [1].

« — Si cela vous fait plaisir que je me charge de
« votre lettre, disposez de moi, et je vous promets, si
« votre pressentiment se réalise, de la porter à votre

---

[1] Io sono uomo onesto, ed' ecco il mio delitto.

« femme dans les premiers jours de ma sortie de
« prison. »

Cette lettre n'était pas cachetée, et je la lus. C'était un chef-d'œuvre de tendresse et de sensibilité pour sa femme. Il lui donnait, outre les plus sages avis, des instructions particulières pour l'éducation de son fils, qu'il ne voulait pas destiner à l'état de perruquier.

Cet infortuné fut massacré, comme il l'avait prévu, et j'ai rempli ses intentions. Je portai la lettre, et je trouvai une jeune femme très intéressante, vêtue de deuil. Elle était, paraît-il, déjà instruite de la mort de son mari, car pour moi je n'avais pu me rendre auprès d'elle que quinze jours après le massacre. Elle me sembla profondément affligée, me questionna longuement et baisa à plusieurs reprises la lettre de son mari.

Vers dix heures du soir, le gardien reparut avec deux garçons qui portaient plusieurs paniers de vin, et il nous dit : « M. Pétion, maire de Paris, va
« arriver avec un bataillon de gardes nationaux; il
« veut vous interroger en personne, et ceux qui ne
« sont pas coupables ne seront pas mis à mort... Je
« vous apporte des bouteilles de vin, afin que vous
« puissiez vous rafraîchir, et voici de quoi vous éclairer;
« car nous avions oublié de vous laisser une chan-
« delle. »

A cette nouvelle, tous mes compagnons reprirent

courage. Ils interrogeaient cet homme cruel, qui ne leur répondait que par des mensonges, tout en mettant les bouteilles sur la table. Je vis briller sur les visages un rayon de joie. Ce n'étaient plus ces hommes qui, un moment auparavant, remplis de componction, prosternés la face contre terre, demandaient à Dieu miséricorde. Triste image du pécheur mourant qui revient à la vie! Ils entourèrent la table et se mirent à boire, en mangeant un morceau de pain.

Quant à moi, je ne m'y trompais pas, et je dis à l'abbé Godard, qui aurait dû avoir plus de perspicacité :

« Comment pouvez-vous, l'abbé, vous réjouir sur
« la parole de cet homme, qui ne veut qu'une chose,
« vendre son vin et se faire bien payer, comme il l'a
« déjà été après le repas? Je ne vous envie pas le plaisir
« de boire, mais à coup sûr cet homme ne dit pas la
« vérité. Jusqu'ici il n'a cessé de nous prédire la mort :
« comment voulez-vous qu'il nous apporte maintenant
« des paroles d'espérance?

« — Vous êtes un homme bien extraordinaire », me repartit l'abbé Godard; « vous ne voyez partout que
« bourreaux : ce que dit cet homme est vraisem-
« blable. »

Je ne répondis pas et lui tournai le dos.

Me rappelant alors que j'avais laissé quelques pêches dans ma corbeille, qui était au coin du petit banc où j'étais resté assis presque toute la journée, je m'en allai les prendre et les mangeai. En même temps j'aperçus mon couvert d'argent. Je le pris et le mis dans ma poche, en me disant en moi-même : S'ils me tuent, ils le trouveront sur moi, et si je me sauve, je n'aurai pas à revenir le chercher ici.

Vous serez étonnée, Madame, qu'au moment même où j'exhortais les autres à ne pas s'amuser et à penser à mourir plutôt qu'à boire, j'en vins à oublier moi-même ma triste position, et me mis à manger mes deux pêches, au lieu d'attendre, en priant, le sort qui m'était réservé. Je ne saurais expliquer cela, sinon en disant que c'est un effet singulier de la légèreté et de l'inconséquence de l'esprit humain.

Quand le gardien comprit que son vin devait être bu, il revint pour prendre ses bouteilles et se faire payer; puis il ajouta : « M. Pétion n'a pas pu attendre; « vous ne serez interrogés que demain : mais il a laissé « la garde nationale pour vous protéger. »

Tout cela était faux. Pétion, consigné à la Mairie depuis trois jours, n'était jamais venu, et la garde nationale massacrait comme le peuple.

Les paroles de cet homme atroce firent disparaître le calme de mes pauvres compagnons, et ils recommencèrent à se lamenter et à errer de côté et d'autre dans la salle, non sans un certain tumulte. Pour moi, après être demeuré quelque temps encore à les regarder, je rejoignis le curé de Saint-Jean en Grève, qui se promenait tout seul en priant Dieu, comme il me semblait, mais en conservant un grand calme.

« Vous voyez, lui dis-je, monsieur le curé, que
« je ne me trompais pas, et que ce gardien est un
« scélérat... J'avais raison d'engager nos compagnons
« à ne pas boire son vin.

« — Hélas! monsieur, vous avez raison; mais vous
« avez encore le feu de la jeunesse qui n'est pas tem-
« péré par l'expérience... Si vous parvenez jamais à mon
« âge, vous saurez, vous aussi, prendre en pitié la fai-
« blesse humaine, et lui être indulgent. »

Au même instant, nous entendîmes la rumeur du dehors augmenter, et même se rapprocher de nous. Je priai mes compagnons de m'écouter. Aussitôt ils s'avancèrent tous près de moi. Je leur dis : « Vous
« faites tant de bruit, que vous êtes capables d'attirer
« l'attention sur nous... Nous ne sommes ici que depuis
« ce matin, et dans une pièce qui n'a pas encore servi
« de prison. Il est possible que le peuple ignore qu'il y
« a ici des prisonniers... »

Je ne soupçonnais pas que le gardien était un monstre, et qu'il venait lui-même à la tête des assassins, leur indiquer les victimes.

« Il faut donc, ajoutai-je, garder un profond silence,
« afin que si quelques-uns des massacreurs viennent de
« ce côté, n'entendant aucun bruit, ne voyant aucune

« lumière, ils passent outre. Ainsi ne bougeons pas de
« place, et attendons notre sort avec résignation. »

Tous suivirent mon conseil, et même plusieurs vinrent s'asseoir à mes côtés. Il y avait parmi eux l'abbé Godard.

CHAPITRE VII

LE PEUPLE.

Le peuple envahit la prison. — La peur donne des ailes. — Sous les piques. — « Voyons, l'abbé, avancez-vous. » — Une excellente femme qui n'eut qu'un tort. — En route pour le tribunal.

A peine étions-nous dans cette position (il était onze heures et demie du soir : elles venaient de sonner à cette maudite horloge), qu'on s'en vint donner l'assaut à nos portes avec force et à coups redoublés. Il y en avait deux, placées aux extrémités de la salle, et se faisant face l'une à l'autre. On conçoit aisément l'impression que nous causèrent ces premiers coups. Nous fûmes saisis de stupeur, et nous demeurâmes sans mouvement.

Tout à coup, j'entendis près de moi un bruit très fort. Je tournai la tête aussitôt, et je remarquai que l'abbé Godard n'était plus là. Je levai les yeux, et j'aperçus une des vitres de la fenêtre toute grande ouverte.

J'avoue que j'éprouvai un mouvement de colère contre l'abbé Godard. « Il est, me disais-je, bien peu

« charitable et bien peu généreux... il trouve un moyen
« de se cacher, et ne m'en fait pas part! »

Je me levai brusquement, et sans hésitation mettant le pied sur le petit banc, posant l'autre sur le dossier du petit « archibanco », d'un bond que je ne puis m'expliquer, même avec l'agilité que j'avais alors, je me trouvai sur le rebord de la fenêtre, qui était élevé de quatorze pieds au moins. Arrivé là, je vis l'abbé Godard dans une petite cour qui me paraissait très basse. Cependant il fallait bien y descendre, et comme je craignais de me rompre les jambes en sautant, je résolus de me laisser glisser sur le ventre contre le mur. Cela réussit, et je me trouvai à terre sans aucun mal, sauf une légère égratignure à la cuisse, ma culotte s'étant déchirée. Tout cela paraît assez long à dire, et cependant je l'exécutai aussi vite que l'esprit peut le concevoir : « Eh bien! l'abbé, que faites-vous là? dis-je à l'abbé Godard; où est la porte? Je n'en vois qu'une... » Et même cette porte me semblait condamnée avec de la chaux.

C'était sans doute une cour abandonnée depuis longtemps par les moines.

Cependant treize de nos compagnons nous avaient suivis, et parmi eux le domestique du duc de Penthièvre, qui avait soixante ans. La peur de la mort donne des ailes.

Les portes une fois ouvertes, la foule se précipita

dans la prison en criant : « Ils se sont sauvés ! Ils se sont sauvés ! »

Nous fûmes bientôt découverts, et le peuple se porta en masse sur nous. La porte, qui n'était fixée que par un peu de chaux, ne tarda pas à être forcée. Quelques hommes montèrent même sur les murs de notre petite cour, qui étaient moins hauts à l'extérieur, et, de là, ils lançaient contre nous leurs piques, qui étaient heureusement très courtes, criant et vociférant des imprécations. D'autres se tenaient devant la porte sans entrer. Pour nous, nous nous étions accroupis à l'angle opposé, dans la posture de personnes qui font leurs nécessités, afin de n'être pas frappés par les piques. Nous étions comme morts de peur, et j'avoue que je tremblais comme les autres. Je murmurais en français : « Notre Père qui êtes aux cieux », la Salutation angélique, et un Acte de contrition. Je craignais qu'on ne nous massacrât sur place, comme j'ai su depuis que cela s'était fait aux Carmes.

Nous nous trouvions dans cette cruelle position, quand une grosse voix cria tout à coup : « L'abbé Godard ! »

On n'a pas de peine à comprendre que cet abbé ne s'empressa pas de se présenter à l'appel, ni même de répondre. Craignant que son silence n'achevât d'irriter la foule, je lui dis : « Voyons, l'abbé, vous êtes connu « ici ; avancez-vous donc... : autrement vous allez nous

« faire massacrer sur place... Peut-être que votre taille
« gigantesque, — on se rappelle qu'il avait six pieds et
« un pouce, — leur en imposera. »

Ces paroles lui donnèrent du courage, et comme il s'avançait vers la porte, il fut tout à coup saisi au col de son justaucorps par un grand et gros homme qui le précédait en criant : « Le scélérat! le brigand! » Puis je les vis disparaître dans la foule.

Je crus qu'il était conduit au massacre, et pendant deux semaines je restai convaincu qu'il était mort. Mais un jour, je le rencontrai dans une rue du faubourg Saint-Honoré, vis-à-vis le palais Monchenu. J'en éprouvai une telle surprise, que je fus quelques instants avant de me dire : « Tiens! c'est l'abbé Godard! » Il m'apprit que ces hommes, en apparence si furieux, n'étaient là que pour le sauver, et c'était dans le dessein de n'inspirer aucun ombrage aux autres, qu'ils agissaient comme j'ai raconté, et faisaient semblant de le maltraiter. Il ajouta que lui-même croyait bien sa dernière heure arrivée.

Ces hommes avaient été envoyés par le fameux Manuel, procureur de la Commune. Il n'avait donné, du reste, aucun ordre écrit, de peur de se compromettre; puis il craignait de n'être pas obéi et de devenir suspect.

Manuel s'était rendu aux instantes prières de sa maitresse, qui connaissait depuis longtemps cet abbé.

C'était la mère d'un médecin; elle était bossue comme Ésope, mais fort jolie et pleine d'esprit, excellente femme au reste, à part la faiblesse qu'elle avait d'être la maîtresse d'un scélérat. Encore ce mot est-il un peu dur pour Manuel, puisqu'il a péri comme son auguste Roi, pour n'avoir pas voulu le condamner à mort.

Cette dame possédait une maison à Meudon, et comme dans les derniers temps le Roi allait quelquefois à ce château, elle avait eu l'occasion de le rencontrer dans le bosquet où elle se rendait souvent pour l'apercevoir. Ce monarque, charmé sans doute de la grâce vraiment extraordinaire de cette femme, lui avait un jour demandé qui elle était, et elle avait fini par gagner sa confiance. Je répète qu'elle était pleine d'esprit, et avait une conversation et des manières séduisantes. Elle rendait compte au Roi de ce qu'elle savait, et même celui-ci lui avait donné des appartements aux Tuileries, avant le 10 août. Ce malheureux monarque avait excité au plus haut point l'intérêt de cette femme. Elle avait entièrement conquis l'esprit de Manuel, et celui-ci aurait consenti, si une personne illustre se fût prêtée à ses vues, à faire échapper le Roi de prison, dans les premiers temps qu'il y était, et qu'il avait encore une partie de sa maison.

Mais ces détails sont trop étrangers aux massacres, pour que je m'y arrête plus lontemps. Cependant j'en certifie l'exactitude, les ayant entendus de la bouche même de cette excellente femme, que j'eus par la suite occasion de voir. Si je me suis permis cette courte digression, c'est afin de ne pas parler sans cesse de moi, et j'ai pensé aussi que ce serait une occasion de vous être agréable, Madame, en vous entretenant un instant de cet auguste et trop infortuné monarque, dont votre grand-père et votre père ont mérité les bontés et la confiance.

Je reviens maintenant à moi. L'abbé Godard une fois pris et disparu, on n'appela plus personne; les assassins se tenaient devant la porte, en nous regardant comme par curiosité et sans colère. Alors, sans trop réfléchir, emporté par ma vivacité naturelle, impatient de voir finir une si cruelle incertitude, et croyant peut-être leur imposer, je m'élançai rapidement vers la porte, et leur dis : « Me voici; je ne suis point coupable. » Ces gens, pensant peut-être que je voulais m'échapper, dirigèrent contre moi leurs piques et leurs sabres. Je ne sais si ce fut imagination ou réalité, mais je crus sentir une pointe qui me piquait, et cela me fit faire un pas en arrière. En même temps, je leur dis avec force : « Malheureux! qu'allez-vous faire? « Je vous affirme que je ne suis point du tout coupa- « ble. » A ces mots, un homme d'un certain âge, qui me parut être de la campagne, les mains toutes rouges de sang, vêtu d'une blouse de charretier également ensanglantée, et portant à la main une torche enflammée, me dit : « Venez avec moi, et si « vous n'êtes pas coupable, on ne vous fera aucun mal. »

Je le pris aussitôt par le bras. La foule, qui était là pressée, s'ouvrit comme deux ailes, et me laissa passer sans m'insulter. Je ne dis pas un seul mot dans tout le trajet, et pourtant il fut long, car nous traversâmes une longue cour et une partie du jardin. Nous marchions, escortés par une grande foule en armes, au milieu d'un grand nombre de torches et aux rayons d'une belle lune, qui éclairait tous ces vils coquins[1] !

---

[1] Una bella luna, che illuminava tanti furfanti. Cela ne manque pas d'éloquence.

CHAPITRE VIII

LE MASSACRE.

Prétoire et juges. — La stratégie de l'internonce. — Le défilé des martyrs.

Nous arrivâmes enfin au bâtiment des moines, dans une salle basse qui avait une porte vitrée à deux battants, regardant sur le jardin. Il y avait au milieu une grande table avec un tapis vert, quelques mains de papier couvert d'écriture, et un encrier garni de porte-plumes. Elle était entourée par beaucoup d'hommes qui se disputaient si fort, qu'ils ne firent aucune attention à moi. Celui du milieu était vêtu de noir et avait même les cheveux poudrés; il paraissait présider.

L'homme qui m'avait donné le bras m'ayant laissé là, je fus me placer à l'extrémité opposée à la porte : j'y trouvai une fenêtre fermée, présentant un rebord sur lequel on pouvait s'asseoir. Quand j'eus pris cette place, croyant n'avoir été remarqué de personne, je jetai un coup d'œil autour de moi, et je vis que j'avais été suivi non seulement par ceux de nos compagnons qui s'étaient échappés avec moi, mais encore par ceux qui avaient été pris dans la salle. Tous s'en vinrent comme machinalement de mon côté, et cela forma une rangée qui se prolongeait jusqu'à la porte. J'avais juste devant moi le domestique du duc de Penthièvre, et je me trouvais de nous tous le plus éloigné de la porte. Cette position était heureuse. Si l'on commençait par le plus rapproché de la porte, ce qui en effet arriva, je devais naturellement être massacré le dernier.

Il y avait apparence que nous n'étions pas connus, et que le comité de surveillance de la Mairie nous avait fait transporter là, sans songer à envoyer la liste des prisonniers qui n'avaient pas été couchés sur les registres d'écrou : et de fait, nous n'avions pas été soumis à cette dernière formalité. On avait dit seulement que nous étions des prêtres réfractaires.

Malgré mes répugnances à abandonner l'habit ecclésiastique, je m'y étais décidé à partir du 10 août. Je dis alors à Mme Blanchet que, puisqu'elle voulait que je quittasse l'habit ecclésiastique, je tenais à être complètement déguisé. Je lui demandai donc de me faire un habit gris, un justaucorps rouge et des bas de soie fond blanc de Chine. Ce beau costume ne m'ayant été apporté que la veille de mon incarcération, j'avais oublié d'attacher mes cheveux. Aussi, lorsque je fus en prison, je défis le lacet de fil blanc de ma culotte, et j'en attachai mes cheveux, de manière à n'être pas reconnu. D'ailleurs, j'étais fort mal vêtu. Arrêté à minuit et obligé de m'habiller promptement, j'avais pris un mauvais *habit de chambre,* que je trouvai sous ma main. J'avais un air bien commun, n'ayant pu, depuis le samedi, contrairement à mon habitude, me faire la barbe ni me poudrer. Puis mon visage devait être bien défait, à cause de la fièvre que j'avais eue, et des souffrances morales et physiques que j'endurais depuis plus de vingt-quatre heures.

Nous étions là dans l'attente de notre sort, quand une violente querelle s'éleva parmi nos juges. Ils étaient furieux de ce que certaines personnes, et surtout les commissaires, n'étaient pas à leur poste. Beaucoup voulaient qu'on allât les arracher de leurs lits, et qu'on les amenât par force. D'autres disaient : « Tant « pis pour eux, s'ils ne veulent pas prendre leur part « de la vengeance nationale..., nous les dénoncerons « à la Commune. »

Enfin, à force d'agiter la sonnette, le président obtint un peu de calme. Un d'eux prit alors la parole et dit : « Nous ne nous occupons ici que de niaise- « ries... Eh! que nous importe que tels soient ici, et « que tels autres n'y soient pas! La vengeance du « peuple nous est confiée... Voici un tas de scélérats « qui attendent la juste punition de leurs crimes. Ces « gens-là sont tous des calotins, — c'est-à-dire des prê- « tres. — Ce sont des ennemis jurés de la nation, qui « n'ont pas voulu prêter le serment... Vous savez que « beaucoup d'entre eux ont voulu s'enfuir; ils n'ont

« pas eu confiance dans la justice des patriotes... Ce ne
« sont tous que des aristocrates : il faut donc com-
« mencer par eux; certainement ils doivent être les
« plus coupables. »

Comme je vis qu'un petit nombre d'individus seulement approuvaient ce méchant homme, je m'avançai
vers la table, et élevant les deux mains vers le ciel, je
m'écriai d'une voix émue : « Non, non, nous n'avons
« pas voulu fuir; seulement, au bruit que l'on faisait
« pour forcer la porte, la peur nous a fait sauter dans
« cette cour, au risque de nous rompre les jambes.
« Nous avons cru que des assassins venaient nous mas-
« sacrer sur place; mais quand nous avons reconnu la
« garde nationale, nous sommes allés à sa rencontre. »
Un autre ajouta : « Il est naturel à l'homme de fuir
« le danger... Il faut les interroger, et nous verrons
« bien, au cours de l'interrogatoire, s'ils ne sont cou-
« pables que d'avoir voulu fuir. » — Le président prit
alors la parole et demanda : « Voulez-vous les interroger? » — Et tous de crier : « Oui, oui! »

Alors le président, se tournant à droite, s'adressa à
celui qui était le plus près de la porte, et qui se trouvait en tête de la file. C'était le curé de Saint-Jean en
Grève. Ce vieillard, qui marchait lentement, n'avait pas
pu, sans doute, pénétrer plus avant dans la salle. L'interrogatoire fut court, comme tous ceux du reste qui
suivirent : « As-tu prêté le serment? » lui dit le prési-

dent. — Le curé répondit avec le calme de la bonne conscience : « Non, je ne l'ai pas prêté. » Au même instant, un coup de sabre, dirigé contre sa tête, mais qui fort heureusement dévia, fit sauter sa perruque et laissa voir une tête chauve que les années avaient jusque-là respectée, et que le fer des assassins allait abattre. Les coups redoublèrent, et sur la tête et sur le corps, qui fut bientôt étendu à terre. Ils le saisirent par les pieds, le traînèrent dehors, et quelques instants après ils revinrent en criant : « Vive la Nation! »

Cette mort me causa la plus profonde émotion : je tremblais de tous mes membres; mes genoux ployaient, et je n'eus que le temps de m'asseoir, ou plutôt de me laisser aller sur le petit rebord de la fenêtre. Je murmurai en moi-même, les yeux pleins de larmes : « Grand saint, « heureux vieillard, qui êtes au ciel, priez pour moi, « afin que l'absolution que vous m'avez donnée sur la « terre ne soit pas inutile pour mon salut : obtenez-« moi de mourir avec le calme, la douceur et la rési-« gnation que vous venez de montrer[1]. »

Ce fut ensuite le tour de l'abbé de Bouzet, grand vicaire de Reims, frère d'un chef d'escadre du même nom, que j'ai beaucoup connu depuis. Le président lui demanda : « As-tu prêté le serment? » — Il répondit d'une voix si faible, que je l'entendis à peine :

---

[1] Ce récit est plus simple que celui de l'abbé Sicart. V. Pièces justificatives. Je le crois plus vrai.

« Je ne l'ai pas prêté. » Alors on cria : « Enlevez-le! » Aussitôt beaucoup d'assassins le séparèrent de nous, l'entourèrent, et, sans le porter, le poussèrent dehors dans le jardin, qui était le lieu du massacre, et qui était de plain-pied avec la salle. Je jetai machinalement les yeux devant moi, et je l'aperçus les deux bras en l'air, comme pour parer les coups de sabre et de pique qu'ils assénaient sur lui. Je détournai promptement les yeux, en me disant : « Je ne puis pas échapper à la mort, puisque je n'ai pas prêté le serment. » Nous entendîmes bientôt crier de nouveau : « Vive la « nation! » L'abbé de Bouzet n'était plus.

Ils revinrent, et se tournèrent vers ce pauvre procureur, auquel j'avais fait la leçon, et qui ne sut pas en profiter, car à la première question, au lieu de dire qu'il n'était pas prêtre, il perdit la tête et dit : « Je « m'accuse d'avoir fait cacher chez moi un prêtre « réfractaire. » Alors, tous s'écrièrent : « Le scélérat! « Il a voulu sauver un calotin! » — Ils ajoutèrent même une injure que je ne saurais reproduire ici. — Puis vociférant : « La mort! la mort! » ils le frappèrent sur place. Sa perruque tomba comme celle du pauvre curé. Ils le traînèrent hors de la salle, et peu après, des hurlements épouvantables annoncèrent qu'il était mort.

On massacra ensuite l'abbé Capparuis, mon compatriote, homme d'un caractère très timide. Il était prêtre habitué de la paroisse de Saint-Paul, où tout le monde le vénérait.

A ce moment, le brave domestique du duc de Penthièvre se tourna vers moi : il avait les yeux pleins de larmes. Je lui dis : « Tranquillisez-vous, mon ami : on « verra bien qui vous êtes... Que voulez-vous qu'ils fas- « sent à un pauvre homme comme vous?... Mais ne man- « quez pas de dire que vous êtes un malheureux domes- « tique, un père de famille, chargé d'enfants, et qu'on « vous a arrêté lorsque vous passiez dans la rue des « Arts... Surtout ne perdez pas la tête comme le procu- « reur... Maintenant, éloignez-vous un peu de moi. »

Mon dessein était de m'isoler, afin qu'en me voyant seul, ceux qui étaient le plus près de la table en vinssent à m'oublier, et que je parvinsse à me retirer, au premier moment favorable. Je ne sais si ce brave homme me comprit, mais bien vite il alla rejoindre les autres, qui se trouvaient déjà à quelque distance, car la file avait bien diminué. On avait massacré, l'un après l'autre, l'abbé Gervais, secrétaire de l'Archevêché, le grand vicaire de Strasbourg, ce pauvre ecclésiastique de l'Hôtel-Dieu, et le président du Conseil supérieur de Corse.

Il était sans doute près de trois heures du matin. Je dis sans doute, car je ne faisais plus attention au son de l'horloge. Je devenais comme insensible aux massacres, qui ne cessaient pas, et je n'avais plus de pensée que pour moi, bien que je visse périr tous mes compagnons, à la clarté des torches nombreuses qui éclairaient cette horrible exécution. J'éprouvais dans tout le corps un froid mortel, et mes pieds étaient glacés. Tout mon sang s'était porté à la tête; la figure me cuisait, et en baissant à demi les yeux, il me semblait que j'avais le visage tout en feu. Je me passais fréquemment la main droite sur la tête, et tout en cherchant en moi-même les moyens de me sauver, je me grattais machinalement avec tant de force, que, sans m'en douter, je m'arrachai jusqu'à la racine des cheveux. Aussi, dès lors, se mirent-ils à tomber par grandes touffes, si bien que dans l'espace de trois mois, je devins aussi chauve que je le suis maintenant, et cependant, j'avais eu jusque-là des cheveux en abondance.

Néanmoins, j'avoue à ma confusion que, malgré le péril imminent, et bien que touchant à mes derniers moments, je n'étais pas complètement absorbé en Dieu ni déterminé à mourir ; tout au contraire, je ne cessais de rouler dans mon esprit les moyens d'éviter la mort épouvantable qui m'attendait. Ces coups de sabre et de pique me glaçaient d'effroi, mais ne me remplissaient pas de cette piété qui doit nous pénétrer à notre dernière heure. Je récitais bien quelquefois le *Pater* et l'*Ave, Maria*, et aussi l'acte de contrition, mais sans cette émotion profonde qu'inspire l'approche de la mort. Si le péril où j'étais me tenait dans l'anxiété.

j'étais toujours ramené à cette idée : Comment pourrais-je bien faire pour éviter la question touchant le serment?

Parfois, on cessait de massacrer pour entendre les discours des députations des autres sections, qui venaient rendre compte de l'état de leurs prisons et des massacres qui s'y poursuivaient. Celles de l'Homme-Armé et de l'Arsenal en particulier faisaient part des horreurs qui se commettaient à la Force et à Saint-Firmin.

Vint le tour du perruquier. Il se défendit avec beaucoup de courage, mais sa perte était jurée, comme il me l'avait dit. On lui reprocha surtout de n'avoir pas voulu suivre le faubourg Saint-Antoine dans la journée du 10 août, et d'être un *aristocrate :* donc il devait mourir !

Ils s'adressèrent ensuite aux deux pauvres religieux Minimes. Le président leur demanda s'ils avaient prêté le serment. Ils n'avaient pas encore répondu, qu'un de ceux qui entouraient la table et qui les connaissait sans doute, prit leur défense en disant : « Ceux-ci ne « sont pas prêtres, et ne sont pas en situation de prêter le « serment. — Mais ce sont des fanatiques, des coquins, « repartit un autre ; il faut qu'ils meurent! » Cela occasionna entre eux une dispute. Les plus méchants voulaient les entraîner dans le jardin pour les y massacrer. Les autres, les saisissant par les bras, voulaient les retenir dans la salle. Ce combat attira mon attention, et je remarquai bien que le sous-diacre, qui désirait tant mourir, opposait moins de résistance à ceux qui voulaient l'entraîner dehors, qu'à ceux qui voulaient le sauver. Enfin, les scélérats eurent le dessus, et ils furent massacrés.

CHAPITRE IX

HEUREUSE DIVERSION.

La députation des Marseillais. — Un *bevitore di sangue*. — Pastiche d'éloquence révolutionnaire. — Mort tragique de deux jeunes gardes du corps. — Lueur d'espoir.

On massacra ensuite l'abbé Simon, le vieil abbé qui, venant pour voir son frère à la Mairie, fut retenu prisonnier : « Puisque vous y êtes, lui dit-on, restez-y; « car d'une manière ou d'une autre, vous ne tarderiez « guère à nous revenir. » Comme on achevait de l'égorger, parut une députation du Comité des Jacobins, qui se réunissait dans l'église des religieux Cordeliers. C'étaient des gens très sanguinaires, qui comptaient parmi leurs chefs le célèbre Marat. Presque tous étaient tirés de cette fameuse bande des Marseillais, venus à Paris pour les attentats du 10 août.

On leur rendit de grands honneurs. Le président les fit approcher, leur donna la parole, et le chef de la députation lut un ordre du jour de l'Union des Cordeliers, demandant grâce pour deux prisonniers, qui n'étaient pas présents, mais qui se trouvaient dans une autre prison de l'Abbaye. Le président, après avoir fait un grand éloge de l'Union des Cordeliers et de la députation des Marseillais, répondit qu'il allait mettre leur requête en délibération. En conséquence, il demanda si quelqu'un s'opposait à cette motion.

Un jeune homme de la section de l'Unité, portant les cheveux poudrés avec une blouse de charretier toute tachée de sang, se leva et dit : « Monsieur le « président, je m'oppose à la demande des Marseillais... « Les prisonniers dont on demande la grâce sont des « scélérats de conspirateurs royalistes... Je les connais... « Le temps de l'indulgence est passé... les modérés « nous font plus de mal que les aristocrates... » Enfin, après quantité d'imprécations, il conclut par cette atroce proposition : « Je propose que l'on décrète la « cruauté. »

La fureur avec laquelle il avait parlé me fit frémir. Ah! comment me sauver avec un pareil bourreau?... Je remarquai cependant que le peuple avait écouté ce discours en silence et sans applaudir. Encouragé par cette espèce de désaveu, rappelant à moi tout mon courage, et faisant un grand effort sur moi-même, je m'avançai vers la table, — elle n'était pas tellement entourée que je ne pusse y trouver place, — et étendant le bras droit, le poing fermé, je criai d'une voix forte, en tâchant d'imiter le ton et la voix de ces buveurs de sang : « Monsieur le président, « est-il possible qu'il se trouve parmi nous un homme

« pour s'opposer à la demande des Marseillais? Quel
« est celui qui ignore que le patriotisme des Marseil-
« lais est plus brûlant que le soleil qui les éclaire?
« Quel est celui qui doute que, quand les Marseillais
« s'intéressent à deux prisonniers, c'est que ces deux
« prisonniers sont les deux plus grands patriotes de
« Paris?... La proposition qui vous a été faite de
« décréter la cruauté est injurieuse à une nation aussi
« renommée pour sa douceur et sa générosité. Je
« propose, monsieur le président, que l'on amène ici
« à l'instant ces deux prisonniers, et qu'on leur fasse
« grâce. » Et en guise de conclusion, j'assénai un grand
coup de poing sur le tapis vert.

La salle retentit d'applaudissements; on cria de
toutes parts : « Bravo! bravo! » On conçoit que les
Marseillais, qui étaient une douzaine, n'étaient pas
les derniers à applaudir.

Quant à moi, je ne jugeai pas à propos d'attendre
l'effet de mon audacieuse apostrophe, et je me retirai
promptement dans l'embrasure de la fenêtre, où se
trouvait la petite marche pour m'asseoir. J'étais dans
une agitation extraordinaire. Je redoutais surtout que
quelqu'un d'opposé aux Marseillais ne vînt à me reconnaître et, me prenant à partie, ne me fît égorger sur
place. Ce qui est certain, c'est que j'avais une fièvre
ardente. Je me sentis, après cet effort, tout baigné de
sueur. Je tremblais de tous mes membres. Bien que je

fusse assis, mon cœur battait comme si je venais de faire une longue course à marche forcée, et j'étais tout haletant... Enfin, je ne puis bien décrire mon état en ce moment.

Le tumulte dura longtemps, mais à la fin le calme se rétablit, au son bruyant d'une énorme sonnette, et le président dit au peuple : « Je vais mettre aux voix la « motion du dernier opinant. » — Tous de crier, ou du moins le plus grand nombre : « Adopté! adopté! » Le président lut alors l'arrêté des Cordeliers : après quoi, quatre hommes armés de piques, et quatre autres portant à la main des torches allumées, se détachèrent, pour aller prendre les deux prisonniers.

Sur ces entrefaites survint un incident qui attira toute mon attention et me remplit d'horreur. On avait sans doute amené pour le massacre, dans la journée du dimanche, de tout jeunes gens, qu'on avait reconnus pour faire partie de la nouvelle garde du Roi. Ils avaient trouvé grâce pour le moment, et on les avait mis au « violon », petite prison qui servait de dépôt à la section, et dont la porte donnait sur le lieu de la boucherie. On voulait se réserver le temps de prendre des informations sur eux. Ils avaient dit qu'ils habitaient rue Saint-Victor : c'était une fausse adresse, et ils l'avaient donnée, espérant qu'on finirait par les oublier. Les commissaires, qui étaient allés à la recherche, revinrent furieux, en criant que ces scélérats les avaient trompés, et qu'ils avaient parcouru la rue entière sans pouvoir recueillir de personne le moindre renseignement sur eux. Ils ajoutèrent que c'étaient « des chevaliers du poignard », et qu'il fallait les punir sur-le-champ. Tout le peuple hurla de cette voix qui donne le frisson : « La mort! la mort! »

Ils furent amenés sur l'heure. C'étaient deux jeunes gens de superbe taille et de belle figure. Je suis allé par la suite aux renseignements, mais je n'ai jamais rien appris sur eux, sinon qu'ils faisaient partie, comme je l'ai dit, de la nouvelle garde du Roi.

On commença par les accabler d'injures; puis un individu, plus lâche que les autres, donna un violent coup de sabre au plus grand, qui ne répondit que par un haussement d'épaules. Alors s'engagea une lutte horrible entre ces vils buveurs de sang et ces deux jeunes hommes, qui, bien que sans armes, se défendirent comme des lions. Ils en jetèrent beaucoup à terre, et je crois que s'ils avaient eu seulement un couteau, ils seraient restés victorieux. Enfin, ils tombèrent sur le sol même de la salle, tout percés de coups. Ils paraissaient au désespoir de mourir, et j'entendis l'un d'eux qui s'écriait : « Faut-il mourir à cet « âge et de cette manière! »

Cette lutte à mort, si terrible, m'inspira une telle frayeur, que je perdis aussitôt le peu de calme que j'avais recouvré, lorsque j'avais vu accorder la grâce

des deux prisonniers. Il me semblait voir à chaque instant ces coups de sabre s'abattre sur ma tête, et sentir les piques me percer le corps. Pour la première fois, j'éprouvai une véritable peur de la mort, et je la crus inévitable. Dieu me rendit même toute ma ferveur, et je murmurai avec une piété sincère, du fond du cœur, et même à demi-voix, de sorte que l'on m'aurait entendu, si l'on avait prêté une oreille attentive : « Mon Dieu ! je vois bien qu'il me faut mourir...
« Si je n'ai rien fait pour mériter le ciel, ne l'attribuez
« qu'à la fougue de la jeunesse, — je n'avais alors que
« trente-deux ans, — et non à un manque de foi et de
« religion... Vous savez que je vous aime, que mes
« intentions ont toujours été droites, que je n'ai jamais
« parlé contre votre sainte religion, que j'aime à sou-
« lager les pauvres, à pratiquer la charité, cette vertu
« qui vous plaît entre toutes les autres : ayez donc pitié
« de moi... Et vous, Vierge Marie, que le pécheur mou-
« rant ne trouve jamais insensible à sa prière, ayez aussi
« pitié de moi... Je porte sur moi votre saint habit ; il
« sera tourné en dérision, si on le trouve sur moi ; ne
« le permettez pas... Vous qui avez dit que vous êtes
« notre salut dans les périls, donnez-moi la force de
« mourir avec courage au milieu de ces tourments,
« dont la seule idée me fait frémir. »

Dans cet intervalle, les assassins transportèrent les deux jeunes gardes du corps dans le jardin pour les dépouiller, comme ils faisaient toujours, et leur arracher tout ce qu'ils possédaient.

On en vint ensuite au frère de cet abbé Simon, le vieux chanoine de Saint-Quentin, que l'on avait massacré peu auparavant.

On lui demanda s'il avait prêté le serment. Il répondit affirmativement, et, tirant un papier de sa poche, il le présenta comme attestation : c'était le serment de Liberté et d'Égalité. Il s'était empressé de le prêter, sitôt qu'il avait été décrété. Le furieux massacreur qui s'était opposé à la demande des Marseillais prit la parole et dit : « Ce serment n'est pas bon; nous deman-
« dons le serment exigé des prêtres. » — Un autre riposta : « Vous êtes bien difficile; ce serment est
« bon... c'est vous qui venez de faire massacrer deux
« innocentes victimes » : — il parlait des jeunes religieux Minimes, — et il répéta avec vivacité : « Ce serment est
« bon ! » Beaucoup crièrent à son exemple : « Ce ser-
« ment est bon ! » et le vieillard fut sauvé. Remarquez en passant, Madame, ce mélange singulier de justice et d'atrocité.

C'était le premier de mes compagnons qui échappait à la mort, et cette grâce me rendit un peu de calme.

Enfin, on amena les deux prisonniers auxquels on avait fait grâce, et je fus agréablement surpris en reconnaissant l'un d'eux. Je l'avais beaucoup connu dans le salon du comte de Modène, mon intime ami, et de la marquise de Moulins. Il s'appelait le chevalier de Solérac, était capitaine des Suisses, et il semblait bien connu aussi du farouche massacreur.

L'autre était un avocat, nommé Huguenin, commandant du bataillon de Saint-André des Arts.

On leur lut le décret qui les graciait, et on les fit entrer dans le violon.

CHAPITRE X

L'INTERROGATOIRE.

L'acteur Dugazon. — Un bossu bien gênant. — « Je demande la parole. » — Un bon point à Maillard. — Heureux d'entrer au violon. — Encore le bossu. — L'abbé Sicart ou son fantôme.

Il devait être alors cinq heures du matin. A ce moment, je vis entrer avec surprise l'acteur Dugazon. Il venait, au défaut du président, qui avait disparu, présider lui-même cette infernale assemblée. Je l'avais rencontré dans les salons, où on l'invitait pour lui faire jouer ses comédies, et j'avais fréquemment conversé avec lui. Je fis un mouvement pour m'avancer vers lui et implorer son secours, mais un instant de réflexion m'arrêta net : « Il sera peut-être confus, pensai-je, « d'être vu en si mauvais lieu par un honnête homme, « et hâtera peut-être ma perte. » Aussi, je repris bien vite mon poste accoutumé.

Je m'aperçus alors qu'il y avait dans un coin, tout près de moi, un petit homme bossu, qui semblait m'observer. J'avoue que ce voisinage m'ennuya fort, et je n'avais pas tort, comme on le verra bientôt, d'en tirer un fâcheux présage.

Dugazon était survenu pendant une dispute qui s'était élevée entre les assassins; ils ne tombaient pas d'accord sur le partage des habits et de l'argent des pauvres victimes. Après nous avoir fait entendre, pendant quelque temps, sa petite voix aigre et dégoûtée, Dugazon s'en alla. Je dois dire, pour être sincère, que durant sa présidence on ne massacra personne[1].

Celui qui lui succéda fut un ancien procureur au tribunal du Châtelet, appelé Maillard. Il arriva en habit noir, les cheveux poudrés. Il n'avait pas une figure repoussante, ce qui me calma un peu, car un rien suffisait pour abattre ou ranimer mon courage. Je ne sais si ce président était un buveur de sang; je sais seulement que je lui entendis dire : « Finissons-en. »

On massacra alors deux soldats de la garde constitutionnelle, sans leur poser aucune question.

Enfin, vint le tour du domestique du duc de Penthièvre. Comme il avait les cheveux coupés court, ils le prirent pour un prêtre déguisé, et lui demandèrent : « As-tu prêté le serment? » Lui répéta absolument mot pour mot ce que je lui avais dit. Alors, tous s'écrièrent : « C'est un domestique : grâce! grâce! » et sur-le-champ il fut mis en liberté, sans passer par le violon.

Je me réjouis de le voir sauvé. C'était le second de mes compagnons qui échappait à la mort.

---

[1] Voilà qui justifie peut-être Dugazon.

Cet excellent homme, bien qu'il fût assez près de moi, ne tourna même pas la tête pour me regarder, et cela, sans aucun doute, afin de ne pas me compromettre.

Il ne restait plus que moi; le jour était venu... j'avais l'espoir de m'esquiver, sans être vu, au milieu des allants et venants. Les hommes, assis autour de la table, s'occupaient des menues affaires qui se présentaient. Moi, je regardais à la dérobée ce bossu, qui demeurait toujours à la même place. « Que fait-il là? me disais-je avec dépit; pourquoi ne s'en va-t-il pas? »

Cependant, on massacra encore deux individus, que je ne connaissais pas.

Il faisait grand jour; la foule s'était en partie écoulée, et je n'entendais plus les vociférations du peuple. On n'apercevait plus que des gens qui semblaient fatigués et prêts à s'endormir. Il pouvait être déjà sept heures et demie du matin, mais les volets des fenêtres étaient encore fermés, et la salle n'était éclairée que par des chandelles, qu'on ne mouchait point, et par cette porte vitrée de haut en bas jusqu'au niveau même du sol, qui livrait passage aux victimes.

Je me préparais donc à fuir, en me glissant derrière ceux qui étaient restés, et dont aucun ne me regardait, quand cet abominable bossu s'écria : « En voilà encore
« un ici! »

Je me rappelle que je ne fus nullement troublé, et que voulant à tout prix éviter la question accoutumée :

« As-tu prêté le serment? » — qui m'aurait infailliblement conduit à la mort, je m'élançai brusquement vers la table, et m'adressant à l'homme vêtu de noir et poudré : « Citoyen président, lui dis-je, avant qu'on
« me sacrifie à la fureur de ce peuple égaré, je demande
« la parole.

« — Qui es-tu? dit-il d'une voix menaçante.

« — J'étais clerc au Parlement de Paris, et je suis un
« homme de loi. »

Je ne sais si mon extérieur ou mon courage le frappa, ou bien s'il me reconnut, mais il dit au peuple avec plus de douceur :

« Ce prisonnier est connu dans les tribunaux de
« Paris.

« — Cela est parfaitement vrai », répliquai-je.

Cessant alors de me tutoyer : « Pour quelle raison,
« me demanda-t-il, vous trouvez-vous ici? »

Je me mis aussitôt à lui raconter une histoire moitié-fausse, moitié vraie. Je lui dis que le 27 août, on avait rendu une ordonnance de police qui portait que tous les citoyens, pour faciliter les visites domiciliaires, eussent à rentrer chez eux dès dix heures du soir; — cela était vrai; — mais que, l'ignorant, les commissaires de ma section m'avaient arrêté à onze heures, comme je rentrais, dans la rue du Palais-Marchand, où je demeurais, — ceci était faux, — et qu'ils m'avaient conduit successivement au Comité de la section, de là au Comité de surveillance de la Cité, du Comité de surveillance au Comité secret de la Mairie, de là aux prisons de la Mairie, et enfin de la Mairie aux prisons de l'Abbaye : « et tout cela, ajoutai-je en élevant la voix, sans m'interroger. » Je dis également que j'avais été conduit au massacre juste au moment où Pétion devait me faire sortir, et je déployai le petit billet que la pauvre Blanchet m'avait apporté le dimanche matin, et dans lequel il promettait de me rendre la liberté à trois heures.

Alors, le président, voulant sans doute me venir en aide, ou peut-être encore écœuré de ce massacre, se prit à dire : « Voyez, messieurs, avec quelle légèreté on
« met les citoyens en prison dans les autres sections. Si
« c'était nous qui avions arrêté ce prisonnier, nous
« l'aurions interrogé et renvoyé chez lui. »

Ces paroles redoublèrent mon courage, et frappant un coup de poing sur la table, je m'écriai : « Je me
« réclame de ma section ! je me réclame des députés de
« l'Assemblée nationale.

« — Oh ! les députés de l'Assemblée nationale, crié-
« rent les massacreurs, nous en avons la liste, et nous les
« égorgerons comme les autres. »

Remarquant ce mouvement de défaveur, je repris aussitôt :

« — Mais je vous parle, moi, du patriote Hérault, du
« patriote Torné, du patriote Rovère !

« — Bravo ! bravo ! » crièrent-ils.

Alors, le président, saisissant l'instant qu'ils applaudissaient : « Je propose, dit-il, d'envoyer ce prisonnier « au violon, afin de prendre des informations sur son « compte. »

Je n'attendis pas la délibération, et je m'empressai d'entrer dans le violon, qui donnait sur la salle, et dont la porte s'ouvrait au moment même.

Je n'aperçus en entrant que huit ou dix personnes. Puis, je distinguai une méchante paillasse, toute trouée, et une chaise. Je me hâtai de m'asseoir sur la paillasse, et de placer mes pieds sur les barreaux de la chaise, pour me reposer. Alors, je fus sur le point de m'évanouir. J'étais brisé de fatigue; j'avais une forte fièvre, et mon pouls battait extrêmement vite; mes mains étaient brûlantes. Je n'éprouvais aucun sentiment de joie : au contraire, j'étais tellement abattu que je restais les yeux fixés à terre, sans faire aucune attention à ceux qui se trouvaient dans la prison. Une profonde tristesse m'envahissait, et je ressentais une faiblesse extraordinaire. J'étais en effet demeuré depuis le samedi, deux heures, sans prendre aucune nourriture solide, et depuis onze heures du soir, j'étais en présence de la mort. Or, nous étions au lundi, huit heures du matin.

Bien que très sensible et facile à émouvoir, je ne pleure pas aisément; et cependant, en cet instant, mon courage m'abandonna, et je pleurai à chaudes larmes en me voyant dans une si lamentable situation, sans secours, sans appui et sans argent.

J'en étais là, quand je vis venir à moi le maudit bossu. Il était revêtu de l'habit de garde national. Je présumai qu'il était le geôlier de cette petite prison. Il me dit d'un air de compassion : « Vous devez avoir « bien souffert, monsieur;... que désirez-vous prendre « pour vous remettre? » Reconnaissant en cet homme mon bourreau, car c'était lui qui m'avait indiqué au président, je lui répondis d'un ton qui signifiait qu'il eût à me laisser tranquille : « Eh! que voulez-vous que « je prenne, dans l'état où je me trouve? » Mais il insista, et comme je ne voulais pas le désobliger, pensant que je pouvais en avoir besoin, et que c'en était encore un qui voulait écouler sa marchandise, je lui répondis : « Apportez-moi une tasse de café à la crème. » C'était tout le contraire de ce qu'il m'eût fallu, mais je ne savais que lui demander.

Il me l'apporta en effet, et je pris ce café sans goût et sans appétit.

Bien que je ne dusse pas avoir grande confiance en cet homme, la nécessité de communiquer avec quelqu'un du dehors me poussa à lui dire, comme je lui remettais la tasse : « Voulez-vous me rendre un grand « service?... Donnez-moi du papier, de l'encre et une « plume, et portez le billet que je vais vous donner « tout près d'ici, cour du Palais, à une femme qui se

« homme Blanchet. En retour, je vous donnerai cent
« sous. »

En même temps, je me tournai du côté de M. de
Solérac, le Suisse que j'avais sauvé, et, sans même lui
souhaiter le bonjour ni lui demander : « Comment
« allez-vous? » et faisant enfin comme si j'avais conversé
avec lui l'instant d'auparavant : « Donnez-moi, lui
« dis-je, un assignat de cinq francs. » Il me répondit
aussitôt, sans m'adresser directement la parole : « — En
« voici deux! » J'en donnai un à cet homme, qui prit
mon billet et disparut.

Cette condescendance adoucit un peu ma peine, et
je me sentis soulagé, en pensant que Blanchet allait
apprendre que j'étais sain et sauf; car je craignais
qu'à la nouvelle de ma mort, dont le bruit, comme je
le sus ensuite, s'était aussitôt répandu, elle ne se por-
tât contre elle-même à quelque extrémité.

Redevenu plus calme, je commençais à m'endormir
sur ma paillasse, quand, tout à coup, je vis un individu
s'approcher à la sourdine, le corps penché et sur la
pointe des pieds, pour ne pas faire de bruit.

C'était l'abbé Sicart, qui, bien que sauvé depuis la
veille à deux heures, n'était pas encore en liberté.
« Comment avez-vous fait pour échapper? » me dit-il;
et, sans attendre la réponse, il disparut.

Absorbé en ce moment dans je ne sais quelles réflexions, je jetai à peine un regard sur lui. Cependant,

quelque temps après, sa figure me revint à l'esprit, mais je pensais avoir vu un fantôme. Je le cherchai des yeux dans notre petite prison, sans pouvoir le découvrir. Je me levai pour voir s'il ne serait pas dans une chambre voisine, et je m'aperçus en effet qu'il existait là un petit endroit retiré, qui servait de lieu d'aisances. L'abbé Sicart était assis sur une pierre, au milieu de cette infection. Il croyait sans doute qu'on allait revenir pour le chercher, et il n'osait pas se tenir au milieu des autres prisonniers. Moi, qui aime le courage dans un homme, je le regardai, je l'avoue, avec mépris, et lui tournai le dos, sans lui adresser la parole. S'en est-il souvenu depuis, et a-t-il voulu m'en marquer son dépit, ou bien a-t-il tenu à se brouiller avec moi, je ne sais : toujours est-il qu'étant allé deux fois chez lui, il ne m'a jamais rendu mes visites. Je ne l'ai revu qu'une seule fois chez Mme Pasquier, la mère, où il me demanda avec instance le récit de mes aventures. Il voulait, disait-il, les ajouter aux siennes[1]. « L'abbé, lui
« répondis-je, vous avez l'amour de la célébrité ; chacun
« son goût : moi, je ne désire qu'une chose, de n'être
« point connu... Ce n'est pas que j'aie peur, ajoutai-je,
« mais je regarde comme indigne de moi de me faire
« imprimer, surtout dans le but d'en retirer un profit. »

Il ne se tint pas pour battu, et il m'envoya un

---

[1] Parues en 1796, dans les *Annales catholiques*.

libraire, qui m'offrit mille écus. J'étais à cette époque dans un pressant besoin d'argent, les banquiers romains de Paris ayant refusé de me payer une lettre de change, sous prétexte qu'ils craignaient de se compromettre. Malgré cela, je lui répondis : « Je sais bien « qui vous a envoyé...; je ne veux pas de votre argent. »

CHAPITRE XI

AU VIOLON.

Pauvre Blanchet! — M. et Mme de Rosambo. — Deux femmes héroïques. — « Voilà M. Sergent qui passe! » — Saisissement. — Enfin, voilà de braves gens! — M. Jourdan et le Comité civil. — Ce qu'était le bossu.

Cependant, j'étais fort inquiet de n'avoir pas de nouvelles du billet que j'avais envoyé à Blanchet, et encore plus de ne voir arriver ni elle ni personne de ma maison. Je demeurai jusqu'au soir dans une cruelle attente. Je vis alors revenir mon bossu.

« Et mon billet, lui dis-je, qu'en avez-vous fait?

« — Je l'ai porté, monsieur, mais la personne n'y « était pas... Elle est sans doute en prison. »

Je le crus; toutefois je repris :

« Voici cinq autres francs; c'est tout ce qui me « reste : portez-en un second.

« — J'y vais », me répondit-il, et il disparut.

Sur ces entrefaites, mes compagnons de violon avaient fait apporter une cuisse de mouton rôtie, et ils me pressaient d'en prendre ma part. J'acceptai, et même j'en mangeai avec beaucoup d'appétit.

Cependant, comme on le verra bientôt, mes deux billets n'avaient point été portés : au contraire, on avait dit à Blanchet que j'étais mort, et l'on ajoutait même que l'on m'avait vu massacrer.

Plongée dans le plus affreux désespoir, ne sachant quel parti prendre, bref, perdant la tête, elle s'en vint chez mes bons amis, M. et Mme de Rosambo. Ce fut une scène à tirer les larmes des yeux. Mme de Montboissier, qui était par hasard présente, me la raconta dans la suite. Blanchet était inconsolable, n'écoutait personne, et se roulait par terre. M. le président de Rosambo, ne sachant comment la calmer, lui dit : « Ne vous déses-
« pérez donc pas ; on ne raconte jamais les choses comme
« elles sont en réalité... Allez encore aux informations
« sur ce qui est arrivé... : du reste, nous prendrons soin
« de vous... » Et se tournant vers Mme de Rosambo, il lui adressa ces paroles, que Blanchet n'oublia jamais :
« Ce sera une pensionnaire de plus que nous aurons
« chez nous, s'il est vrai que ce bon abbé soit mort. »

Ces paroles la calmèrent un peu, et prenant une voiture, elle se rendit rue Cassette, chez une de ses meilleures amies. C'était une femme aussi robuste que Blanchet, et non moins « aristocrate », bien qu'elle eût pour mari un grand jacobin. Cette personne courageuse lui suggéra, pour s'assurer de ma mort, un expédient désespéré, que Blanchet adopta sur-le-champ. Il consistait à aller retourner un à un les cadavres, entassés tout nus, les uns sur les autres, pour savoir si j'étais parmi les morts, ou s'il me restait un souffle de vie.

C'est dans ce dernier état, en effet, que l'évêque de Beauvais fut retrouvé par son valet de chambre : il respirait encore. Le valet le retira de la charrette, et il vécut encore six mois. Seulement, il avait perdu la raison.

Mais quel effort ne dut pas faire sur elle-même cette femme sensible, que la vue d'une souffrance et d'une infortune remplissait de compassion!

Pour arriver jusqu'à moi, Blanchet et son amie dirent qu'elles allaient voir si leurs maris n'étaient pas parmi les morts; et, comme elles étaient tout en larmes, on les crut sans difficulté. Il y en eut même beaucoup qui les aidèrent à procéder à cette affreuse vérification.

Enfin, après avoir visité une centaine de cadavres environ, Blanchet s'écria d'un ton où perçait la joie : « Il n'y est pas ! » Mais, craignant de me nuire, elles n'osèrent donner mon signalement, ni adresser aucune demande à la section.

Blanchet retourna à la maison, et beaucoup de ses voisines, comme on le pense bien, accoururent pour la voir et pour la consoler. Mais les récits terribles qu'elles avaient recueillis sur les massacres des différentes prisons, et qu'elles répétaient chacune à leur tour, ne firent que l'effrayer davantage.

Ceci se passait le lundi, à sept heures du soir, et Blanchet se tenait dans ma chambre, devant la fenêtre, dont le rebord était fort bas, et regardait dans la cour des Fontaines au Palais-Marchand. Elle avait même essayé, dans un accès de désespoir, de s'élancer dans le vide. Elle était donc là, quand une de ces femmes s'écria : « Voilà M. Sergent qui passe! » Il passait, en effet, ceint de son écharpe tricolore. Elle ajouta : « C'est un homme très puissant à la Commune « du 10 août. »

A peine Blanchet eut-elle entendu ces mots, que, sans demander d'explications, elle se précipita vers l'escalier, le descendit en courant, et se trouva dans la rue, juste au moment où Sergent arrivait devant la fontaine.

Alors, se jetant à ses pieds, elle lui dit d'une voix désolée : « Oh! monsieur, rendez-moi mon maître, le « meilleur de tous les hommes, celui qui me donne du « pain à moi et à mon enfant. »

En même temps, toutes les femmes du quartier se mirent à entourer Sergent. Celui-ci parut ému en voyant cette femme à ses pieds, et il lui dit :

« De quel homme parlez-vous? Est-ce votre « mari?

« — Non, monsieur, ce n'est pas mon mari; c'est mon « maître, mon bienfaiteur, celui qui nous fait vivre, « moi et ma famille. »

Sergent, s'adressant aux femmes qui l'entouraient :
« Vous le connaissez? » dit-il.

« — Sûrement, monsieur, nous le connaissons...
« c'est un bien brave homme, point fier, obligeant
« pour tous ses voisins; et vraiment ce sont ceux qui
« l'ont arraché de chez lui qu'il faudrait mettre en
« prison, car enfin il n'a jamais fait aucun mal. »

Alors, Sergent releva Blanchet, en lui disant : « — Eh
bien! rassurez-vous et rentrez dans votre maison... je
vais à l'Abbaye, et s'il n'est pas mort, il vous sera
rendu... Comment s'appelle-t-il? » Les femmes lui
dirent mon nom, et il partit en disant : « — Allons! ce
« soir, vous aurez de ses nouvelles! »

Il est probable qu'il se rendit en effet à l'Abbaye, où
on le renseigna sur les prisonniers échappés au massacre et enfermés au dépôt; car, à neuf heures du
soir, un ouvrier, ceint de l'écharpe tricolore, vint chez
Blanchet et lui dit : « Prenez courage! il y a encore
de l'espoir! »

Quant à moi, j'étais désespéré de ne point voir arriver cette fidèle servante. « Elle m'abandonne, pensai-
« je, ou elle s'est donné la mort de désespoir, car elle
« en est capable! » Malgré cela, n'en pouvant plus, à
bout de forces et sentant le besoin de me reposer, je
me jetai sur un matelas que je vis étendu sur le sol.
J'avais pour voisin un autre prisonnier, qui m'était
absolument inconnu. J'aurais pu mieux choisir ma

place, mais j'étais devenu comme insensible à tout. Je n'eus pas même l'idée de lier conversation avec MM. de Solérac et Huguenin, et de leur apprendre qu'ils devaient leur salut à mon énergie et à mon courage, et je suis sorti de prison sans leur en souffler mot.

Je m'endormis bientôt profondément.

Tout à coup, je fus éveillé en sursaut par un bruit de verrous. Au même instant, la porte s'ouvrit, et une voix cria : « Quel est celui d'entre vous qui s'appelle Salamon? »

Malgré la frayeur dont je fus saisi en me réveillant de la sorte, je répondis aussitôt : « C'est moi! — « Venez! » dit la voix.

J'avoue que j'eus un moment d'émotion poignante; je fus même sur le point de m'évanouir. Mais rappelant à moi toute mon énergie, je passai à la hâte mon *habit de chambre*, en disant : « Je vous suis. »

Je croyais bien marcher à la mort. Je me rappelais le sort de ces deux malheureux officiers de la nouvelle garde, qu'ils avaient percés de coups sous mes yeux. Je craignais que les informations qu'on avait dû prendre sur mon compte n'eussent été défavorables, et je pensais qu'ils venaient me chercher pour le massacre.

Le geôlier s'aperçut sans doute que j'étais inquiet, et il me dit d'une voix assez douce : « Calmez-vous, et

« suivez-moi sans me quitter d'un pas, parce que nous
« allons traverser la salle, et le tribunal siège encore...
« Il y a une troisième prison après celle où vous étiez, et
« le massacre va continuer. »

Je le suivis en me tenant tout près de lui, sans regarder ni à droite ni à gauche. Il me fit monter par un grand escalier, et j'arrivai à un entresol qui faisait partie du couvent des religieux.

J'aperçus en entrant cinq hommes, dont trois portaient un habit noir. Tous avaient l'air d'honnêtes gens. Ils formaient le Comité civil, qui se trouvait ainsi bien composé.

Ils se levèrent tous les cinq en me voyant, et me dirent :

« Comment, monsieur, avez-vous eu le bonheur d'échapper à cette horrible boucherie?

« — Ah! messieurs, répondis-je, après ce que j'ai vu, je me le demande moi-même!

« — Enfin, asseyez-vous, me dirent-ils,... il faut que nous vous tirions d'ici. »

Alors, le président, nommé Jourdan, un très honnête homme, avec qui j'eus par la suite des relations, prit la parole et me dit : « C'est M. Sergent, mem-
« bre de la Commune, qui nous a apporté l'ordre
« de vous interroger sur-le-champ, et voilà pourquoi
« nous avons interrompu votre sommeil et nous nous
« sommes nous-mêmes levés... Dites-nous donc pour-

« quoi vous êtes ici, et qui vous a fait mettre en
« prison. »

J'allais répondre, quand j'aperçus mon bossu; il
était assis dans un coin. Sa vue m'inspira une grande
défiance, et je ne savais trop ce que je devais répondre.
Après avoir réfléchi un instant :

« Puis-je parler en toute liberté? dis-je au président.

« — Oui! me répondit-il.

« — Eh bien! cet homme que voici pourrait fort bien
« vous raconter tout ce qui s'est passé, et il pourrait
« ajouter qu'il m'a même désigné comme victime aux
« coups des assassins. »

A ces mots, le bossu, prenant lui-même la parole :

« — Oui, monsieur, dit-il, quand je vous ai vu là, j'ai
« cru que vous étiez coupable; mais une fois convaincu
« que vous ne l'étiez pas, je suis venu vous offrir mes
« services, et maintenant je suis prêt à vous défendre
« contre tous vos ennemis... Je suis un bon patriote, et
« je ne voudrais pas que l'on commit la moindre injus-
« tice. »

Je ne lui répondis pas, et m'adressant directement
à M. Jourdan : « J'ai raconté, lui dis-je, une histoire
« au peuple, pour me tirer d'embarras; mais voici la
« vérité. Je suis un ex-conseiller clerc du Parlement
« de Paris, et j'ai été arrêté dans mon lit, comme
« ministre du Pape, le 27 août, à deux heures du matin.

« — Eh bien! repartit M. Jourdan, puisque vous

« avez été magistrat, faites vous-même votre interroga-
« toire. » Et désignant du geste un homme très grand,
en habit noir : « Voici monsieur, ajouta-t-il, qui fera
« l'office de greffier. »

Je déclinai mes nom, prénoms et qualités, et suggérai quelques questions. Puis, le président m'en posa lui-même plusieurs autres.

« Alliez-vous à la Cour?

« — Oui, tous les mardis, au lever du Roi... c'était
« mon devoir comme internonce du Pape.

« — Vous y trouviez-vous le 10 août?

« — Non.

« — Étiez-vous spécialement lié avec quelques mem-
« bres de la ci-devant famille royale?

« — Non; cependant je voyais plus particulièrement
« Madame Élisabeth, au sujet des affaires religieuses [1], le
« dimanche, pendant son dîner, le mardi, ou même les
« autres jours de la semaine. C'était une personne d'une
« grande piété; ses appartements étaient situés dans un
« des pavillons de Flore, au jardin des Tuileries.

« — Avez-vous été en correspondance avec l'abbé
« Maury?

« — Non; mais comme nous étions compatriotes, et
« que le Pape le comblait d'honneurs et de bienfaits, je
« crus devoir lui adresser une lettre de félicitation... Au

---

[1] Elle s'en occupait en effet beaucoup, et ce n'est pas elle qui aurait signé la Constitution civile.

« reste, il ne m'a jamais répondu... Je ne lui ai jamais
« écrit et je ne lui écrirai jamais.

« — C'est bien, c'est bien, dit le président. Écri-
« vez », ajouta-t-il en se tournant vers le greffier.

Ainsi finit l'interrogatoire; puis le président me dit :
« — Écartez-vous un peu : nous allons délibérer. »

Ils le firent à voix basse et eurent bientôt fini.
Alors ils me rappelèrent, et le président prenant la
parole : « Monsieur, me dit-il, nous vous ferions
« bien sortir sur-le-champ de prison, mais vous avez
« pu vous assurer par vous-même que les massa-
« cres continuent, et qu'il n'est pas en notre pou-
« voir de les arrêter... Les portes de l'Abbaye sont
« gardées, et si le peuple vous voit sortir sous la pro-
« tection de l'autorité, il s'apercevra bien qu'on
« veut vous sauver, et vous serez peut-être massacré
« sur place... Retournez donc dormir cette nuit encore
« en prison. »

En entendant ces mots, je me sentis accablé. Néanmoins je répondis :

« — Je vais suivre vos ordres, mais je vous deman-
« derai une grâce, c'est de me permettre d'écrire un
« billet à ma fidèle servante : elle me croit massacré et
« doit être plongée dans le désespoir... Peut-être même
« est-elle morte, car je lui ai envoyé deux lettres par
« ce monsieur, — je désignai le bossu, — et elle n'a
« pas paru.

« — C'est que nous-mêmes, monsieur, répondit
« M. Jourdan, nous avons intercepté vos lettres; car
« ayant appris que votre section était fort animée
« contre vous, nous avons voulu que l'on vous crût
« mort... Maintenant que nous sommes d'accord avec
« M. Sergent, il n'y a plus rien à craindre. Demain
« matin, votre servante sera avertie... Quant aux dix
« francs que vous avez donnés à cet homme, les
« voici. »

Je refusai de les reprendre et priai M. Jourdan de les lui laisser.

J'écrivis aussitôt trois lettres, l'une pour Hérault, l'autre pour Torné, la troisième pour Rovère, et je les remis au président, afin qu'il les fît porter à Mme Blanchet.

Enfin, je le remerciai, et repris tristement le chemin de ma prison.

Comme je traversais la salle, en suivant le bossu, je vis massacrer un infortuné. Cette scène retarda même un instant notre marche... Du reste, les assassins étaient si animés, qu'ils ne firent pas la moindre attention à moi.

Arrivé dans ma prison, je me sentis extrêmement soulagé, et comme il n'était encore que deux heures du matin, je me remis sur le matelas.

Mais dans une prison, tout fait événement. Aussi mes compagnons me demandèrent d'où je venais, et même

quelqu'un se mit à dire : « J'ai bien cru que c'était
« votre tour. »

Je me contentai de leur répondre : « Je suis très
« fatigué, et j'ai besoin de me reposer. » Ils me laissèrent tranquille, et je ne tardai pas à m'endormir.

CHAPITRE XII

LA DÉLIVRANCE.

Soif de sang. — La morale de l'abbé Sicart. — Mort du P. Lenfant, confesseur du Roi. — Quelles gaillardes que ces Provençales! — Patrons et ouvriers. — La perle des tricoteuses.

Il y avait peu de temps que je reposais ainsi, quand je fus tout à coup réveillé par un grand fracas. On frappait avec violence sur la fenêtre de notre violon :

« Qu'est-ce donc? » m'écriai-je.

« — C'est le peuple! » me répondit-on; « il a su qu'il
« y a ici des prêtres que l'on a dessein de sauver, et il
« veut briser les fenêtres pour les en arracher. »

Je me levai bien vite en leur disant : « Gardez le
« silence et laissez-moi faire. »

Je m'étais aperçu, en revenant, qu'il y avait une sentinelle à la porte du violon. J'y allai et frappai à coups redoublés :

« Qui vive? » cria la sentinelle.

« — Nous sommes ici plusieurs prisonniers, placés
« sous la sauvegarde de la nation et de la loi... De mau-
« vais citoyens assaillent nos fenêtres avec fureur et

« veulent les forcer... De grâce, avertissez les gardes
« nationales... Vous serez récompensé.

« — Soyez tranquilles », me répondit la sentinelle.

Un instant après, nous entendîmes très distinctement une troupe de soldats refouler les assassins qui voulaient résister, et nous passâmes tranquillement le reste de la nuit.

Pour moi, couché sur mon matelas, j'attendis le jour sans pouvoir me rendormir.

Ainsi que je l'ai dit, j'avais écrit des lettres. Celles que j'adressais aux députés étaient ainsi conçues : « J'ai
« été conduit à l'Abbaye, sur le champ du carnage, où
« j'ai vu massacrer soixante de mes compagnons. J'ai
« échappé comme par miracle... Venez vite me faire
« sortir de prison, parce que l'on ne cesse de massacrer,
« et que je suis encore en danger. »

Quant à Blanchet, je lui disais : « Je suis sauvé et je
« me porte bien... Portez sur-le-champ ces trois lettres
« et tirez-moi d'ici... Allez surtout à l'Assemblée natio-
« nale et remettez la lettre adressée à M. Hérault,
« ancien avocat général, que vous connaissez bien.
« C'est lui qui est le président de l'Assemblée. »

Ceci fait, je me sentis plus calme. Je demandai une tasse de chocolat, mais je le trouvai détestable. Puis, je me mis à me promener dans la prison, et même je liai conversation avec mes compagnons.

L'abbé Sicart était encore là. Je l'aperçus en ce moment et me permis de le plaisanter un peu.

« Eh bien! quand sortez-vous? Je vous croyais déjà
« dehors!

« — On devait venir me chercher, me répondit-il,
« mais on ne vient pas... J'ai, de plus, envoyé mon
« muet[1] à l'Assemblée nationale, mais il n'est point
« revenu. Alors je me suis déterminé à écrire une lettre
« au président, en le priant de la lire du haut de la tri-
« bune à l'Assemblée! »

Il me la lut. Elle était telle que je l'ai vue depuis dans les journaux. C'était bien ce que l'on pouvait écrire de plus humble[2] : en outre, elle était remplie de sentiments patriotiques. Aussi, emporté par ma franchise naturelle, je lui dis :

« — Comment! c'est par cette porte-là que vous vou-
« lez sortir? vous, homme de talent, vous, homme néces-
« saire!... Moi, j'aimerais mieux rester dix ans ici, que
« d'écrire une pareille lettre. Prenez plutôt patience!
« le massacre finira, et l'on sera bien obligé de vous
« rendre à vos infortunés élèves... Ce sont des enfants
« qui redemandent leur père... Confiez-vous donc à la
« Providence !

« — Mais, me répondit-il, si la Providence nous aide,

---

[1] Massieu, un de ses meilleurs élèves.
[2] Jugement bien un peu sévère. V. cette lettre, *Annales catholiques*, 1796.

« cela n'empêche pas qu'il faut aussi s'aider soi-
« même.

« — Eh! comment, lui répliquai-je, pouvez-vous
« ignorer, vous qui avez de la piété, que Dieu est tout-
« puissant? N'est-ce pas Lui qui a inspiré à l'horloger
« Monotte le désir de vous sauver?... N'est-ce pas Lui
« qui m'a donné le courage de me défendre? »

Nous en étions là, lorsque nous entendîmes crier :
« Le confesseur du Roi! Le confesseur du Roi! »

Excités par la curiosité, nous regardâmes à travers
les carreaux de la fenêtre, et nous aperçûmes, en effet,
l'abbé Lenfant, prédicateur du Roi. On le conduisait
au massacre en compagnie d'un autre prêtre : aussi
l'on s'assura d'abord de son identité. Je le vis ensuite
s'asseoir sur une chaise et confesser l'autre prêtre, qui
allait mourir avec lui. Il paraissait assez tranquille.

Étonnante inconstance de l'esprit humain! J'étais
bien content d'être sauvé, et cependant je dois dire
que son sort me fit envie, et que je me pris à désirer
une si belle fin.

Je me retirai promptement, pour ne pas le voir
mourir.

Nous étions au mardi, et je n'avais point encore de
nouvelles de Blanchet. Je ne pouvais m'expliquer ce
retard. « Elle aurait dû venir, me disais-je, dans la
journée... c'est donc qu'elle n'est plus en vie! » Cette
incertitude me jetait dans une cruelle anxiété.

Cependant, elle avait exécuté mes ordres. Hérault avait reçu mon billet et s'était rendu à la Commune, pour demander qu'on me rendît promptement la liberté.

Mais c'est à Blanchet qu'était réservée la consolation de me faire sortir de prison.

Comme elle revenait de l'Assemblée nationale et traversait le jardin des Tuileries, elle rencontra l'abbé Torné.

« Venez, lui dit-elle, venez sauver votre vieil ami...
« il n'a pas été massacré, mais il est toujours en danger
« de l'être.

« — Comment! il n'est pas mort? » s'écria l'évêque constitutionnel... « Eh bien! il faut le sauver... J'irai
« le voir après la séance. »

Mme Blanchet était une grande et forte femme. Elle saisit M. Torné par le collet en lui disant : « Il ne
« s'agit pas de dire : J'irai, il faut y aller tout de suite,
« et je ne vous lâcherai pas, que vous ne veniez avec
« moi. »

Torné connaissait de longue date la vivacité et la résolution de cette femme, et par crainte d'une scène désagréable en plein jardin des Tuileries, il prit le parti de la suivre.

Chemin faisant, ils rencontrèrent un autre député, que salua l'abbé Torné : Blanchet, à qui rien n'échappait, dit à l'abbé ;

« Vous connaissez ce monsieur?

« — Oui, c'est un de mes collègues et amis.

« — Eh bien, monsieur, dit alors Blanchet à ce
« député, venez faire une bonne œuvre. »

Lui, s'étant informé de quoi il s'agissait :

« — Soit, dit-il, allons ensemble le tirer de là. »

Je les vis en effet arriver le mercredi, à onze heures. Ils étaient en compagnie d'un des messieurs qui m'avaient interrogé l'avant-veille pendant la nuit. On me ramena au même entresol, et ces deux députés ayant écrit sur le registre qu'ils prenaient la chose sous leur responsabilité, on me mit aussitôt en liberté.

L'abbé Torné me dit : « Allez chez moi. » Blanchet fit venir une voiture, et nous nous rendîmes en effet à l'hôtel qu'habitait le député.

J'y restai huit jours, pendant lesquels il ne cessa d'avoir pour moi les plus grandes prévenances.

Le soir même, on m'apporta un arrêté de la Commune du 10 août. Il était signé de Robert, président, de Tallien, secrétaire, et m'avait été octroyé à la prière de M. Hérault de Séchelles.

Il portait que je serais mis sur l'heure en liberté.

Je laissai dans la prison l'abbé Sicart et M. de Solérac. Ils n'en sortirent que plusieurs jours seulement après les massacres, qui durèrent jusqu'au vendredi.

Le mercredi matin, avant de sortir, j'aperçus, par la fenêtre du violon, un membre de la Commune, ceint de son écharpe tricolore. Il avait près de lui un grand nombre de sacs d'argent, avec lequel il payait les assassins.

Le salaire donné à ceux qui avaient, comme ils disaient, « bien travaillé », — c'est-à-dire bien massacré, — était de 30 à 35 francs. Un certain nombre obtenaient moins.

J'en vis même un qui n'obtint que 6 francs. Son travail ne fut pas trouvé suffisant.

C'était un horrible spectacle, que de voir ces gens se disputer, pour savoir lequel de tous avait le mieux massacré.

Je vis également une femme, qu'on eût dit échappée de l'enfer, insulter à un cadavre. Elle s'était mise à cheval dessus et lui frappait sur le dos, en criant : « Voyez comme ce chien de calotin était gras! »

Je rentrai chez moi, encore tout frémissant d'indignation.

ÉPILOGUE

L'internonce est nommé vicaire apostolique pour la France. — Un cadeau de Pie VI à Mme Blanchet. — *Meâ culpâ*.

Telle est, Madame, cette lamentable histoire. J'ai satisfait à votre désir.

Votre âme si délicate sera saisie d'horreur et émue de pitié au douloureux récit d'un massacre aussi atroce.

Je l'ai écrit en rassemblant mes souvenirs, et il ressemble à celui que j'envoyai à Pie VI, dès le surlendemain de ma délivrance. Mais je n'en avais pas gardé de copie : puis, dans le récit que je faisais au Pape, je m'étais borné à ce qui m'était arrivé personnellement, et n'avais point parlé de l'abbé Sicart. Il faut bien, lorsqu'on écrit à un souverain, être court et succinct, et ne dire que ce qui peut l'intéresser. Et combien ceci était plus nécessaire encore, puisque j'avais l'honneur d'écrire au plus grand de tous les souverains, à l'immortel Pie VI !

Sa Sainteté daigna me consoler, en m'écrivant elle-même une lettre. Elle commençait par ces mots : « Mon « cher abbé », écrits en français; tout le reste était en italien. Elle était remplie d'affection et de tendresse.

En outre, le cardinal ministre Zelada m'envoya par son ordre un décret important. Il émanait de la Sacrée Congrégation des cardinaux pour les affaires de France[1], et me donnait pour toute la France, avec le titre de vicaire apostolique, les pouvoirs spirituels les plus étendus.

Pie VII, en devenant pape, a confirmé ces pouvoirs. Ils n'ont pris fin que par l'arrivée en France d'un légat *à latere*[2].

Dans la suite, ce dernier m'a délégué des pouvoirs spéciaux pour administrer la Normandie.

J'ajouterai qu'un mois après le massacre, Mme Blanchet reçut, elle aussi, sa lettre de Rome. Elle contenait une lettre de change de trois mille francs sur les frères Rassuret, banquiers, rue Neuve-Saint-Augustin, payable à son nom.

C'est dans cette rue que logeait autrefois l'abbé Maury, et je pense que c'est lui qui avait donné l'adresse de ces banquiers.

Cette munificence du Pape à l'égard d'une simple femme est peut-être sans exemple dans les annales de la cour de Rome. Elle me fut d'autant plus agréable,

---

[1] Congrégation temporaire instituée par Pie VI, au commencement de la Révolution, pour suivre les affaires religieuses de la France. Elle ne manqua pas de besogne.

[2] Mgr Caprara, en 1801.

qu'elle me prouva le cas que le Pape faisait de ma vie. Le cardinal Zelada ne fit jamais allusion à ce fait dans ses dépêches : aussi, moi-même, je ne lui en ai jamais parlé.

Sans doute, Madame, votre cœur est douloureusement ému au souvenir de tant d'infortunes; mais, pieuse comme vous êtes, vous devez éprouver une grande consolation, en pensant que la religion seule peut opérer des miracles.

Tous ces prêtres sont morts avec une résignation héroïque, sans laisser échapper un seul gémissement, et pas un seul n'eut la bassesse d'imaginer un mensonge pour se sauver.

Au contraire, les laïques sont presque tous tombés en se lamentant et en résistant. Il y en eut même qui moururent dans le désespoir.

Pour ce qui est de moi, que direz-vous, Madame, de la bizarrerie de mon imagination? Au moment même où j'étais à deux doigts de la mort, où tout aurait dû me devenir indifférent, je continuais de tourner les yeux vers l'impie Sodome, et je me disais en moi-même : « Je ne porterai donc jamais mon justaucorps « rouge? » — Or, notez que j'avais jusqu'au 10 août opiniâtrément refusé de quitter l'habit ecclésiastique, et que c'était seulement la veille de mon arrestation, comme je l'ai dit plus haut, que l'on m'avait apporté mon justaucorps rouge et mon habit gris.

Du reste, après avoir confessé ma faiblesse, je dois ajouter que je chassai cette pensée comme une mauvaise pensée, et si j'ai péché, j'espère avoir obtenu mon pardon de la miséricorde infinie de Dieu[1].

[1] Le tour italien est plus leste : « E a ciascun peccato misericordia. »

LIVRE II

MA VIE SOUS LA TERREUR

CHAPITRE PREMIER

LA CHAMBRE DES VACATIONS.

Sujet de ce second livre. — Les états généraux et la chambre des vacations. — « Huissier ! à l'audience ! » — Procédés incivils de Manuel. — Bailli et la procession du vœu de Louis XIII à Notre-Dame. — L'affaire des carriers de Montmartre. — La protestation du Parlement.

Vous voulez, Madame, que je continue l'histoire de mes aventures, et vous raconte celles qui ont marqué la seconde époque de ma vie. Celle-ci n'est peut-être pas aussi terrible que la première, et cependant elle m'a causé encore plus de dégoûts, de tourments et de fatigues, pendant l'espace de neuf mois, que je fus obligé d'errer de bois en bois, autour de Paris, sans aucun asile. Je fus condamné à mort par contumace avec quarante-neuf de mes anciens confrères au Parlement de Paris, qui périrent tous sur l'échafaud le jour de Pâques 1794 [1]. Ils avaient à leur tête nos meilleurs

[1] Le 20 avril, d'après le *Moniteur*.

amis, le premier président de Faron et le président de Rosambo.

Les états généraux s'étaient réunis en mai 1789, sur les instances réitérées des Parlements, surtout de celui de Paris. Un de leurs premiers actes fut de décréter l'abolition de la haute magistrature, qui leur avait donné naissance. C'était bien là le comble de l'ingratitude. Mais, pour que la France ne restât pas sans tribunaux, on créa les chambres des vacations dans tous les Parlements.

J'eus l'honneur d'être choisi par le Roi pour siéger dans celle du Parlement de Paris, présidée par M. le président de Rosambo, le plus doux et le plus compatissant des hommes.

Nous nous y étions dépensés avec un zèle et un courage héroïques, au milieu de la première effervescence de la Révolution. Sans cesse nous étions menacés de perdre la vie. On aurait voulu nous faire abandonner de nous-mêmes notre poste. A chaque instant, nous étions assiégés d'émissaires de la Révolution, qui voulaient nous épouvanter. On nous disait tantôt qu'on allait venir nous assaillir sur nos sièges, en pleine audience, tantôt qu'on viendrait à la sortie du palais, au moment où nous monterions en carrosse.

Il y avait beaucoup de vieillards parmi nous, et les vieillards deviennent pusillanimes comme des femmes. Les récits de nos huissiers leur causaient souvent de l'épouvante. Alors ils ne manquaient pas, au sortir de la buvette, petit local où l'on prenait des rafraichissements, de délibérer si l'on devait aller à la grand'-chambre donner audience. M. de Rosambo était souvent bien indécis sur le parti à prendre; maintes fois il était entraîné par les vieux, qui lui disaient : « Nous « ne pouvons plus rester ici..., nous n'en retirons ni « honneur ni profit... Pourquoi risquer notre vie? »

Je frémissais à la vue de cette indécision, mais j'attendais toujours que le président, comme il n'y manquait jamais, me demandât mon avis. Enfin, invité à opiner, je disais : « Je pense qu'il faut aller à « l'audience...; c'est le Roi qui nous a placés à ce poste « périlleux, c'est à lui seul de nous en relever... Si « nous devons périr, il sera beau pour nous de mourir « sur les fleurs de lis, victimes de notre fidélité aux « ordres du Roi... Est-ce qu'un militaire qui a de « l'honneur abandonne le poste qui lui a été confié? « Un magistrat doit garder son courage comme un « soldat... Marchez le premier, monsieur le président, « je vous suis. »

Le président de Rosambo ne manquait pas de courage, il avait seulement besoin d'être soutenu. Aussi, dès que j'avais, avec ma vivacité naturelle, commencé de parler : « A l'audience! » criait-il à l'huissier. Les vieux maugréaient entre leurs dents, mais ils finissaient par nous suivre, et jamais, il faut le dire, nous n'avons été insultés. Le courage en impose toujours aux scélérats.

Je dois ajouter que pendant les seize mois qu'a siégé cette chambre, nous avons toujours gardé une ferme contenance, et ne sommes jamais tombés dans les pièges que l'on nous tendait.

Manuel, le célèbre procureur de la Commune, écrivait parfois des lettres impertinentes au président, comme pour lui donner des ordres. Il lui commandait par exemple de juger tel ou tel procès. Celui-ci en était fatigué et me demandait souvent : « Monsieur « l'abbé, que faut-il faire? » — « Rien du tout, mon« sieur le président, répondais-je invariablement; on « ne répond pas aux impertinents... et quant au con« tenu de la lettre, vous en ferez ce qu'il vous plaira. »

M. Bailli, maire de Paris, voulut aussi nous humilier ou plutôt nous tendre un piège.

La fête de l'Assomption approchait. On faisait ce jour-là, en mémoire du vœu de Louis XIII, une procession où le Parlement avait coutume d'assister. On ne manqua pas de nous inviter, ce qui ne se faisait pas d'ordinaire. Le but du maire était de donner à la Commune le pas sur le Parlement. Or, cet antique corps avait la préséance sur tous les autres. On mit la chose en délibération. Beaucoup étaient d'avis d'accepter l'invitation et d'aller, parce que, de fait, la chambre des vacations n'était pas le Parlement, et qu'elle ne pouvait avoir la préséance sur un corps comme la Commune, et une Commune aussi illustre que celle de Paris.

Un pareil discours me fit monter la rougeur au front, et quand vint mon tour de parole, je dis : « Mon-
« sieur le président, nous sommes le Parlement, nous
« avons toutes les attributions du Parlement, et c'est
« pour nous un point d'honneur d'en soutenir la gloire.
« C'est le premier corps du royaume, il faut donc
« qu'il périsse en gardant ses prérogatives... On nous
« tend un piège... M. Bailli, ce modeste philosophe,
« ajoutai-je d'un ton ironique, veut nous voir à sa
« suite...; je m'oppose de toutes mes forces à cette
« prétention.

« — Mais comment vous excuserez-vous ? » me crièrent beaucoup de voix.

« — Le voici, repartis-je : je propose que, sans parler
« de l'invitation du maire, nous portions le décret
« suivant :

« La chambre des vacations, délibérant pour savoir
« si dans les circonstances présentes, à l'approche de
« l'Assomption, elle doit aller à la procession de Notre-
« Dame en robe rouge ; considérant qu'étant occupée
« sans interruption par ordre du Roi à rendre la justice
« à ses sujets et ne pouvant sous aucun prétexte y
« manquer, arrête :

« La chambre des vacations n'ira pas à la proces-

« sion qui a lieu à la métropole le jour de l'Assomp-
« tion, en mémoire du vœu de Louis XIII, et elle conti-
« nuera avec zèle et assiduité à rendre la justice à ses
« concitoyens.

« La présente délibération sera communiquée à
« M. le maire par M. le président. »

On suivit donc mon avis, on n'alla point à la procession, et notre délibération obtint l'approbation générale. Quant à M. Bailli, il en fut bien surpris, mais n'osa pas se plaindre.

D'autres fois, on nous insinuait qu'à l'exemple de tous les autres corps de l'État, qui envoyaient des actes d'adhésion aux travaux de l'Assemblée nationale, la chambre des vacations devait, elle aussi, présenter une adresse de félicitation. Mais nous résistâmes constamment à cette perfide insinuation.

Ne pouvant réussir à nous ébranler, on tenta de nous intimider, en excitant contre nous une espèce de révolte.

Un particulier avait laissé, en mourant, à chacun des ouvriers de ses carrières de pierre à Montmartre[1], la somme de 200 francs. L'héritier naturel voulut faire annuler le testament et engagea à cet effet un procès devant la chambre. Les ouvriers carriers se présen-

---

[1] Carrières de pierre à plâtre : il y en avait plusieurs. Elles expliquent le peu de consistance de ces terrains et les travaux qu'il a fallu faire pour asseoir les fondements de l'église du Sacré-Cœur.

tèrent pour le soutenir. C'est moi qui fus nommé rapporteur de cette dangereuse affaire. Le temps nécessaire pour mener à bien une procédure aussi importante occasionna de ces longueurs auxquelles les parties ne peuvent s'accoutumer, et même qu'elles ne peuvent concevoir. Aussi les carriers s'imaginèrent, ou plutôt on leur mit dans la tête, que nous ne voulions pas les juger, et que nous avions dessein, par ces retards multipliés, de les frustrer de leur legs au profit de leurs adversaires, qui étaient influents. Ils résolurent donc d'avoir recours à la force pour nous obliger à les juger.

Le bruit de ces machinations parvint jusqu'à nous. Quelques conseillers pensaient qu'il fallait abandonner cette affaire. Ils la trouvaient trop importante pour être jugée par une chambre des vacations, proposaient de nous déclarer incompétents et de la renvoyer à la grand'chambre, au retour du Parlement. Voilà encore une faiblesse, me disais-je en moi-même. Aussi quand vint mon tour de parler, je m'opposai à cette mesure pusillanime et je dis : « Messieurs, vous serez
« sans doute irrités contre moi, qui me hasarde, quoique
« le plus jeune, à m'élever contre la proposition de
« M. Frédy, doyen du Parlement. Je le respecte et je
« l'honore, mais nos ennemis regarderont notre déli-
« bération comme une grande faiblesse, et les carriers
« comme un déni de justice, puisque le Parlement ne
« doit plus renaître. Et alors, on s'élèvera contre nous

« avec plus d'audace. Quant à moi, je suis d'avis que
« l'on fasse les diligences nécessaires pour instruire le
« procès : je serai incessamment prêt à vous présenter
« le rapport de cette affaire. »

J'allais tous les jours rendre compte de ce qui survenait au premier président, M. de Saron. Il avait beaucoup d'amitié pour moi, et moi, je l'aimais comme l'on aime un père. Bien qu'il soit mort avec un grand courage, il était d'un caractère faible et craintif. Quand je lui eus parlé de cette affaire, il me dit :

« Monsieur l'abbé, je crois que vous avez mal fait...
« il faut vous retirer cette épine du pied... Si le procès
« tourne mal, vous en serez la première victime.

« — Je veux en courir le risque, lui répondis-je...
« puis un acte de faiblesse me soulève le cœur, et je
« n'aime pas à plier devant les révolutionnaires.....
« D'ailleurs, comment penser que ces carriers puissent
« perdre leur procès? le testament est rédigé dans
« toutes les formes.

« — Que Dieu le veuille! » me répondit-il.

Cet excellent homme nous donnait un grand dîner chaque semaine, bien qu'il ne fût pas président de la chambre des vacations, pour alléger la dépense de M. de Rosambo, qui était obligé de nous recevoir deux fois par semaine à sa table. Ce repas tombait habituellement le mardi.

Or, quelques jours après cet entretien, comme nous

étions en train de dîner chez M. de Saron, on vint nous avertir que les carriers, au nombre de deux cents, étaient allés au Palais pour nous y chercher, et que, n'ayant pu nous trouver, ils se portaient chez M. le premier président, dont les appartements étaient dans le Palais même.

A cette nouvelle, tout le monde fut épouvanté, et l'un de ces messieurs me dit en se tournant vers moi : « Voilà donc où nous a réduits votre emportement et « votre soi-disant courage ! »

Ces paroles me piquèrent au vif, et me levant brusquement : « — Permettez-moi, dis-je au premier prési- « dent, d'essuyer la tourmente... Je vais prendre ma « robe, qui est dans mon armoire, au Palais... Laissez- « moi faire et restez tranquillement à table, sans inter- « rompre votre repas. »

Je revins bientôt, revêtu de ma robe noire. Au même moment, les domestiques me dirent : « Les voici ! Ils débouchent dans la cour. » Je me hâtai de descendre et m'arrêtai au haut du grand escalier, afin de les empêcher de monter dans les appartements du premier président. J'entendis effectivement un grand tumulte dans la cour. Ils parlementaient avec le garde placé à la porte, qui ne voulait pas les laisser aller plus avant. Mais ils forcèrent l'entrée, et ils étaient déjà sur la première marche de l'escalier, quand je me présentai à eux.

Ils furent très étonnés en m'apercevant au haut de l'escalier, revêtu de ma robe, et ils s'arrêtèrent. Je leur criai : « Que venez-vous faire ici?.. Qui vous a
« donné le perfide conseil de venir en force et en
« tumulte? Croyez-vous intimider les magistrats du
« Parlement?... Détrompez-vous... ils n'ont pas peur,
« ils en ont donné la preuve dans des circonstances
« beaucoup plus difficiles... Pour moi, je me présente
« devant vous sans craindre la mort... et c'est moi sur-
« tout qui dois essuyer vos injustes fureurs, parce que
« j'ai le malheur d'être votre rapporteur... Mais sachez
« bien qu'il restera toujours des magistrats pour punir
« votre attentat et vous jeter en prison... Et puis, quel
« moyen prenez-vous pour vous faire rendre justice?...
« Si vous employez la violence à gagner votre procès,
« votre adversaire dira que le verdict est nul et le Roi
« le cassera : vous serez bien avancés!... Que quatre
« d'entre vous montent jusqu'ici et me disent ce que
« vous voulez. »

Ils m'écoutèrent en silence, et quatre d'entre eux vinrent à moi. Je m'avançai de mon côté jusqu'à la première marche, afin de les obliger à rester sur la seconde, et de pouvoir les dominer toujours : « Que
« désirez-vous donc? leur dis-je; vous pouvez parler en
« toute liberté. »

Mon domestique et d'autres avec lui étaient derrière moi, pour me défendre en cas de besoin. Je leur avais recommandé de rester tranquilles sans faire aucun mouvement.

Un des quatre carriers qui étaient montés prit la parole. Je m'aperçus que l'un de ses camarades gardait son bonnet de coton sur la tête. Je lui dis : « Découvrez-vous! » et me frappant le bras gauche de la main droite, je m'écriai : « Tant que je porterai cette robe, « je ne permettrai pas qu'on lui manque de respect. » Il se découvrit aussitôt.

Alors, l'autre me dit :

« Nous ne venons pas ici pour vous manquer « de respect, mais on nous a dit que vous ne vou- « liez pas nous juger, que le Parlement disparaitra « bientôt et que nous ne toucherons jamais notre « argent.

« — Ceux qui vous ont dit cela, répliquai-je, sont « des sots, et ils ne vous ont point dit la vérité... ce « sont vos ennemis... Ayez confiance en vos juges... « votre procureur a dû vous dire que la procédure « demande du temps; voilà précisément la cause de « ces longueurs et ce qui vous fait croire qu'on ne veut « pas vous rendre justice... Retirez-vous tranquille- « ment et attendez avec respect et avec calme votre « arrêt... Vous serez, je vous assure, bientôt jugés; « c'est moi qui suis votre rapporteur... Mais souvenez- « vous que je n'ai pas peur, et, si vous n'obéissez, je ne « vous jugerai pas... Envoyez aussi à six heures, ce soir,

« deux de vos camarades. Je les présenterai à M. le
« premier président, afin qu'en votre nom ils lui fassent
« des excuses pour l'audace que vous avez eue de venir
« en tumulte dans son palais... Croyez à ma parole et
« retirez-vous. »

Ces pauvres carriers, qui n'avaient certainement été excités à faire cette démarche que par des gens malintentionnés, se retirèrent au plus vite, en promettant d'envoyer le soir deux de leurs camarades.

Je revins me mettre à table, ayant encore ma robe sur moi. « Voilà mon cher abbé ! dit M. de Saron en « m'apercevant; je vois que tout s'est bien passé..... « Allons, achevez de dîner sans vous hâter. » Mais j'étais encore tout ému et n'avais plus d'appétit. Je dis en riant à M. de Saron : « Ce soir, ce sera votre tour de « jouer votre rôle : je dois vous présenter deux de ces « carriers, qui viendront de la part de leurs camarades « s'excuser d'avoir pénétré de la sorte jusque chez « vous. Préparez-vous donc à leur faire une petite « réponse. »

M. le président eût mieux aimé que je lui eusse épargné cette visite, mais il consentit de bonne grâce à les recevoir. Les carriers furent fidèles au rendez-vous. J'avais prié M. Rosambo de se trouver là, et tout se passa fort bien.

Six semaines après, on rendit le jugement, et ces braves gens furent payés.

Telle est la circonstance qui avait fait dire que j'avais été sauvé des massacres des 2 et 3 septembre 1793 par les carriers de Montmartre : ce qui n'était pas vrai.

Pendant seize mois, nous travaillâmes sans interruption, j'ajoute sans honneur ni profit, et sans que personne daignât nous montrer la moindre satisfaction. Nous avions expédié vingt-trois mille et quelques procès, tant civils que criminels, et, pour ma part, j'avais été le rapporteur de trois mille quatre cents. M. le président m'accablait de travail, à la demande des parties, qui me voulaient pour rapporteur, parce que j'étais d'un abord facile, et fort prompt à expédier les affaires. Aussi je tombai dans une sorte de consomption, et je fus en proie, pendant tout le mois qui suivit la clôture de nos travaux, à une terrible dyssenterie. A la fin, nous priâmes le premier président de dire au Roi que nous ne pouvions plus continuer à le servir, que nous étions remplis de dégoût, presque tous malades, et qu'il daignât consentir à notre séparation. Il se rendit à nos désirs le 1ᵉʳ novembre 1790.

Mais avant de nous séparer, nous résolûmes de laisser un monument qui attestât nos principes et notre attachement au Roi. Nous rédigeâmes, après avoir délibéré une nuit entière dans le cabinet du premier président de Rosambo, notre chef, une protestation contre le renversement des lois du royaume, l'anéantissement de l'autorité royale et les autres décrets subversifs des ordres du clergé et de la noblesse. Cette protestation fut signée par tous les membres présents de la chambre des vacations. Elle devait être portée immédiatement au Roi et rester secrète.

Mais, par une fatalité que je ne puis concevoir, M. de Rosambo l'avait placée dans ses cabinets à l'anglaise, en présence de son valet de chambre, qui était depuis quarante ans au service de sa famille.

Ce vieux serviteur s'éprit tout à coup des principes révolutionnaires, et, au mois de septembre 1793, il dénonça, — on ne sait pourquoi, car il aimait son maître, — la fameuse protestation à la section de Bondy. C'est là qu'était situé l'hôtel de Rosambo.

Le premier soin de cette abominable section fut de faire une perquisition pour découvrir cet important document et de fouiller tout le Palais. Ensuite, elle envoya des commissaires à Malesherbes[1], pour mettre en état d'arrestation toute cette respectable famille, y compris M. de Malesherbes et M. de Chateaubriand, gendre de M. de Rosambo, et on les conduisit dans diverses prisons.

On vint saisir l'un après l'autre tous les membres du Parlement de Paris qui composaient la chambre des

[1] Dans le Loiret.

vacations, et avec eux les présidents à mortier dont les noms étaient inscrits en tête de ce document : c'étaient M. le premier président Bochard de Saron, M. de Gourgues, M. de Champlâtreux et M. Noiseau d'Ormesson. Ils furent confondus avec ceux qui avaient signé la protestation.

CHAPITRE II

LE MANDAT D'ARRESTATION.

La section de Bondy essaye de se saisir de Mgr de Salamon. — Une dame bien poltronne de l'île Saint-Louis.—Une amie dévouée. — A la découverte : MM. de Saron, d'Ormesson, de Marcé, Pasquier. — L'abbé Chaubri de Beaulieu : un magistrat devenu fabricant de bas de laine. — Madame Dellebart et sa fille. — Fausse piste. — Lettre de M. de Chateaubriand à Mgr de Salamon.

Des commissaires de la section de Bondy vinrent à celle de l'Unité, où je demeurais, et demandèrent la permission de me prendre sous leur juridiction.

Je vivais tranquillement depuis le massacre, et comme je montais la garde à mon tour, je passais pour un bon citoyen et j'étais dans la sécurité la plus complète. Le comité révolutionnaire de ma section ne voulut point prêter les mains à mon arrestation, et répondit qu'il ne connaissait pas mon domicile. Pendant ce temps-là, un de ses membres vint en cachette à ma maison, et me demanda. Mme Blanchet lui dit que je n'y étais pas : « Tant mieux ! répondit-il...
« Dites-lui de ne pas paraître d'ici quelques jours, parce
« que la section de Bondy veut le mettre en état d'ar-

« restation... Nous n'en savons point d'ailleurs le
« motif... »

Comme j'ai l'habitude d'indiquer à mes domestiques l'endroit où je vais, Mme Blanchet accourut me trouver à l'île Saint-Louis, où je me trouvais à dîner.

Elle arriva quand nous étions encore à table : elle me fit appeler et me dit : « La section de Bondy s'est
« présentée pour vous signifier un mandat d'arresta-
« tion... ainsi ne paraissez pas pendant quelques
« jours. » Après l'avoir congédiée en lui recommandant de s'informer du motif, je vins me remettre à table, mais je n'avais plus d'appétit. Toutefois, je fis bonne contenance, car j'étais chez une dame très poltronne, et si elle avait appris cette nouvelle, elle aurait eu certainement une attaque de nerfs. Je restai donc là jusqu'à la nuit, non sans une grande anxiété. Je sortis à huit heures et demie du soir et marchai à l'aventure, ne sachant trop où j'irais coucher.

Chemin faisant, l'idée me vint d'aller à la rue Sainte-Apolline, près de la porte Saint-Martin, chez une dame de ma connaissance, une riche veuve, qui avait un petit hôtel pour elle toute seule. C'était une grande belle femme, âgée d'environ cinquante ans : elle avait un cœur excellent. Je la connaissais depuis quinze mois à peine, mais elle avait conçu pendant ce court espace un grand attachement pour moi. L'histoire des massacres des 2 et 3 septembre l'avait en particulier singulièrement intéressée. Elle vivait avec sa fille unique, qui avait voulu se faire religieuse, et qu'elle avait reprise chez elle lors de la suppression des Ordres religieux en France [1].

Toutefois, à une heure si tardive, j'hésitais à entrer. A cette époque, en effet, tout était un sujet de terreur, à cause des incarcérations qui se multipliaient de jour en jour. Mais je pensai au danger d'être surpris, errant dans les rues, pendant la nuit, et j'entrai chez cette excellente femme.

Elle avait reçu ce soir-là, et il y avait encore du monde dans la maison. Je m'aperçus sur-le-champ que mon arrivée subite la surprenait. Mais elle ne trahit aucun étonnement, de peur d'inspirer des soupçons aux personnes qui étaient chez elle. Au contraire, elle me dit en me voyant : « Ah! que je suis contente de vous « voir!... Vous dinerez avec moi! » Mais sitôt que nous fûmes seuls, elle me dit :

« Eh bien! mon ami, qu'y a-t-il donc de nou-
« veau?

« — Mon Dieu, lui répondis-je, je crains fort d'être
« poursuivi... On parle beaucoup d'arrestations et sur-
« tout de celle des membres du Parlement... Mme Blan-
« chet est venue me dire de ne pas reparaître d'ici
« quelques jours à la maison.

[1] En 1792.

« — Eh bien! mon cher ami, me dit-elle en
« essuyant ses larmes, vous resterez avec moi... J'ai
« une belle chambre au second... je n'ai avec moi que
« ma fille, que vous connaissez bien, et mes domesti-
« ques sont de braves gens. »

Je lui répondis en l'embrassant que j'acceptais son offre pour le moment, mais que je n'en abuserais pas, car un long séjour auprès d'elle pourrait lui être funeste. J'ajoutai que je serais au désespoir de la voir emprisonnée à cause de moi. — « Ne parlons point de
« cela, dit-elle en m'interrompant, et ne songez qu'à
« vous reposer... Pour ce soir, ma fille couchera avec
« moi, et vous aurez sa chambre; demain, nous prépa-
« rerons la vôtre. »

Le lendemain, je sortis de bonne heure, et je me contentai de faire dire à Mme Dellebart, — c'était le nom de cette excellente femme, — que je ne reviendrais pas déjeuner avec elle.

Je courus droit à l'hôtel du premier président de Saron, rue de l'Université, afin de lui dire ce qui arrivait. Le suisse, qui fut par la suite un homme abominable, m'accueillit par ces mots, prononcés d'un ton presque content : « Ce matin, à trois heures, on l'a conduit à la Force. »

Je me rendis de là chez M. d'Ormesson. Comme il avait les jambes très malades, on ne l'avait pas traîné en prison, mais il était gardé à vue.

Je fis encore d'autres courses fatigantes. J'allai chez M. de Marcé, conseiller de la grand'chambre, rue Michel le Comte. Il était aux Madelonnettes depuis le matin. Je me transportai successivement chez mes confrères du Marais; ils étaient tous en prison.

J'arrivai ainsi jusqu'à quatre heures du soir; j'avais marché depuis huit heures et j'étais encore à jeun.

Néanmoins, j'allai encore rue Saint-Anastase, au Marais, et de là rue de la Madeleine, faubourg Saint-Honoré, chez MM. Pasquier père et fils. Je n'y trouvai que Mme Pasquier, qui m'aimait beaucoup : elle me dit en me voyant :

« Vous venez à propos, j'ai une bonne poularde du Mans pour notre dîner... vous en mangerez.

« — Je vous remercie, madame... mais où est M. Pasquier?

« — Il est en ce moment chez M. d'Aulnay, rue Neuve-des-Mathurins. »

Je lui racontai brièvement les faits, et je courus au-devant de mon confrère, pour l'avertir de fuir. Je le rencontrai dans la rue de l'Arcade : « Ah! mon Dieu!
« lui dis-je, fuyez... n'allez pas chez vous... tous nos
« amis sont arrêtés... Hier, on est venu chez moi, et je
« suis fort surpris qu'ils ne se soient pas présentés chez
« vous... Nous sommes perdus... je n'ai pu jusqu'ici
« savoir la cause de notre arrestation... »

Je ne revis plus ce cher ami. Il ne fut pas saisi chez

lui, mais des circonstances particulières n'en amenèrent pas moins son arrestation, et il a péri avec nos infortunés confrères.

Je me rendis, n'en pouvant plus, du faubourg Saint-Honoré à la rue Simon le Franc, au Marais que j'avais déjà parcouru le matin. J'allai chez un de mes confrères, conseiller-clerc comme moi, l'abbé Chaubri de Beaulieu. Je le trouvai au sixième étage, dans une chambre misérable. Il avait un métier devant lui et était en train de fabriquer des bas de laine :

« Ah! mon Dieu! lui dis-je, comment es-tu aussi tranquille, quand nous sommes tous dans l'angoisse?

« — Depuis deux ans, me répondit-il, je vis inconnu... on me prend pour un ouvrier, et je ne crains rien... je gagerais bien qu'on ne viendra pas m'arrêter. »

Cet air de sécurité me rassura, et je songeai à rester jusqu'à la nuit avec lui, quand on lui apporta une cuisse de mouton, entourée de pommes de terre, le tout rôti au four et exhalant une parfaite odeur :

« Vous allez dîner avec moi », me dit aussitôt l'abbé ; et il ajouta en souriant : « J'appelle ceci mon dîner,
« car je n'ai absolument que ce plat, sans potage ni
« bouilli.

« — J'accepte volontiers, lui répondis-je, car j'ai fait
« déjà quatre ou cinq lieues dans ma journée, et je suis
« encore à jeun. »

Je mangeai fort bien et avec beaucoup d'appétit, et je ne sortis de chez lui qu'à huit heures.

L'abbé Chaubri de Beaulieu n'a pas été inquiété un seul instant pendant la Terreur, et aujourd'hui, il demeure encore dans le même quartier, mais il occupe un bel appartement et exerce la profession d'avocat[1].

Arrivé chez Mme Dellebart à dix heures du soir, je la trouvai en larmes. Elle s'était imaginé, me voyant tant tarder, que j'avais été arrêté dans quelque rue. Je lui racontai comment j'avais passé la journée ; elle en fut heureuse, mais se prit à pleurer plus fort, en apprenant toutes les courses fatigantes que j'avais faites. C'était, je l'ai dit déjà, une femme d'une rare bonté.

Elle m'apprit que Mme Blanchet, qui devinait toutes mes démarches, était venue chez elle pour m'y chercher, bien que je ne lui eusse rien dit du lieu de ma retraite. Blanchet lui annonça qu'elle avait découvert ce qui avait fait poursuivre tant de personnes; que c'était un écrit trouvé dans les cabinets à l'anglaise chez M. de Rosambo, et que mon nom y figurait. A l'instant même, cette maudite protestation me revint en mémoire, et je ne pus m'empêcher de m'écrier : « Ah ! comment M. le président a-t-il pu garder un pareil document ! » J'ajoutai aussitôt pour l'excuser : « Sans

---

[1] Évidemment l'abbé Chaubri de Beaulieu, — comme beaucoup d'autres conseillers-clercs, — n'était pas engagé dans les ordres sacrés.

« doute, il n'aura pu parvenir jusqu'au Roi et le lui
« remettre. »

On devine que ce soir-là nous causâmes longtemps, Mme Dellebart et moi, et il était près de deux heures du matin quand nous allâmes nous coucher.

Elle me conduisit elle-même à la belle chambre qu'elle m'avait fait préparer. C'était une pièce d'une exquise propreté et tapissée en mousseline de Perse.

Avec des manières bien simples, Mme Dellebart aimait les beaux meubles, les belles étoffes et surtout la propreté. Sous ce rapport, sa maison, du reste assez petite, était un vrai bijou : du vestibule jusqu'au dernier étage, tout était si brillant que c'était comme neuf.

Je me couchai et dormis bien, mieux même que je ne m'y attendais. Puis, à neuf heures, cette excellente dame me fit apporter, dans une petite cafetière d'argent, d'excellent café et de la crème qui venait de sa belle campagne de Pantin, habitée autrefois par Mlle Guimard, la fameuse danseuse de l'Opéra.

Sa fille vint aussi assister à mon petit déjeuner et me témoigna toute la sympathie que je pouvais attendre d'une personne consacrée à Dieu et naturellement pleine de bonté. Elle était, du reste, assez peu intelligente et d'une dévotion mal entendue. « Ma fille est bien bigote », me disait souvent sa pauvre mère. Elle avait vingt-sept ans, était fort jolie, mais très pâle. Elle venait donc me tenir compagnie dans ma chambre, à la place de sa mère qui ne se levait que tard.

Ce même jour, vers dix heures, je vis arriver Blanchet. Elle me sembla extrêmement abattue. Elle avait pleuré beaucoup, et à cause du péril que je courais et parce qu'elle avait passé deux jours sans me voir. Je m'efforçai de la calmer et de la consoler.

Cependant, cette protestation qu'on avait découverte me revenait toujours à l'esprit et m'inspirait une vive inquiétude. J'avais toujours eu le pressentiment qu'elle nous serait funeste, et quand on en délibéra, je m'y étais opposé, non par défaut de principe ni par amour des idées révolutionnaires, mais je la trouvais inutile, soit que la Révolution continuât, soit qu'elle vînt à être abattue. Néanmoins, je l'avais signée. J'avais donc besoin de faire de violents efforts sur moi, pour ne paraître pas triste et pensif, comme je le suis lorsque j'ai quelque préoccupation.

Blanchet m'apprit que les commissaires de la section de Bondy étaient revenus la veille, à quatre heures de l'après-midi, et qu'ils étaient de mauvaise humeur de ne pas me trouver. Ils l'insultèrent grossièrement et lui demandèrent où j'étais. Ne sachant comment s'en débarrasser, Blanchet leur répondit imprudemment que j'étais au château de Bonneuil, où je m'étais rendu pour terminer une affaire. Il va sans dire que cela était faux. Les scélérats la crurent sur parole, allèrent à Bonneuil, qui est à quatre lieues de Paris, mirent le château sens dessus dessous, et, comme de juste, ne trouvèrent rien.

Je n'appris ce fait que plus tard, et j'en fis de vifs reproches à Blanchet, bien que son motif fût bon et qu'elle voulût seulement dépister ces méchantes gens. Je lui recommandai de s'en tenir à l'avenir à une simple négation.

Je passais très agréablement ma vie près de Mme Dellebart, qui était, comme le premier jour, pleine d'attentions et de prévenances. Je sortais parfois le matin et ne rentrais que le soir, après avoir erré dans Paris, sans trop savoir où j'allais. Tous les matins, on m'apportait mon petit déjeuner dans ma chambre. Blanchet venait me voir tous les deux jours : elle me racontait les propos du voisinage, les bruits qui circulaient, et certes ils n'étaient point rassurants.

Un jour, je fis une imprudence : je retournai dîner dans l'île Saint-Louis, chez la personne où Blanchet était venue m'avertir; c'était un passe-temps et une distraction dont j'avais besoin. Bien entendu, je n'y soufflai mot de ma triste position.

Quand je rentrai le soir chez Mme Dellebart, elle m'avertit que la pauvre Blanchet n'avait point paru comme elle avait coutume. J'en fus fort inquiet, mais je n'osais envoyer une personne aux informations, car elle aurait pu manquer de discrétion ou bien être « filée » à son retour.

Enfin Blanchet vint le lendemain, à midi, et me dit qu'ils avaient fait chez moi une troisième perquisition, s'étaient répandus en menaces, bref qu'ils étaient partis furieux de ne m'avoir pas trouvé. Elle me remit en même temps une lettre que la femme d'un des soixante-douze députés, retenus à la Force [1], m'avait apportée en offrant de se charger de la réponse.

Cette lettre était de M. de Chateaubriand, le frère de l'auteur, qui, me croyant parfaitement libre et nullement menacé, m'écrivait que lui et les siens étaient tous en prison, qu'on les avait séparés et qu'il ignorait où étaient M. de Malesherbes et Mme de Rosambo. Je lui répondis que j'étais moi-même poursuivi et errant hors de chez moi, qu'on était venu jusqu'à trois fois pour m'arrêter, que j'étais obligé de me cacher et de vivre à l'aventure dans Paris, ignorant absolument ce qui se passait; que, toutefois, j'avais entendu dire que M. de Malesherbes était aux Madelonnettes et Mme de Rosambo aux Anglaises. J'ajoutai que je désespérais pour l'avenir de lui être utile, parce que j'avais moi-même l'intention de m'éloigner et de prendre tous les moyens possibles pour n'être pas arrêté.

[1] Partisans d'une politique plus modérée. Expulsés de la Convention depuis la journée du 31 mai 1793, qui avait vu la chute des girondins et inauguré la dictature de Robespierre, ils y rentrèrent après le 9 thermidor.

Ma réponse fut remise, et je n'eus plus aucunes nouvelles de ces chers amis.

Cependant, j'étais toujours chez Mme Dellebart, qui avait pour moi les prévenances d'une mère. Nous nous entendions si bien tous les deux, que nous demeurions chaque soir en tête-à-tête, quand sa fille se retirait à neuf heures pour prendre son repos, et que nous restions parfois jusqu'à deux heures du matin à nous raconter les incidents de notre vie. Elle en avait eu beaucoup pour sa part, et elle avait le talent de raconter. Puis, elle avait fréquenté beaucoup de monde, et elle recevait encore chez elle des officiers de marine, parmi lesquels l'amiral Barras, le chef d'escadre d'Aymer, qui était cordon rouge, et d'autres encore. De mon côté, j'avais beaucoup voyagé, j'avais été en relation avec la meilleure société de Paris, et enfin j'avais assisté aux massacres des 2 et 3 septembre. En outre, il y avait le grand article de la politique, dont elle s'occupait beaucoup. Elle connaissait le fameux Favier, le grand diplomate employé par Louis XV, et moi, j'étais en correspondance avec une cour qui passait pour la plus politique de toutes les cours de l'Europe.

CHAPITRE III

LE COUVENT DES ANGLAISES.

Blanchet est arrêtée. — La section des « Bandits ». — Deux affreux Auvergnats. — Les prisonnières des Anglaises. — Mesdames de Champcenetz, de Soyecourt, de La Rochefoucauld, d'Urtat, Duchilleau. — Leur conduite envers Blanchet. — Intervention du docteur Guastaldi. — Mort du fils de Blanchet à l'hôpital de la Charité. — Un boulanger qui veut être le maître chez lui. — Mgr de Salamon intéresse à Blanchet la duchesse de Sulx et Mme d'Aulnay. — Lettres de Rome.

Cependant, Blanchet n'avait pas reparu depuis quatre jours. J'en étais grandement en peine, ainsi que Mme Dellebart, qui l'aimait bien et ne cessait de répéter quand elle parlait d'elle : « Oh! l'excellente femme! » Nous pressentions, — ce qui était trop vrai, — qu'on l'avait arrêtée.

Après mûre délibération, nous décidâmes que Mme Dellebart enverrait François, son domestique de confiance, aux alentours de mon appartement, rue des Augustins, et surtout chez la boulangère, pour voir s'il ne pourrait pas découvrir quelque chose.

François réussit parfaitement, et revint nous annoncer que le premier jour de l'an, à quatre heures du matin, Mme Blanchet avait été arrachée de sa maison, n'ayant pu emporter que ce qu'elle avait sur le corps; qu'on s'était emparé de mon argenterie et de mon argent, c'est-à-dire de 1,500 francs en espèces et 2,000 francs en assignats; qu'on avait apposé les scellés sur mon appartement et placé dans la cuisine et dans le vestibule deux gardes, qui recevaient chacun cinq francs par jour; qu'en outre, on avait conduit Blanchet il ne savait où, en la forçant à abandonner son fils âgé de quatorze ans, dans la rue, dénué de tout, et que la boulangère l'avait recueilli chez elle pour ne pas le laisser exposé au froid glacial qui sévissait à cette heure matinale. On recommanda aussi à François qu'il se gardât bien de dire où j'étais.

On comprend aisément combien je fus consterné en apprenant ces nouvelles. Mme Dellebart, sa fille et moi, nous pleurâmes tout le jour et nous ne pûmes dîner, ni même nous mettre à table.

Je passai les quinze jours qui suivirent à faire des recherches, sans parvenir à découvrir la prison où elle avait été conduite.

Or, elle était pendant ce temps, comme je le sus ensuite, étendue sur un misérable matelas dans une chambre de la section de Bondy, sur la paroisse Saint-Laurent, pleurant et en proie à de vives souffrances. Le saisissement qu'elle eut lorsque, réveillée en sursaut, elle se vit entourée d'hommes armés, l'horreur de se voir emmenée à moitié nue, le froid glacial d'une nuit d'hiver, la douleur d'être séparée de son jeune fils, le seul qui lui restait de ses neuf enfants, tout cela agit tellement sur elle, qu'elle tomba gravement malade et fut même, trois semaines entières, en danger de mort.

Malgré son état, ces barbares la gardaient à vue, comme si elle eût pu leur échapper, et c'était précisément leur continuelle présence, comme elle me l'a avoué plus tard, qui la faisait le plus souffrir. Ils allaient jusqu'à l'épier et l'interroger pendant son sommeil, dans l'espérance qu'ils lui arracheraient de la sorte quelque indication sur ma retraite; mais jamais elle ne laissa échapper la moindre parole.

Enfin, sa robuste constitution triompha, et elle revint à la santé, mais après une longue convalescence.

Il y avait dans cette section de Bondy, que Blanchet appelait la « section des Bandits », un comité révolutionnaire composé d'hommes abominables. Deux surtout s'y distinguaient, deux êtres repoussants, qui étaient Auvergnats et s'appelaient Jérôme et Baptiste. Ces misérables ont causé à eux seuls la mort d'environ deux mille personnes. Ils venaient souvent questionner Blanchet. Quand elle était fatiguée de leur présence, elle leur disait avec vivacité, en provençal, langue assez voisine de l'auvergnat : « Eh bien ! oui, je sais où il « est... mais tu ne le sauras pas... il faut qu'il vive pour « te faire pendre, toi et tous les gens de ton espèce [1]. »

---

[1] *Ebbene io so ove egli è : ma tu non lo saperai. Bisogna che egli viva per fare impiccare te e tutte le tue genti!*

Ces paroles jetaient l'effroi dans l'âme de ces hommes féroces, et ils tournaient aussitôt les talons.

Enfin, comme on n'en pouvait rien tirer, on se décida à la mettre à la prison du couvent des Anglaises, rue des Fossés-Saint-Victor [1].

Cette pauvre femme, victime de son attachement à son maître et à la bonne cause, souffrit beaucoup d'humiliations dans cette prison, où elle aurait dû trouver des consolations et des encouragements.

On lui donna dans la chambre de Mme de Champcenetz un misérable lit, qui n'était garni que d'un méchant matelas. Alors, cette dame, furieuse de voir les sans-culottes agir ainsi « chez elle », comme elle disait, donna cinquante francs au gardien, pour qu'il retirât Blanchet.

La pauvre femme pourtant méritait mieux, et était plutôt digne de compassion que de pareils traitements.

Il est vrai d'ajouter, toutefois, que son extérieur ne devait pas inspirer une grande confiance, car elle relevait d'une cruelle maladie, et sa convalescence n'avançait guère dans une prison où elle manquait de tout. Puis, elle n'était guère couverte que de haillons, ayant été, comme je l'ai dit, arrachée de son lit à quatre heures du matin, et n'ayant eu le temps de prendre,

[1] Pensionnat des Dames Augustines anglaises, aujourd'hui à Neuilly.

en fait de vêtements, que ce qu'elle trouvait sous sa main.

On la chassa donc sans pitié de la chambre de Mme de Champcenetz, et on la relégua dans un galetas qui n'avait que des volets en guise de fenêtres, et où Blanchet se trouva, par conséquent, exposée à tous les vents.

Se voyant ainsi abandonnée, manquant de tout, réduite au désespoir, elle voulut, sans révéler, par discrétion pour moi, la cause de son incarcération, s'aboucher avec Mme de Soyecourt, née princesse de Nassau-Sarrebruck. Cette dame m'avait les plus grandes obligations. Je l'avais connue alors qu'elle était écrasée de dettes. Tous ses biens avaient été mis sous le séquestre, et ses créanciers voulaient même se saisir de sa pension. Elle s'était alors retournée vers le Parlement pour garder au moins de quoi fournir à sa subsistance. Je lui fus donné pour rapporteur et la traitai en princesse, car je fis rendre un arrêt qui lui accordait quatre mille francs de pension, sans que ses créanciers pussent jamais y toucher. Blanchet l'avait vue plus d'une fois à la maison, et avait été témoin de l'accueil que je lui faisais. Aussi elle s'enhardit à lui demander une fois un peu de bouillon. Mme de Soyecourt la reçut avec hauteur, en lui disant : « Citoyenne Blanchet, je « n'en ai déjà pas assez pour moi-même. »

Blanchet se retirait tout en larmes, quand elle rencontra dans le couvent M. Guastaldi, qui était mon compatriote et aussi mon médecin. Il passait auprès d'elle sans la reconnaître, parce qu'elle n'était plus qu'un squelette. Blanchet crut qu'il l'évitait à dessein. Alors, se plaçant devant lui, elle lui saisit vivement le bras en s'écriant : « Et vous aussi, vous m'abandon- « nez! » Guastaldi la reconnut alors et lui dit : « — Com- « ment! Blanchet! te voilà ici? » Et après quelques explications qu'elle lui donna, il retourna auprès de ces dames : « Vous avez un trésor dans cette mai- « son, leur dit-il, et vous l'avez dédaigné jus- « qu'ici... Cette Blanchet est la plus estimable des « femmes. »

Elles s'empressèrent alors de la secourir. Mme de Champcenetz, elle-même, lui donna cinquante francs. Mme Duchillau ne cessa, jusqu'au moment de sa mort, de lui prodiguer les soins les plus touchants, et si Blanchet n'avait pas constamment refusé, elle lui aurait fait don de tout ce qu'elle avait apporté dans la prison. Mme d'Urtat adoucit également son sort. Enfin, Mme de La Rochefoucauld, que sa femme de chambre avait abandonnée, la traita avec beaucoup de bonté. Aussi Blanchet s'attacha à cette dame, soigna les plaies de ses jambes et lui obtint du gardien mille petites douceurs, comme, par exemple, du chocolat.

Pardonnez-moi, Madame, tous ces détails; ils sont assez indifférents et n'ont guère d'intérêt pour vous;

mais l'histoire de Blanchet est tellement liée à la mienne, que je suis obligé d'en parler.

Comme je l'ai déjà dit, son emprisonnement nous causa, à Mme Dellebart et à moi, beaucoup de peine.

Nous apprîmes encore qu'on avait emporté de chez moi, outre mon argenterie, deux belles pendules et mes plus beaux livres, au nombre de seize cents, que l'on mit aux bibliothèques publiques.

Pour reprendre le fil de mes aventures, j'allai chez Mme de Senozan, sœur de Mme de Malesherbes, la plus respectable et la meilleure de toutes les femmes. On avait placé des factionnaires à sa porte, pour surveiller les abords de son hôtel; mais je fus introduit par un escalier secret sans être aperçu de personne, sauf du concierge, qui était habitué à me voir venir autrefois tous les jours à la maison. Comme je commençais à la mettre au courant de ces tristes événements, elle m'interrompit en me disant : « Je sais « tout... je vous apprendrai même que l'enfant de « cette pauvre femme a été transporté à l'hospice de « la Charité, et qu'il est depuis trois jours entre la vie « et la mort. » Elle ajouta qu'elle envoyait tous les jours Comtois, son domestique, prendre de ses nouvelles.

Je sus plus tard qu'il était mort le lendemain, d'un transport au cerveau, en appelant à grands cris sa mère et son maître.

Je fis une grande perte dans la personne de ce jeune homme, et je la ressens encore tous les jours. Il était très intelligent et me servait déjà de secrétaire, même pour ma correspondance avec Rome, car il montrait une discrétion au-dessus de son âge, n'ayant que quatorze ans à peine.

Mme de Senozan m'apprit aussi que son frère, ses neveux et ses nièces étaient tous réunis à Port-Royal, qu'on avait transformé en prison et nommé Port-Libre.

Je la quittai en la plaignant, et ce fut là notre dernière entrevue.

Je revins le soir, bien triste, raconter à Mme Dellebart toutes ces mauvaises nouvelles. Je restai depuis lors six jours entiers sans sortir; enfin, je me déterminai, le septième, à aller voir Mme la vicomtesse d'Allemane, qui habitait alors Versailles, et avec laquelle j'étais très lié. Elle était, elle aussi, aux arrêts dans sa propre maison, sous la surveillance de deux gardiens. Encore devait-elle de n'avoir pas été traînée en prison à un certificat de maladie que j'avais contribué à lui faire donner par mon médecin Guastaldi, dont j'ai parlé tout à l'heure. Je la mis au courant de ma triste situation et la priai d'envoyer son valet de chambre chez la boulangère, en face de ma maison, pour savoir s'il y avait quelques lettres à mon adresse.

J'ai su depuis que les commissaires de la section de Bondy, ayant sans doute réclamé mes lettres, avaient appris qu'elles étaient déposées chez la boulangère, et qu'ils s'étaient présentés pour les saisir, juste au moment même où le valet de chambre les emportait. Cette brave femme ne parut pas effrayée, et leur dit qu'un inconnu était venu les chercher de ma part. Ils se mirent en colère et l'accablèrent d'injures; mais son mari, qui était un grand homme de six pieds, très fort et aussi très vif, survint en ce moment et les mit à la porte.

Parmi ces lettres, deux venaient de Rome, et l'une d'elles contenait un chèque à l'adresse du banquier italien Caccia, rue Saint-Denis : c'étaient 300 écus romains qui devaient m'être payés comptant et en espèces.

J'y allai le lendemain de bonne heure; mais, craignant de se compromettre, le banquier ne voulut pas s'exécuter, ce qui me mit dans un extrême embarras.

L'autre lettre était du cardinal secrétaire d'État, et elle était remplie de consolations, d'encouragements et de marques d'intérêt. J'avais, en effet, trouvé moyen de lui faire savoir ma triste situation. Ne pouvant me procurer les livres nécessaires, je lui avais en même temps demandé de m'obtenir du Pape la dispense de la récitation du bréviaire. Le cardinal me répondit que le Pape m'accordait toutes les dispenses possibles et me recommandait seulement de ne pas me laisser prendre.

J'allai voir le lendemain, rue des Saints-Pères, la

duchesse de Sulx que j'avais l'honneur de connaître. Elle n'était pas en prison, parce que, habitant depuis peu le quartier, elle était encore peu connue du voisinage. Je la priai de se rendre à la prison des Anglaises, pour demander des nouvelles de Blanchet et lui porter du sucre, du café, et enfin tout ce qu'elle pouvait désirer. Elle accepta volontiers ma commission et y alla, habillée en domestique. Comme elle était svelte et légère, la distance ne l'effrayait pas, et puis elle était bonne et charitable. Elle renouvela souvent cette démarche, mais enfin elle m'apprit un jour que la porte était fermée à tout le monde, et qu'on avait enlevé Blanchet de cette prison. Je la remerciai de tout mon cœur, et ce n'est qu'à quinze ans de là que j'ai revu cette vertueuse femme.

C'est ainsi que j'allais frapper à toutes les portes pour adoucir à ma fidèle servante les rigueurs de sa détention. Ce dessein me conduisit également rue Neuve-des-Mathurins, chez Mme d'Aulnay, femme extrêmement charitable et qui, par extraordinaire, n'était pas incarcérée. Je la priai de s'ingénier pour faire parvenir 200 francs à Blanchet. Elle s'en chargea et réussit par l'intermédiaire d'un de ces colporteurs ambulants qui savent toujours pénétrer partout.

CHAPITRE IV

A TRAVERS PARIS.

Mgr de Salamon quitte la maison de Mme Dellebart. — Son hôtesse de la rue de Paradis. — L'ex-abbé devenu professeur à l'École de médecine. — Un déplorable compatriote. — La chemise fine et le vieux bordeaux du jacobin.

J'errais dans Paris depuis bientôt un mois, et continuais à venir prendre mon gîte et mes repas chez Mme Dellebart, lorsqu'un jour, sa fille me tira à part et me dit : « François a annoncé à maman que deux « hommes étaient venus s'informer s'il n'y avait pas « ici un étranger... Mais maman ne veut pas qu'on vous « le répète. »

Je la remerciai de sa confidence en lui faisant observer que je devais la mettre à profit : « — En effet, lui « répondis-je, de deux choses l'une : ou cela est vrai, « et alors il faut que je m'en aille au plus vite; ou c'est « un mensonge, et alors les gens de service sont fatigués de ma présence... Peut-être même craignent-ils, « non sans raison du reste, que je ne compromette « leur maîtresse... Qui sait si un jour ou l'autre, sans y « mettre d'ailleurs de méchanceté, ils ne m'en feraient

« pas la remarque?... Et dans ce cas encore, je dois
« partir. »

La religieuse fut au désespoir de m'avoir dit la chose, elle craignait d'être grondée par sa mère, mais je lui fis entendre raison, et, le soir même, je parlai à Mme Dellebart, qui se mit à élever toutes sortes de difficultés contre mon projet et me pria instamment de rester.

Justement, il y avait ce soir-là, à la maison, une personne de ses amies avec son mari. Ayant saisi quelques mots de notre conversation, ils m'offrirent de passer la nuit chez eux. J'acceptai avec reconnaissance et, je dois l'ajouter, au grand déplaisir de Mme Dellebart.

Je sortis à minuit avec mes nouveaux hôtes. Ils longèrent le boulevard, prirent ensuite le faubourg Poissonnière et me conduisirent rue de Paradis.

Je ne fus pas longtemps à m'apercevoir que la bonne dame avait plus grand'peur que moi. Elle me fit entrer avec beaucoup de précautions; encore ne put-elle s'empêcher de murmurer : « Oh! mon Dieu! on nous a vus! » Puis elle me montra une toute petite chambre, située sous le toit, où je ne pus fermer l'œil de toute la nuit, car on ne cessa de faire du bruit dans la maison. Aussi je sortis le matin de très bonne heure, sans prévenir personne, et je n'ai jamais revu mon hôtesse.

Ce qu'il y a de singulier en tout ceci, c'est que je ne

cessais de prendre mon gîte précisément dans cette section de Bondy qui me persécutait.

Je me remis à errer dans Paris. Je ne savais où aller, quand, passant rue des Cordeliers, près de l'École de médecine, j'aperçus un jeune homme qui en sortait et que je crus reconnaître. Je ne me trompais pas.

C'était un prêtre de ma ville natale, le fils de notre apothicaire, et je l'avais connu autrefois : il se nommait Audin Rouvière.

Je m'approchai et lui dis :

« Je crois, monsieur, vous avoir vu déjà quelque
« part!

« — Vous me faites la même impression », répliqua-t-il.

« — Ne seriez-vous pas l'abbé Audin?

« — Ah! monsieur, me dit-il vivement, ne prononcez
« pas ce mot d'abbé..... Je suis professeur à l'École de
« médecine, et je demeure dans cet entresol que vous
« apercevez.

« — Je m'appelle un tel », lui dis-je à mon tour.

Il me pria de monter chez lui en me faisant beaucoup de démonstrations d'amitié. Quand nous nous fûmes assis, je lui dis :

« Je vous croyais l'aumônier de l'hospice.

« — Ah bien, oui! répondit-il en riant aux éclats, où
« y a-t-il des aumôniers à présent?... Mais vous-même,
« que faites-vous donc?

« — Vous savez que j'étais conseiller-clerc au Par-
« lement, et je crains bien qu'on ne me poursuive en
« ce moment.

« — Alors, restez ici avec moi... le diable même ne
« vous y découvrirait pas! Nous n'avons qu'un con-
« cierge, qui est un vrai sac à vin... Voici une clef; vous
« pourrez entrer et sortir à votre gré... »

Je le pris au mot et acceptai son offre.

Nous étions dans un entresol presque sans mobilier.
Il n'y avait ni servante ni serviteur : « Allons! me
« disais-je en moi-même, voilà enfin un gîte où je
« pourrai vivre longtemps tranquille! »

Il me fit voir un petit cabinet où je trouvai une paillasse, placée sur deux méchants bancs, avec une couverture, rien de plus. « Je serai fort bien ici », lui
dis-je.

Il m'apporta un grand drap, que je pliai en deux, et
je m'estimai encore très heureux d'avoir à peu près où
reposer la tête.

Toutefois, quand je fus couché, je sentis l'air m'arriver de tous côtés, et je fus glacé toute la nuit, parce
que je n'étais pas assez couvert.

Je dormis donc fort mal.

Mais ce qui m'éveilla tout à fait, ce fut mon compa-
gnon, qui, comme un fou, poussait des exclamations,
tantôt en latin, tantôt en français, et faisait de grands
sauts dans son lit.

A sept heures du matin, il sortit de sa chambre avec un grand fracas. Il reparut à huit heures et demie. « Je « viens de donner ma leçon », me dit-il.

Il s'aperçut alors que j'étais quasi mort de froid, et se mit avec empressement à me faire un bon petit feu.

Il me demanda si j'avais bien dormi : « Ah ! lui ré-« pondis-je, comment voulez-vous que je puisse dormir « dans la triste situation où je me vois? »

Nous déjeunâmes de quelques noix. Puis, il partit et rapporta quelques petits poissons, qui composèrent notre dîner.

Je sortis le soir à la nuit et me rendis chez Mme Dellebart, pour l'informer de mon nouveau domicile. Elle me pressa fort de venir dîner avec elle tous les jours; mais, par prudence, je n'y consentis pas.

Revenu à l'École de médecine, je trouvai mon jeune professeur enthousiasmé de sa profession. Il était devenu amoureux d'une nièce du docteur Portail, qui ne le savait pas prêtre, et qui le recevait une fois la semaine à dîner. Il me confia qu'il songeait à l'épouser :

« Mais vous avez donc oublié que vous êtes « prêtre?

« — Ah! me répondit-il, vous êtes encore imbu de « ces préjugés-là?

« — Ne parlez pas ainsi, lui répliquai-je... Portail ne « vous donnera jamais sa nièce.

« — Mais je vous assure que le docteur me considère
« beaucoup... Je dîne chez lui tous les dimanches, et
« quant à la nièce, j'en suis fou. »

Je pensais à part moi : « Je plains la pauvre fille, s'il
« vient à l'épouser. »

J'ai su dans la suite que l'affaire avait été fort loin,
et qu'il avait été sur le point de l'avoir; mais le docteur Portail découvrit qu'il était prêtre, et il fut éconduit.

Je passais donc tranquillement, quoique tristement,
mon temps, et m'estimais heureux d'avoir cette petite
retraite au lieu d'être en prison.

Il faisait lui-même nos repas, qui consistaient le plus
souvent en poissons mis sur le gril, et parfois en une
cuisse de mouton rôtie au four, avec force gousses d'ail.
Nous passions la soirée à jouer aux dames; il était passionné pour ce jeu; moi, j'en avais à peine une idée.
Cependant, je le gagnais assez souvent, et il me prenait
pour un grand joueur. Je jugeai par là qu'il était peu
habile. Je m'y ennuyais beaucoup pendant deux heures,
mais il fallait bien complaire à mon hôte.

Quant aux nuits, elles se ressemblaient toutes. Il se
démenait et s'agitait dans son lit d'une étrange façon.
Parfois, je l'entendais qui lançait quelques phrases de sa
leçon, et d'autres fois c'étaient des exclamations à
l'adresse de sa future.

Et moi, ne pouvant dormir, je ne cessais de me

tourner et de me retourner dans mon lit, où, comme je l'ai dit, je n'étais guère couvert, et me trouvais exposé aux courants d'air qui m'arrivaient de tous les côtés.

Il y avait déjà dix jours que je demeurais dans l'appartement de mon déplorable compatriote, quand un homme survint à l'improviste et pénétra brusquement dans nos chambres. Le portier avait par mégarde laissé la porte ouverte, et je ne pus me cacher assez promptement pour n'être pas vu.

C'était le cousin de mon hôte.

Sa première parole fut pour lui dire : « Quel est « donc cet homme? » Je n'entendis point leur conversation, mais mon hôte eut la faiblesse de tout avouer. « Tu es un homme mort, lui dit alors son cousin. Si l'on « découvre ce monsieur ici... tu seras guillotiné avec « lui! » Enfin, il s'en alla, et quand je rentrai, je m'aperçus que mon hôte était tout bouleversé. Je lui demandai à mon tour quel était cet homme, et j'ajoutai :

« Il me semble que son arrivée vous a rendu « triste.

« — C'est mon cousin... Mais non, je ne suis pas « triste.

« — Oh! je vous demande pardon, lui dis-je; évidem- « ment, si vous lui avez dit qui j'étais, il vous aura fait « peur au sujet de ma présence chez vous.

« — Eh bien! vous l'avez deviné!... il m'a même dit

« que si l'on vous trouvait chez moi, je serais guillo-
« tiné avec vous... Mais, n'importe, je n'ai pas peur.

« — Il ne vous a dit que la vérité, mon cher, lui
« répliquai-je, et je suis décidé à vous quitter, car, sans
« y mettre de méchanceté, il pourrait faire connaître
« à l'un de ses amis que je suis ici. »

Je partis le soir même, et m'en allai raconter mon aventure à Mme Dellebart. Elle me dit aussitôt : « Eh
« bien ! il faut rester chez nous... maintenant, nous
« sommes accoutumés l'un à l'autre... D'ailleurs, il ne
« vous arrivera rien... Je vous assure, — ajouta cette
« excellente femme, que je ne connaissais pourtant que
« depuis un an et quelques mois, — je vous assure que
« depuis votre départ j'ai trouvé un grand vide dans
« ma maison. »

Je l'embrassai en la remerciant avec effusion.

Mais au milieu de ces perpétuelles alternatives de crainte et d'espérance, et des amertumes dont j'étais abreuvé, je n'avais pas la consolation de pouvoir accepter les offres de mes amis, car c'eût été compromettre leur existence. « Non, non, lui répondis-je ; je
« n'ai plus qu'à errer à l'aventure... et vous ne me
« reverrez plus, sinon peut-être une fois la semaine,
« quand cela me sera possible. » Comme je disais cela, elle pleurait.

Toutefois, je consentis à passer la nuit chez elle, et j'y restai jusqu'au lendemain, à la pointe du jour.

Cependant, je n'avais aucune nouvelle de Mme Blanchet, et je ne savais dans quelle prison ils pouvaient bien l'avoir transportée.

J'allai donc rue Cassette, trouver le mari de la pauvre femme qui avait aidé Blanchet, lors du massacre, à me chercher au milieu des cadavres de l'Abbaye. C'était un jacobin, et je pensais qu'à ce titre il pourrait avoir accès dans la prison, et découvrir où avait été placée cette fidèle servante.

Quand je frappai à la porte, il dormait encore. Il vint aussitôt m'ouvrir; il était en chemise, et je remarquai que cette chemise était en toile de Hollande et des plus fines. Et cependant, ce n'était qu'un pauvre menuisier, et de plus un ivrogne de profession. Il avait fait mourir sa femme à force de mauvais traitements.

Il me reçut d'un air empressé et vite s'habilla pour me parler. Il commença par m'offrir de prendre quelque chose. Je lui répondis que je ne venais pas pour boire et manger, mais pour lui demander des nouvelles de la pauvre Blanchet, l'amie de sa défunte. « Eh bien, me dit-il, nous en parlerons tout en man-« geant un morceau. » Et les larmes lui vinrent aux yeux.

Je n'osais pas refuser son déjeuner, de peur de le contrarier, mais je craignais qu'il ne me donnât de mauvais vin, chose qu'il m'est impossible de boire le matin.

J'acceptai donc son repas, et il mit aussitôt sur la table une bouteille en verre noir... bien bouchée... c'était du bordeaux !... puis du bœuf, qui avait la mine la plus appétissante.

Je mangeai plus que je n'aurais cru, et aussi plus que je n'aurais voulu. Je trouvai le vin fort bon, et je me disais intérieurement : « Sûrement, voilà une chemise « et une bouteille de vin qui ont été volées. »

Je lui expliquai enfin ce qui m'amenait chez lui. En apprenant l'arrestation de Blanchet, il se mit à pleurer. « Ah! dit-il en levant les yeux au ciel, c'était l'amie de « ma défunte!... seulement, elle avait le malheur « d'être une *aristocrate*.

« — Aristocrate ou non, répliquai-je, je veux que « vous alliez dans toutes les prisons, pour savoir où elle « est maintenant. »

Il me le promit, et me donna rendez-vous à deux jours de là, dans la soirée. Je le quittai, bien heureux à la pensée que Blanchet allait avoir de mes nouvelles, et que j'en aurais moi-même bientôt des siennes.

CHAPITRE V

DANS LE BOIS DE BOULOGNE.

L'internonce sort de Paris. — « Pardon ! je me trompais ! » — Les nuits à la belle étoile. — Un chanoine ermite. — Le conseil de l'internonce : MM. Joli, Le Moyne et Girard, auteur du *Comte de Valmont*.

Je marchai machinalement le long de la Seine, à la hauteur de l'École militaire, et arrivai devant les bastions élevés du côté de la montagne dite montagne des Bons-Hommes ou de Passy.

Le gardien du bastion me dit fort poliment : « Si « vous n'avez pas la carte de civisme, il faut que je vous « fasse monter près de la barrière du corps de garde. » Je le remerciai et descendis vers une petite rue qui passe par le milieu du parc de la princesse de Lamballe[1]. Je traversai la rue Basse, puis la rue de l'Église[2], et j'arrivai auprès de la Muette (villa du Roi) sans avoir aucun dessein arrêté.

Je me souvins alors que Mme Pasquier, la mère, habitait par là, avec ses enfants, un appartement dans lequel j'avais autrefois, en leur présence, donné la béné-

---

[1] Aujourd'hui l'asile d'aliénés du docteur Blanche.
[2] Rues Berton et de l'Annonciation.

diction nuptiale au fils aîné qui épousait une veuve, Mme de Rochefort.

J'y allai aussitôt, mais je fus bien surpris d'apercevoir à la porte une sentinelle, qui me cria : « Que veux-tu? » Je tournai les talons en répondant vivement : « Pardon ! je me trompais ! »

Je me mis alors à parcourir le bois de Boulogne, pour voir si je pourrais trouver un gîte convenable où passer la nuit. Je ne découvris rien de plus commode que le kiosque de l'endroit où les habitants d'Auteuil viennent danser le dimanche. J'y revins le soir, quand je n'aperçus plus de lumières aux fenêtres du garde forestier, qui demeurait tout près de là. Je me couchai sur le plancher, après avoir étendu un peu de paille que j'avais trouvée dans les prés, et que les gens qui ont coutume d'y conduire les vaches avaient sans doute ramassée pour s'asseoir.

Je dormis là, mais d'un sommeil souvent interrompu. Je me réveillai même une fois en sursaut, en pensant que l'on pouvait me découvrir sous cet abri hospitalier.

Je trouvai plus tard un autre endroit assez commode, du côté de la villa Bagatelle, tout près de la Pyramide et non loin de Madrid, où j'étais venu bien souvent, du temps que M. de Rosambo l'habitait.

C'était même la raison qui me faisait choisir le bois de Boulogne, de préférence aux autres bois voisins de Paris. J'en connaissais déjà presque tous les détours.

Le lendemain, je revins chez Mme Dellebart, qui fondit en larmes en apprenant que j'avais passé une pareille nuit. Elle voulut me garder tout ce jour-là et même la nuit.

J'acceptai, afin d'être plus à portée d'aller le lendemain chez mon jacobin.

Je fus en effet, à l'heure dite, au rendez-vous. Il m'apprit que Blanchet n'était pas sortie des Anglaises, rue des Fossés-Saint-Victor. Il m'assura également qu'il l'avait recommandée au gardien de la prison, et lui avait demandé de lui fournir du savon et du charbon.

Je sortis de Paris, heureux de ces nouvelles, et je m'en vins à Saint-Cloud, dans l'intention de prendre un peu de nourriture, — car j'avais grand'faim, — dans un des méchants cabarets du village.

Je dormis cette nuit-là sous une arche du pont, sur la paille que laissent là les femmes qui font la lessive.

Le quatrième jour, au soir, je retournai chez Mme Dellebart. Elle était fort en peine de moi, et lorsqu'elle me vit entrer, les traits abattus et avec une longue barbe inculte, elle ne put contenir son émotion et fondit en larmes.

Je lui racontai ma vie depuis ma dernière visite, et lui appris ce que je savais de Blanchet. Elle me promit d'envoyer François, le lendemain, lui porter du sucre, du café et même de l'argent, au cas où elle en aurait besoin.

Je lui dis que de ce côté je ne pensais pas qu'elle fût embarrassée, parce que je lui avais donné, en la quittant, quinze cents francs en assignats et vingt-cinq louis en or.

J'ai su depuis qu'à la section de Bondy on lui avait enlevé les quinze cents francs, mais qu'on n'avait pas découvert l'or, qu'elle avait caché sous ses vêtements.

Je quittai Mme Dellebart le soir même, malgré ses instances, en lui promettant de venir la voir le mardi de chaque semaine, depuis le matin jusqu'au soir. Ce ne fut qu'à cette condition qu'elle me laissa partir. Elle me donna une petite bouteille de vin de Malaga, et garnit mes poches de pain.

Je partis fort tard, et à dessein; je voulais n'arriver à la barrière qu'au moment où les laveuses sortent de Paris. Comme j'avais une carmagnole, on me prit pour un de leurs garçons, et je sortis heureusement à leur suite, sans qu'on me demandât ma carte de civisme. J'eusse été très embarrassé de la présenter, car je n'en avais point.

Je continuai à user du même expédient pour sortir de Paris, et il m'a toujours réussi.

Ce soir-là, je regagnai le kiosque d'Auteuil, où, ne trouvant plus ma paille, je m'étendis sur un tas de feuilles sèches. Il plut pendant la nuit, mais je n'en fus pas trop incommodé.

J'allai le lendemain me promener dans le bois de Meudon. Il faisait beau temps. Tout en marchant, je rencontrai un homme qui était occupé à ramasser de l'herbe. Je liai conversation avec lui et ne tardai pas à m'apercevoir qu'il était déguisé. Je lui demandai s'il demeurait aux environs de Paris : « Oui, me répondit-« il... seulement, je ressemble au Juif errant... Je ne suis « pas précisément poursuivi, mais j'aime mieux être hors « de Paris que dedans... J'ai une chambre à Passy... je « parcours ces bois tout le jour en ramassant de l'herbe, « et je commence à m'y faire... Je fais ainsi plus de six « lieues par jour, et je ne mange que le soir, quand je « rentre à Passy. » Prenant de plus en plus confiance en moi, — entre honnêtes gens on se connaît vite, — il me dit qu'il se nommait Joli, qu'il avait été chanoine de Sainte-Geneviève et précepteur de MM. de Mégrigny. Il avait infiniment d'esprit, parlait pertinemment de tout, et aimait beaucoup à causer politique.

Quant à moi, je ne lui fis d'abord que des demi-confidences; mais quand je l'eus éprouvé, je lui découvris qui j'étais, et depuis, il me traita toujours avec beaucoup de respect.

Nous étions presque toujours ensemble, et je le consultais parfois sur certaines matières.

J'ai, en effet, l'habitude de me défier de mes forces et

de mes lumières pour débrouiller les affaires, et j'aime à consulter. Sans doute, je vois bien si l'avis des personnes que j'interroge est bon ou mauvais, mais enfin je m'éclaire.

M. Joli m'entretint longuement, au bout de quelques jours, des affaires ecclésiastiques. Il me recommandait aussi certains prêtres et voulait même m'en présenter plusieurs. Mais je refusai et me contentai de lui accorder les dispenses qu'il sollicitait pour eux.

Je lui donnai aussi des décisions relatives à certains cas de conscience et à la validité de certains mariages[1].

Je ne pus néanmoins me dispenser de voir M. Le Moyne, grand vicaire de Châlons et parent de M. Thierry, le premier valet de chambre du Roi; je le connaissais déjà de réputation pour un homme sage, de grand mérite et pouvant m'être utile.

Avec ces deux messieurs et l'abbé Girard, l'auteur du *Comte de Valmont*, dont j'aurai à parler bientôt, je me formai un petit conseil. Chargé en effet, comme je l'ai dit, par le pape Pie VI, de toutes les affaires ecclésiastiques du royaume, et me voyant entre les mains la plénitude, pour ainsi parler, de sa puissance, j'avais le plus grand besoin de secours, et je me suis toujours félicité d'avoir accordé ma confiance à ces messieurs, car ils étaient hommes de bon conseil.

---

[1] L'une des questions les plus embrouillées du droit canon de cette époque.

Nous nous réunissions, quand il en était besoin, dans quelque coin du bois de Boulogne ou des bois environnants, et quelquefois même dans les appartements de l'abbé Le Moyne.

C'est ainsi que Dieu, qui est le souverain maître de toutes choses, donne les moyens de le servir même dans les temps les plus difficiles, et c'est également ainsi que la religion était peut-être mieux observée à cette dangereuse époque qu'elle ne l'est maintenant.

CHAPITRE VI

A LA RECHERCHE D'UN GÎTE.

Le décret contre les nobles. — L'internonce se met en quête d'un logement. — Le curé intrus de Passy. — Le signalement de Mlle Girard. — Le galetas de Mme Grandin. — Visite à Mme Dellebart, suivie d'un triste retour. — Une vilaine mère qui a une charmante fille. — Brave homme de perruquier. — Une Avignonnaise : la marquise d'Eutelx. — Alerte.

Il y avait déjà trois mois que j'errais ainsi, sans domicile, vivant uniquement de pommes de terre. J'en avais une provision chez une pauvre vieille mendiante de Boulogne, et elle m'en tenait toujours prêtes de toutes cuites, en guise de pain que je n'avais point, ne pouvant me présenter chez un boulanger sans carte de civisme.

J'allais tous les mardis, selon ma promesse, chez Mme Dellebart. J'y arrivais au point du jour, et je me reposais en attendant son lever. Comme toujours, nous déjeunions, sa fille et moi, dans ma chambre, avec l'excellent café à la crème que l'on nous y montait.

Cependant, les horreurs révolutionnaires augmentant, le décret qui chassait tous les nobles de Paris fut porté[1], et je résolus de me tenir encore plus caché.

[1] Ce décret est du 16 avril 1794, d'après le *Moniteur universel*.

J'annonçai donc à Mme Dellebart que je ne reviendrais plus. Cette nouvelle la mit au désespoir, et nous nous embrassâmes en pleurant, comme si nous ne devions plus nous revoir.

Je n'avais plus d'assignats. D'autre part, le banquier Caccia avait, comme je l'ai dit, refusé de me payer une lettre de change de trois cents écus romains. Il eût cependant été avantageux pour lui d'écouler de la sorte une somme énorme en assignats, mais il disait qu'il serait obligé de porter ma reconnaissance sur ses registres et s'exposerait par là à être guillotiné. Sa raison était bonne ; mais, comme nous sommes toujours portés à juger sévèrement les autres, j'attribuai son refus au mauvais vouloir ; plus tard je m'en plaignis, et il perdit l'avantage d'être le banquier de la cour de Rome.

Je dois ajouter qu'il lui eût été facile de me donner, comme je l'en priai, quelque argent de la main à la main. Il refusa, ce qui me fit suspecter la sincérité de son motif.

J'étais donc dans une position très critique, n'ayant pas un sou, et n'osant m'en ouvrir à personne, pas même à Mme Dellebart, qui pourtant m'avait fait souvent des offres de service.

En effet, j'ai un principe dont je ne me suis jamais départi, c'est de ne jamais emprunter à mes amis, et même de ne jamais leur faire connaître mes besoins.

Heureusement, il me restait encore des pommes de

terre, et je les épargnais pour en avoir plus longtemps.

Mais cette vie errante et ces nuits à la belle étoile, pendant lesquelles j'étais exposé à la pluie quelquefois, et toujours au froid, finissaient par me lasser.

Puisque j'ai parlé du froid, il faut que j'avoue cependant que, bien qu'extrêmement frileux, je n'ai jamais eu par trop à souffrir. En effet, j'étais vêtu d'une carmagnole en étoffe très épaisse. Extérieurement, on eût dit de la camelote, mais elle était toute fourrée à l'intérieur, les manches y compris, de poils fins extrêmement chauds. Mon justaucorps était à l'avenant. Enfin, j'avais un pantalon de même façon, avec de bonnes chaussettes aux pieds et des bottines, qui m'incommodaient d'abord beaucoup quand je marchais, mais auxquelles je ne tardai pas à me faire.

Je demandai à M. Joli s'ils étaient bien méchants à Passy et ce que l'on faisait dans ce village. « On y fait, « me répondit-il, comme partout... De plus, on terro-
« rise les habitants, en venant saisir de temps à autre
« quelques personnes dans les maisons, et j'en connais
« deux qui ont déjà perdu la vie de la sorte... Le Comité
« révolutionnaire est méchant... il n'est composé que
« d'ouvriers des carrières[1]... Cependant, la municipa-
« lité, bien que patriote, n'aime pas les arrestations, et
« on ne peut arrêter personne sans lui en donner

[1] Il y avait, en effet, beaucoup de carrières aux environs de Passy. Il en existe encore des traces nombreuses.

« avis... Ainsi, une fois que les officiers municipaux ne
« sont plus rassemblés, il n'y a plus rien à craindre...
« Ils se réunissent tous les soirs et tiennent séance jus-
« qu'à ce qu'il n'y ait plus rien à faire... Il y a une lan-
« terne placée à la porte de la salle; quand elle est
« éteinte, c'est signe qu'ils se sont séparés... »

Tous ces détails me suggérèrent le projet d'avoir, s'il était possible, un gîte à Passy, pour m'y retirer. « Au moins, me disais-je, je pourrai me reposer, quand « le comité ne sera plus rassemblé. » Mais je n'en soufflai mot à M. Joli.

Il me souvint alors qu'étant allé à Passy en 1793, pour y marier M. Pasquier, aujourd'hui préfet de police[1], dans la maison de ses parents qui s'y étaient réfugiés, Mme Pasquier, la mère, femme très vertueuse et très pieuse, en fit part à une vieille fille, fort pieuse également, Mlle Girard, sœur de l'abbé Girard, l'auteur du *Comte de Valmont*. Elle lui avait dit : « L'internonce « du Pape doit être ici tel jour. » Celle-ci s'empressa de venir me présenter ses devoirs, et même elle me consulta au sujet d'une affaire ecclésiastique. Mais je suis si peu curieux et si peu causeur, que je n'eus pas la pensée de lui demander son nom et sa qualité, de sorte que je les ignorais absolument. Et comme je me dirigeais vers Passy, je me disais : « Si cependant je pou-

[1] C'est le seul passage des Mémoires qui permette de fixer approximativement la date de leur composition. (V. Préface.)

« vais savoir le nom de cette femme que j'ai vue chez
« Mme Pasquier, je suis sûr qu'elle me rendrait ser-
« vice... : ces personnes pieuses ont des ressources... »

J'entrai dans Passy, résolu de me mettre à sa recherche. Je parcourus une partie de la Grande Rue, je pris ensuite celle de l'Église et me trouvai au commencement de la rue Basse.

Comme je tournais à ma gauche, conduit sans aucun doute par mon ange gardien, je vis venir devant moi un individu assez mal vêtu et que je jugeai être un ecclésiastique. Je ne me trompais pas, car c'était le curé intrus de la paroisse. Je m'avançai et le saluant :

« Je me permettrai, monsieur, lui dis-je, de vous
« demander un renseignement fort extraordinaire ; mais
« si vous êtes de Passy, vous pourrez certainement me
« le fournir... Je cherche une dame, déjà vieille, un peu
« bossue, très maigre, petite, fort laide, avec un teint
« jaune et... très pieuse.

« — Monsieur, me répondit-il, vous ne pouvez mieux
« tomber... : je suis le curé de la paroisse, et la per-
« sonne que vous cherchez est Mlle Girard ; voici pré-
« cisément sa maison. »

Je le remerciai et, sans plus de compliments, je m'en allai frapper à la porte qu'il m'indiquait. On vint m'ouvrir, et je demandai Mlle Girard. « Elle est sortie,
« me répondit-on, mais M. l'abbé, son frère, est à la
« maison. » Je priai qu'on m'introduisît.

L'abbé, très timide de son naturel, mais qui l'était plus encore dans cette circonstance, à cause du temps où nous vivions, parut tout étonné de voir arriver chez lui un homme vêtu de ma façon. Il va sans dire que je n'avais pas décliné mon nom. Aux questions que je lui fis, il se contenta de répondre que sa sœur était sortie et qu'il ne savait pas quand elle rentrerait. Il ne m'offrit pas même un siège.

J'allais le débarrasser de ma présence, quand survint Mlle Girard.

Malgré mon déguisement, elle me reconnut aussitôt et m'accueillit avec beaucoup de respect et d'amabilité : ce que voyant, l'abbé Girard, sans me connaître au reste davantage, car sa sœur n'avait pas pris le temps de lui apprendre qui j'étais, s'empressa de me faire ses excuses.

« Mon Dieu! ne cessait de répéter Mlle Girard, que
« je suis contente de vous voir!... Que puis-je faire pour
« vous? »

Je me gardai bien de lui révéler aussitôt ma cruelle position, je l'aurais épouvantée; car, à cette époque, un homme que poursuivait la *justice* révolutionnaire était un objet d'effroi. Je me bornai à lui dire :

« Vous savez qui je suis... les nobles sont expul-
« sés de Paris, et je crains d'être poursuivi... Je vou-
« drais trouver une chambre où me retirer, n'importe
« laquelle, ne fût-ce qu'un grenier.

« — Je m'y emploierai bien volontiers, me répondit-
« elle...; mais tout d'abord vous allez dîner avec nous... :
« après, nous nous occuperons de cette affaire. »

A deux heures précises, on servait le repas : il était
frugal, mais ce qu'il y avait était bon; je me souviens,
en particulier, d'un excellent pâté de dinde, dont l'abbé
Girard s'était déjà régalé. Bref, nous dînâmes bien et
longuement, mais j'étais loin d'être gai et je remarquai, non sans déplaisir, que Mlle Girard ne se pressait pas d'aller à la recherche de ma chambre.

A la fin, elle se leva et partit, en me disant : « Je
« m'en vais travailler pour vous. »

Une heure après, elle revint toute joyeuse : « Je
« n'ai pu, me dit-elle, vous trouver qu'une méchante
« chambre, une sorte de galetas, ouvert à tous les
« vents, car il n'y a que des châssis sans vitres...
« L'arrivée des nobles a rendu les logements très rares
« et extrêmement chers... : on vous demandera deux
« cents francs le mois... Seulement, si vous y êtes mal,
« au moins vous vous trouverez en sûreté... La pro-
« priétaire de la maison, une fameuse *luronne*, a
« pour mari un officier municipal, grand patriote,
« point méchant homme au reste... Il est surtout fort
« intéressé, et il faudra le payer d'avance. »

Je remerciai vivement Mlle Girard : j'étais si content
d'avoir trouvé où reposer la tête! Il y avait bien la
promesse du payement anticipé qui me troublait un

peu, car, depuis un mois, comme je l'ai dit, je n'avais pas un sou dans ma poche.

Mais je payai d'audace, et je lui dis : « J'accepte « tout... allons seulement voir cette chambre. » Et prenant aussitôt congé de l'abbé Girard, je me rendis avec sa sœur chez Mme Grandin, ma nouvelle propriétaire.

Je trouvai une femme assez polie, mais bavarde au dernier point. Elle se mit à poser devant moi pour l'aristocrate : elle en fut pour ses frais, car je ne répondis nullement à ses avances.

La chambre qui m'était destinée était au-dessus du quatrième étage, et c'est par une échelle en bois qu'on y montait. Bien que je m'attendisse à ne trouver qu'une pauvre chambre, les bras me tombèrent quand je vis celle où il me fallait loger.

Elle n'avait pas de plafond, et c'était la charpente du toit qui en tenait lieu. Pour lit, il y avait trois planches sur deux tréteaux avec une méchante paillasse et un matelas très dur, et le reste du mobilier consistait en une vilaine table de bois et deux chaises de paille.

Néanmoins je fis contre mauvaise fortune bon cœur, et je dis en riant :

« Je suis vraiment très satisfait; je viendrai demain « soir, sur les huit heures. »

Comme nous descendions l'escalier, Mme Grandin me dit : « J'oubliais de vous prier, monsieur, d'apporter

« des draps... Quant aux arrhes, je ne vous en demande
« pas, parce que Mlle Girard vous connait. »

Encore cette fois, je l'échappai belle, n'ayant pas d'argent; mais, sans trahir aucun embarras, je lui dis d'un ton dégagé : « Eh bien, donc, à demain ! »

Puis je pris congé de Mlle Girard et je résolus de rentrer aussitôt à Paris, afin de mettre au courant de tout cela Mme Dellebart, que je n'avais pas vue depuis longtemps.

J'arrivai chez elle à huit heures du soir.

Elle fut si contente et à la fois si surprise de me revoir, qu'elle se trouva mal. Quant à sa fille, elle eut une attaque de nerfs, mais c'était de peur. Elle était assez poltronne et ne ressemblait guère à sa mère.

Mme Dellebart fut enchantée de savoir que j'avais pris une chambre à Passy : « Ah! tant mieux! me
« dit-elle... Vous ne vivrez donc plus comme une bête
« féroce, vous le plus sociable des hommes. »

Elle me fit servir à dîner, et nous veillâmes, selon l'habitude, jusqu'à deux heures après minuit : elle avait envoyé dormir sa fille à dix heures. Je lui racontai tout au long comment j'avais vécu depuis notre séparation.

Nous restâmes encore ensemble le lendemain, et, sans que j'eusse besoin de lui demander rien, elle me dit : « Puisque vous avez un asile, je veux vous donner
« tout ce qui vous est nécessaire. »

Elle me remit en effet des draps, des serviettes, deux chemises de son défunt mari, du café moulu, du sucre, deux cravates et aussi une bouteille de vin de Malaga.

Elle fit de tout cela un bon et solide paquet, qu'elle voulut me faire porter par François, mais je m'y refusai.

La nuit étant venue, je partis avec ce paquet assez lourd, de la rue Sainte-Apolline, près de la porte Saint-Martin, pour aller jusqu'à Passy.

J'étais si peu habitué à porter un fardeau, que j'étais contraint de m'arrêter presque à chaque pas pour le mettre tantôt sur mes épaules, tantôt sous mon bras droit et tantôt sous le gauche. Je n'étais pas arrivé à la place Louis XV[1], que j'étais en nage.

Je cheminai le long de la Seine par Chaillot et passai la barrière sans même m'en apercevoir. J'aurais dû alors prendre à droite, du côté de la montagne des Bons-Hommes ; mais je marchais rêvant à ma triste position et à l'obligation où j'étais de paraître content, alors que j'avais la mort dans l'âme et que je n'avais pas un sou dans ma poche ; bref, j'étais distrait, et je continuai tout droit.

Il pleuvait et il faisait une nuit noire.

Les côtés de ce chemin sont affreux quand il a plu :

---

[1] Place de la Concorde.

j'enfonçais parfois jusqu'au genou dans les bourbiers. Plus d'une fois même, il s'en fallut peu que je ne m'étendisse tout de mon long dans la boue avec mon paquet.

Cependant, quand je fus à la montée du Point-du-Jour, je m'aperçus que je devais m'être trompé.

Heureusement qu'un blanchisseur passait au même moment :

« Est-ce que je suis loin de Passy? » lui criai-je.

« — Pardieu ! vous l'avez dépassé depuis longtemps...
« Retournez sur vos pas, et marchez jusqu'à ce que
« vous arriviez à une lanterne...; à partir de là, vous
« prendrez à gauche et vous arriverez à la montagne
« des Bons-Hommes. »

J'étais tellement épuisé, qu'en me voyant obligé de faire encore plus d'une demi-lieue, je ne pus me contenir et je pleurai à chaudes larmes.

Enfin, j'arrivai chez Mme Grandin. Il était onze heures passées, et je marchais, chargé de mon paquet, depuis huit heures.

Je trouvai mon hôtesse de fort méchante humeur :
« On ne fait pas attendre le monde comme vous faites...
« Vous venez chez moi comme un mendiant... tout
« crotté... Une voiture n'est pas si chère, ici, surtout
« quand on a un paquet à porter. »

Je ne soufflai mot. Je comprenais bien que mon arrivée à cette heure-là et dans un pareil équipage devait donner à cette femme une très mauvaise idée de moi.

Mais sa fille, qui était âgée de dix-neuf ans, et qui me témoigna dans la suite beaucoup d'intérêt, prit mon parti :

« Comme vous traitez cet homme, qui me paraît
« à moi digne de compassion! dit-elle à sa mère...
« Offrez-lui plutôt de se chauffer et de manger.

« — Je vous remercie de tout mon cœur, lui
« répondis-je d'un air reconnaissant...; je n'ai besoin
« de rien.... Priez seulement votre mère de me faire
« conduire à ma chambre. »

Elle s'adressa alors à la domestique, et je l'entendis qui lui disait : « Conduisez-le à sa chambre et faites-lui
« son lit... C'est peut-être un pauvre émigré qui se
« cache. »

Notre conversation en demeura là, et suivant la domestique, je montai et me couchai aussitôt.

Je dormis assez peu et me levai de bon matin.

Comme je traversais la salle d'en bas pour sortir, j'y retrouvai la jeune fille. Elle était grande, avec de très beaux yeux, mais un air assez froid. Saisissant l'occasion : « Je m'empresse, lui dis-je, de profiter du moment
« où vous êtes seule pour vous marquer combien j'ai
« été touché des preuves d'intérêt que vous m'avez
« données hier au soir... Je vous prie de bien disposer
« votre mère en ma faveur, et de lui dire que ce soir je

« viendrai de très bonne heure et en meilleur équipage
« qu'hier. »

Comme je sortais, j'aperçus tout près une boutique de perruquier et j'entrai.

On me fit la barbe et l'on me mit un peu de poudre : j'avais pris en m'habillant une cravate fraîche; bref, j'avais l'air d'un honnête homme.

Quand j'entrai chez le perruquier, j'avais oublié que je n'avais pas un sou dans mon porte-monnaie, et c'est seulement quand ma toilette fut finie que je m'en ressouvins.

« Ah! mon Dieu! m'écriai-je, j'ai oublié mon porte-
« monnaie... Mais attendez, je demeure ici près chez
« Mme Grandin, et j'y cours.

« — Non, non, monsieur, me répondit le perru-
« quier; ne prenez pas cette peine...; ce sera pour
« quand vous repasserez. »

J'allai ce jour-là au village de Neuilly, puis à Courbevoie.

Comme je passais devant le château de Madrid, je fus agréablement surpris de rencontrer l'une de mes meilleures amies, la marquise d'Eutelx, qui était Avignonnaise. Elle s'appelait de Graveson, de son nom de famille, et était fille de la comtesse de Vogüé.

Elle s'était réfugiée à Neuilly à l'époque du décret contre les nobles.

Elle fut très contente de me voir, d'autant qu'elle

vivait elle-même dans l'isolement : son mari était loin d'elle, et commandait, en qualité de général, les armées de la République. Elle voulait absolument que j'allasse m'établir chez elle.

Je refusai fermement, quoique à regret. Bien m'en prit, car j'appris bientôt que le Comité de sûreté générale avait fait arrêter tous les nobles qui habitaient Neuilly.

Je ne pus toutefois refuser de dîner avec elle, et je ne m'en séparai qu'un peu avant la nuit, afin de retourner chez Mme Grandin.

Cette fois, mon hôtesse était de fort bonne humeur. Elle m'offrit de me chauffer et même de me rafraîchir.

« Je vous remercie, madame », lui répondis-je... Puis, abordant le sujet délicat : « Je n'ai pas oublié, « poursuivis-je, que je dois vous payer à l'avance le « loyer de ma chambre...; seulement, je voudrais bien « que le citoyen, — c'était son mari, — fût ici, parce « que je veux un reçu.

« — Oh! oh! fit Mme Grandin, le citoyen n'est pas « près de paraître... : il est à la Commune, en train de « boire ou de s'amuser avec des[1]...; mais vous payerez « quand vous voudrez. »

A ces mots, je m'empressai de lui souhaiter une bonne nuit et j'allai me coucher.

---

[1] *Ragazze*, en italien.

Toutefois, ce manque absolu d'argent m'inquiétait beaucoup. Je craignais, si je ne payais pas comme je m'y étais engagé, de passer pour un vagabond.

Je me présentai, dans la matinée du lendemain, chez l'abbé Girard, pour faire une visite et remercier sa sœur. Elle me dit :

« Vous plaisez beaucoup à Mme Grandin, mais elle « se plaint que vous êtes trop sauvage et qu'elle ne « vous voit jamais qu'en passant... Vous lui feriez « plaisir en restant le soir au salon.

« — Eh bien! répondis-je, je n'y manquerai pas. »

Néanmoins, j'étais bien décidé à n'en rien faire. Car Mme Grandin, je le répète, était bavarde comme une duègne, et c'était une femme des plus acariâtres.

Il me suffisait que Mlle Girard lui eût dit que j'étais prêtre.

Toutefois, je tins ma promesse ce soir-là, et je restai quelque temps chez Mme Grandin.

Sa fille se montra tout à fait aimable. Elle me dit qu'elle m'avait recommandé à son père, bien que je ne l'eusse point encore vu; elle avait ajouté qu'elle aurait beaucoup de peine s'il m'arrivait malheur dans leur maison. Son père lui avait répondu d'être bien tranquille, que les personnes qui logeaient chez lui, — il aurait pu ajouter « surtout quand elles payent bien », — ne couraient aucun risque.

Mme Grandin me demanda aussi comment je me trouvais dans ma chambre :

« Pas trop bien, lui répondis-je...; mais il faut se
« contenter de ce qu'on peut avoir.

« — Eh bien, me dit-elle, confuse sans doute de me
« faire payer si cher un pareil galetas, vous aurez pour
« le même prix la première chambre du troisième qui
« sera libre... » Puis, poursuivant avec un ton mystérieux : « Nous avons eu une alerte cette nuit... Le
« Comité révolutionnaire a fait des perquisitions, sur-
« tout au château de la Muette. Mon mari a été forcé
« d'y prendre part en qualité d'officier municipal... Ils
« voulaient même venir chez nous, mais Grandin a
« montré son écharpe tricolore, en s'écriant qu'il ne
« permettrait à personne d'entrer chez lui... On recher-
« chait un abbé qui est noble, et qui avait autrefois
« une position au Palais... »

Ah! me disais-je, en écoutant Mme Grandin, c'est moi... je suis perdu ! — « L'a-t-on nommé, madame », lui demandai-je, « et l'a-t-on découvert?

« — Non, fort heureusement », répondit-elle.

Je n'avais plus la moindre envie de dormir cette nuit-là dans ma chambre, et je sortis de la maison le plus vite que je pus, en demandant seulement une clef à Mme Grandin. Elle m'en donna une aussitôt, ajoutant que, du reste, sa maison, à cause du grand nombre des locataires, n'était jamais fermée.

Je passai cette fois une nuit épouvantable. Très inquiet de tout ce que l'on venait de me dire, je ne me couchai pas, mais je me rendis tout de suite au carrefour de Mortemart, au coin du bois, afin de voir si le réverbère du Comité révolutionnaire était allumé.

Il l'était, en effet, et ne s'éteignit qu'à cinq heures du matin.

CHAPITRE VII

UNE SEMAINE ACCIDENTÉE.

« Connaissez-vous une vieille femme nommée Marianne? » — Le citoyen Grandin. — M. de La Feuillade. — L'internonce fait sa cuisine et tient son conseil dans les fourrés du bois de Boulogne. — Une promenade botanique à la suite de M. de Jussieu dans le bois de Meudon. — M. Collet, ancien président à Saint-Domingue. — Verte réplique de Blanchet à madame de La Rochefoucauld. — Un mauvais garnement. — Le coup de foudre.

Cependant, le manque complet d'argent dans lequel je me trouvais était pour moi un véritable supplice.

Heureusement que j'avais informé mon correspondant de la Suisse, résidant à Saint-Maurice en Valais, que le banquier Caccia m'avait refusé de l'argent et que j'étais dans le plus grand embarras. Il me répondit en me disant d'aller trouver de temps à autre son ancienne nourrice, dont il m'envoyait l'adresse.

C'était une certaine Marianne, âgée de soixante-quinze ans, une brave femme qui était toute au bon Dieu. Elle demeurait près de la rue Bertin-Porée, dans une ruelle adjacente à la place de Grève; mais il avait oublié de m'indiquer le numéro, ou bien moi-même je l'avais laissé échapper de ma mémoire.

Comme il était encore de bon matin et qu'il faisait mauvais temps, je jugeai que je n'avais rien de mieux à faire que de me mettre à la recherche de cette bonne femme.

Je mis longtemps à trouver la rue; mais quand j'y eus réussi, ce fut bien autre chose pour découvrir la maison. Chaque fois que je demandais : « Connaîtriez-« vous une vieille femme nommée Marianne? » on me répondait invariablement : « Nous ne la connaissons « pas. » Enfin, je pris le parti d'entrer dans toutes les maisons et de faire tous les étages.

Bien entendu, il m'arriva ce qui arrive d'ordinaire quand on cherche une chose parmi beaucoup d'autres : je ne trouvai ma vieille qu'après avoir monté l'un après l'autre tous les escaliers de la rue, de sorte que j'étais exténué.

J'arrivai de la sorte jusqu'à la troisième avant-dernière maison à main droite : elle était fermée par une porte en bois à claire-voie.

Je crois bien que je montai au-dessus du cinquième étage, et apercevant en face de moi deux portes vermoulues qui se touchaient presque, machinalement je heurtai à la première.

Une vieille femme vint m'ouvrir.

Je lui demandai si c'était elle qui avait nom

Marianne : « Oui », me répondit-elle; et après m'avoir regardé fixement : « Entrez », me dit-elle. Puis, elle se dirigea vivement vers un vieux buffet, ouvrit un tiroir et en retira une grande lettre, qu'elle me remit.

Je lui demandai si elle avait besoin de quelque chose. « Je n'ai besoin de rien », me répondit-elle.

Alors, je la remerciai et courus aussitôt chez Mme Dellebart, pour ne sortir de Paris qu'à la nuit tombante.

Il m'était plus aisé, en effet, d'entrer que de sortir.

Je trouvai Mme Dellebart malade. Ma présence lui causa quelque soulagement, et elle écouta avec plaisir le récit de mes dernières aventures.

J'ouvris mon paquet chez elle : il renfermait deux assignats de mille francs chacun.

Je remerciai la Providence, qui ne m'abandonnait pas, et je ne demandai plus maintenant qu'à retourner à Passy et payer Mme Grandin.

Après avoir solidement dîné, je repris mon chemin à la tombée de la nuit.

« Nous étions en peine de vous, me dit Mme Gran-
« din en me voyant; voilà déjà deux jours que vous
« n'avez pas paru.

« — Cela est vrai, madame, mais j'avais affaire à
« Paris, et j'y suis allé... Peut-être, ajoutai-je, étiez-
« vous aussi en peine de votre argent... : le voici... »

Et je jetai sur la table deux assignats de cent francs.

Au même instant survint M. Grandin. C'était un homme grand, brusque et passablement brutal. « Ah! « dit-il, c'est vous, citoyen... Je suis fâché de ne vous « avoir pas encore vu... : je suis si occupé à la Commune « qu'il ne me reste pas un instant... A propos, il y a « plusieurs jours que vous êtes chez moi, il faut donc « que je vous présente à la Commune, et nous nous y « rendrons demain soir. »

Je fus atterré à cette annonce.

Je savais bien que tout le monde était obligé de se présenter et d'exhiber son certificat de civisme, mais je croyais que Mlle Girard m'en avait fait exempter.

Pris au dépourvu, je répondis que j'étais bien fatigué, que, du reste, mes papiers étaient à Paris; bref, je lui demandai deux jours.

Et, sur l'heure, je sortis et allai me plaindre à Mlle Girard.

« Je n'ai consenti, lui dis-je, à payer deux cents francs par mois, que dans l'assurance où j'étais de me trouver à l'abri de toutes les persécutions... S'il en est autrement, je m'en vais, et je suis fâché d'avoir payé mes deux cents francs. »

Mlle Girard s'efforça de me calmer :

« Soyez tranquille, me dit-elle, j'arrangerai tout cela. »

En effet, il n'en fut plus question.

A la suite du décret contre les nobles, un grand

nombre de personnes s'étaient réfugiées à Passy. Ceci ne laissait pas de m'inquiéter, car je courais par là même plus de risques d'être reconnu. Aussi je résolus de ne jamais me montrer dans le village pendant la journée, et de ne rentrer qu'à la nuit, quand je verrais que le réverbère du Comité révolutionnaire était éteint.

Je n'étais pas au bout de mes ennuis.

Mme Grandin, qui était extrêmement intéressée, ne se souvint plus qu'elle m'avait promis de me donner pour le même prix une chambre plus convenable. Elle alla jusqu'à me dire un jour :

« Il est bien fâcheux pour moi de vous avoir loué
« ma mansarde : j'en trouve maintenant trois cents
« francs. »

Et comme je ne répondais rien : « Au reste, ajouta-
« t-elle, vous êtes fort heureux... vous ne serez pas
« obligé comme tous les autres nobles de vous faire
« inscrire à la Commune et d'aller vous présenter tous
« les jours à sept heures du soir, parce que vous êtes
« venu ici avant le décret.

« — Mais qui vous a dit, madame, que je suis
« noble?

« — Personne ne me l'a dit... mais je le devine en
« vous examinant... Vous avez sous vos vêtements gros-
« siers des manières qui vous trahissent...

« — Eh bien ! lui répliquai-je, je vous prie de garder
« vos soupçons pour vous. »

Sa fille, qui avait vu que cette réflexion de sa mère m'avait embarrassé, intervint aussitôt : « Maman, lui « dit-elle, que vous importe que monsieur soit noble « ou non?... Gardez-vous bien de parler de cela à papa... Vous savez qu'il n'aime pas les nobles et qu'il « est toujours à quereller M. de La Feuillade. »

M. de La Feuillade occupait, en effet, une chambre dans la même maison, mais j'avais évité de le rencontrer.

Il avait un brave homme de domestique, qui épiait le moment où j'étais seul dans ma mansarde. Alors, il venait me demander si je n'avais pas besoin de quelque chose. Et cependant, il ne me connaissait nullement.

Cependant, j'étais fâché de ne jamais manger de soupe.

Je me procurai donc un tout petit fourneau et une petite casserole, que je portais attachée par un bout. J'achetais ce qu'il me fallait aux femmes qui s'en vont vendre par le village, de la salade, des carottes, du céleri et toutes sortes de légumes. Puis, quand je voyais qu'on distribuait un peu de beurre dans les endroits par où je passais, je me mettais à la queue et j'en obtenais un demi-quarteron, et parfois même un quarteron tout entier. Parfois aussi, après plus d'une heure d'attente, je me retirais les mains vides.

Je m'établissais ensuite dans la partie la plus écartée du bois; j'allumais du feu avec un briquet et des brindilles de bois, je faisais cuire le tout ensemble, et ma soupe, sans grands frais, était excellente.

Il n'y a que trois ans que l'on m'a cassé mon fourneau, et j'en ai éprouvé une grande peine. Quant à la casserole, je l'ai encore; il n'y manque que le manche.

Quand je fus un peu plus libre, j'achetai un tout petit huilier, en faïence grossière, pour manger de la salade, mets que j'aime beaucoup. Je le conserve aussi précieusement.

Ces deux objets me rappellent mes infortunes, la détresse où je me suis trouvé, et ils me prouvent qu'il ne faut que bien peu à un homme pour vivre.

Je n'oubliais pas, non plus, les graves intérêts dont j'étais chargé.

De temps en temps, je rassemblais mon petit conseil, qui se composait maintenant des seuls abbés Le Moyne et Girard.

Je n'y avais plus appelé M. Joli. Il avait beaucoup de talent, mais ne possédait pas à fond les matières ecclésiastiques. Puis, il était trop scolastique, et moi, je ne voulais que de la morale; il était aussi trop vif pour diriger sainement une administration spirituelle : enfin, je ne voulais pas que nous fussions trop nombreux.

Néanmoins, je le consultais quelquefois.

Je rencontrai un jour, dans le bois de Meudon, M. de Jussieu : il était accompagné de tous ses élèves, parmi lesquels se trouvaient même des femmes.

Je me mis à sa suite, écoutai avec intérêt toute sa leçon, et allai dîner avec eux à Sèvres. Nous fîmes un bon repas, nous eûmes le café, — il y avait bien longtemps que je n'en avais pris; — le tout pour un modeste assignat de cinq francs. Pendant tout ce temps, personne absolument ne prit garde à moi.

Le soir, je me sentais bien fatigué; mais, quelque envie que j'en eusse, je ne pus gagner ma mansarde qu'à huit heures du matin[1].

Le lendemain, passant aux environs d'Auteuil, je vis venir à ma rencontre un individu très âgé, qu'il me semblait connaître.

C'était, en effet, M. Collet, ancien président de Saint-Domingue et grand-père de cette dame que Mme de Cheuheuse avait accueillie[2]. Il avait quatre-vingts ans. J'étais fort lié avec lui.

Comme je l'abordais, il me dit : « C'est vous-même « que je cherchais... En venant dîner à Auteuil chez « mes cousines, comme je le fais chaque mardi, j'y ai « trouvé Mme d'Aulnay : elle m'a appris que vous étiez « dans le bois de Boulogne... Elle m'a également chargé « de vous annoncer que l'affaire du Parlement est en « bon train, et que vous pouvez être tranquille. »

Tous les parents de cette dame étant en prison

---

[1] A cause du réverbère du conseil municipal, qui restait allumé.

[2] Ricettato? Je ne sais à quoi l'auteur fait allusion.

pour la même affaire, je la crus bien informée et ajoutai foi à ce message.

Et cependant, en réalité, les choses allaient plus mal que jamais.

J'aurais dû me défier. Je savais que Mme d'Aulnay voyait toujours les choses en beau.

Quoi qu'il en soit, je fus bien réconforté pour le moment.

Je profitai de la rencontre pour prier ce vieillard de se rendre à la prison des Anglaises, afin d'y visiter Blanchet qu'il connaissait fort bien, et dont je n'avais plus de nouvelles depuis longtemps.

Il accepta volontiers. Quand je le revis, huit jours après, il m'annonça que personne ne pouvait communiquer avec elle, mais qu'elle était en bonne santé.

J'appris depuis d'autres détails de la bouche même de Blanchet.

La longueur de son emprisonnement finissait par lui faire perdre patience. Puis, elle continuait à endurer des humiliations et des mortifications.

C'est ainsi que Mme la duchesse d'Anville La Rochefoucauld la raillait en lui disant :

« Citoyenne Blanchet! vous serez guillotinée comme « nous.

« — Je le sais bien, répondait Blanchet, mais il y « aura de la différence entre nous. Moi, je mourrai « pour votre cause, que vous avez, vous, abandonnée...

« et vous mourrez, vous, bien que vous ayez épousé la
« cause des patriotes... Ce sera bien plus dégradant
« de périr ainsi... Personne ne vous plaindra, mais moi,
« tous les gens honorables qui apprendront mon triste
« sort me pleureront..... J'ai toujours été une aristo-
« crate, moi!... et vous, vous avez été toujours l'amie
« de ce méprisable Condorcet, sur le compte de qui je
« pourrais vous en dire de belles! »

Sur ces entrefaites, ayant à faire pour Rome un important envoi, j'entrai chez l'abbé Le Moyne, j'écrivis une lettre et je me hasardai, — car j'étais plus tranquille et plus confiant, — à la porter moi-même, la nuit, à la grande poste.

Je la jetai dans la boîte au moment où la sentinelle tournait le dos.

Je m'en revins par Chaillot et rentrai par la barrière Sainte-Marie, que je savais moins bien gardée. Et en effet, la sentinelle, ce soir-là, dormait sur son banc.

Par bonheur, je trouvai le réverbère éteint, et je pus aller tout droit à ma mansarde, où je dormis jusqu'à dix heures du matin.

Ce jour-là, je fus me promener à Suresnes. Les autorités de ce village étaient si bonnes, qu'elles n'obligeaient pas même les nobles à se présenter devant la Commune. Aussi je me dirigeais assez volontiers de ce côté.

Je me risquai même à entrer dans une auberge et à demander à manger.

On me servit une fricasssée de porc frais, des pommes de terre, du pain et un peu de vin blanc.

Il m'arriva le lendemain une terrible aventure. J'étais rentré dans Paris pour faire, chez le premier épicier venu du Roule, quelques emplettes dont j'avais besoin. Je me rappelle que j'achetai du sucre, entre autres choses. C'était à sept heures du matin.

Je jetai en payement sur le comptoir un assignat de 5 francs, un « corset », comme on disait alors.

« Il est faux ! » s'écria le jeune homme qui m'avait « servi... Allons à la section...: on doit faire punir tous « ceux qui sont porteurs de faux assignats. »

Aller à la section ou aller à la mort, c'était tout un pour moi.

« Citoyen, lui répondis-je, je ne suis pas obligé « de vous croire sur parole...; mais comme je n'ai pas « le temps d'aller à la section, voici d'autres assignats... « prenez celui qui vous plaira et déchirez le faux... Si « j'ai été trompé, c'est à moi seul d'en subir les consé- « quences. »

Mais rien n'y fit. Ce scélérat voulait absolument me conduire à la section.

De mon côté, je résistai vigoureusement.

A la fin, une domestique qui balayait la cuisine me prit en pitié, et s'adressant à ce jeune homme :

« Eh! que t'importe, lui dit-elle, que cet assignat
« soit faux ou non, puisque ce monsieur t'en donne
« un autre?..... Laisse-le aller, sinon je vais appeler le
« patron... Serais-tu content si quelqu'un te conduisait
« à la section malgré toi? »

A ces mots, il se décida à me lâcher.

Je m'en allai épouvanté. J'avais eu une frayeur indicible. J'étais déjà hors de la barrière que je tremblais encore de tous mes membres à la pensée du danger que j'avais couru.

J'allai le lendemain me promener à Meudon.

Il faisait un très beau temps. Nous étions déjà à la mi-avril et même au delà.

J'entrai dans un café et demandai de la bière et un biscuit. J'avais retiré mon chapeau, à cause de la grande chaleur, et je circulais dans la salle, tout en buvant ma bière.

Tout à coup, un citoyen se précipita dans le café en s'écriant plein de joie : « Allons! c'est aujourd'hui le
« tour du Parlement... Ils sont tous sur les bancs des
« criminels... : il ne manque que ce scélérat de Sa-
« lamon! »

Un coup de foudre, retentissant tout à coup à mes oreilles, ne m'aurait pas autant épouvanté qu'une pareille nouvelle.

Je saisis à la hâte mon chapeau, payai et me dirigeai au plus vite vers Passy. J'allais comme le vent.

14

Arrivé au village, je frappai à la porte d'un de mes amis, qui s'y était aussi retiré, M. Fournier de La Chapelle, ex-intendant d'Auch. Je lui racontai ce que je venais d'apprendre au sujet du Parlement et j'ajoutai :

« C'est exactement le contraire de ce que Mme d'Aul-
« nay m'avait fait annoncer, il y a quelques jours à
« peine, à savoir, que l'affaire du Parlement marchait
« bien... Allez, je vous en prie, vous informer de la
« vérité.

« — Vous voyez, me répondit-il, que la nuit vient...
« S'il en est ainsi que vous dites, il n'y a plus de
« remède, et mieux vaut dormir encore cette fois dans
« l'incertitude... Demain, je partirai dès six heures, et
« à huit heures je serai à la Pyramide, dans le bois de
« Boulogne, auprès de Bagatelle... : trouvez-vous-y. »

Je ne fermai pas l'œil de toute la nuit, et avant le jour, j'étais déjà au rendez-vous.

M. Fournier arriva à l'heure dite.

Il avait l'air consterné.

« Ils sont tous morts ! » murmura-t-il...

Il ajouta : « Voici le journal ! Vous y verrez que vous-
« même êtes condamné à mort par contumace. »

CHAPITRE VIII

LES DEUX FUGITIVES.

Au plus épais du bois. — « Gardez le silence, qui que vous « soyez ! » — Le chemin des écoliers. — A tâtons. — Sapho. — « Pardonnez-moi, mademoiselle... » — Visite à Marianne. — Lettre du cardinal Zelada. — Détails curieux sur la correspondance diplomatique de l'internonce avec Pie VI.

A partir de ce jour, je n'osai plus rentrer à Passy et je demeurai plongé dans un abattement extrême.

Je ne savais quel parti prendre.

Je restais continuellement au plus épais du bois de Boulogne.

Il me semblait que chacun de ceux que je rencontrais lisait sur mon visage que j'étais hors la loi, et allait courir me livrer au bourreau.

Une nuit, je fus réveillé, au milieu de mes rêves, par les cris perçants de deux femmes qui reculèrent épouvantées en m'apercevant à travers l'obscurité de la nuit.

C'étaient la mère et la fille, qui fuyaient, elles aussi, un mandat d'amener.

Je leur criai : « Gardez le silence, qui que vous « soyez !... Vous n'avez rien à craindre. »

A ce moment, la fille se prit à dire : « Je crois recon-
« naître ce monsieur pour l'avoir vu passer plusieurs
« fois dans la rue de Passy et entrer dans la maison de
« Grandin. »

Comme elles me demandèrent ce que je faisais dans
le bois si tard : « — La même chose que vous y faites
« sans doute vous-mêmes », leur répondis-je.

La confiance s'établit vite de part et d'autre. On
devine cependant que je ne leur fis de mon côté aucune
confidence.

La mère me proposa de les accompagner, car il
allait pleuvoir.

Elle ajouta qu'elles possédaient un appartement dans
un quartier retiré :

« Mais, madame, lui dis-je, comment pouvez-vous
« vous confier à un homme que vous ne connaissez
« pas?

« — C'est, me répondit-elle, que vous me paraissez
« malheureux comme nous... Du reste, nous n'avons
« rien à craindre de notre liaison avec vous, et vous
« contribuerez à nous rassurer.

« — S'il en est ainsi, je suis prêt à vous suivre... Où
« allons-nous?

« — Outre notre appartement à Passy, me répondit
« la mère, nous en avons un second, plus caché et bien
« loin d'ici... Suivez-nous. »

Pour m'y conduire, elles me firent faire un grand

détour. Elles semblaient même chercher à m'égarer, car pour aller au faubourg du Roule et gagner les terrains vagues[1] situés près de la barrière, nous passâmes par la place Louis XV, au lieu de couper au plus court par la porte Maillot.

Cela me porta à croire que, malgré tout, elles n'avaient pas en moi une entière confiance.

Comme nous arrivions auprès de la maison, elles me dirent d'attendre un peu.

Alors, la mère s'en alla, dans le plus grand mystère et sans lumière, ouvrir la porte.

J'avoue qu'en ce moment je me repentis, — sans trop savoir pourquoi, — d'avoir suivi ces femmes.

Néanmoins j'entrai, conduit par la fille, qui me tenait par la main, car il faisait très noir, et je me trouvai dans un vestibule fort beau et fort bien meublé.

Nous passâmes dans une grande salle, où elles me désignèrent un long canapé : « Voici votre lit, me « dirent-elles... Nous allons vous donner des draps. »

Mais elles voulurent auparavant me faire visiter tout leur appartement et me montrer en particulier l'endroit où elles couchaient : c'était un entresol assez étroit, où l'on montait par un escalier situé près de la salle à manger.

Pour procéder à cette inspection, elles s'étaient déci-

---

[1] *Giardini a piantarsi.*

dées à allumer un flambeau, et c'est seulement alors que je pus les envisager.

La mère, qui portait environ quarante ans, était très gracieuse et très vive. Un rien la faisait rire, et elle ne cessait de me plaisanter sur ma carmagnole.

La fille, qui pouvait avoir dix-neuf ans, pleine au reste d'amabilité, était laide à faire peur, mais elle me fit meilleure impression que sa mère.

Elles me proposèrent de manger, et, sur mon refus, elles se mirent à préparer elles-mêmes mon lit :

« Je sens, leur dis-je, que je dormirai bien peu...
« que n'ai-je au moins à lire quelque livre italien !...

« — Comment ! s'écria la mère, vous savez l'ita-
« lien ?... Tant mieux, vous nous l'apprendrez.

« — Mais, madame, je ne saurais longtemps demeu-
« rer avec vous.

« — Et pourquoi, monsieur ? nous serons ici tant
« qu'il nous plaira..... Pour vous, vous me semblez
« malheureux, et votre extérieur annonce un homme
« de bonne naissance.

« — Vous me flattez beaucoup, lui répondis-je.....
« mais je suis obligé de vous quitter dès demain. »

Sur ce, elles m'apportèrent *Sapho*[1] en italien, et nous allâmes nous coucher.

Il pouvait être deux heures du matin.

---

[1] *Les Aventures de Sapho,* roman de Verri, l'auteur des *Nuits romaines.*

Je m'endormis en lisant, ma bougie tout allumée, et me réveillai au point du jour, brusquement, au bruit de la porte de la rue qui se fermait : « Ah! mon Dieu!
« me dis-je intérieurement, qu'est-ce que cela signifie?...
« elles s'en vont et me laissent seul..... Qui sait? ce
« sont peut-être des femmes de mauvaise vie, qui
« veulent me jouer un vilain tour... Cependant, ajou-
« tai-je pour me calmer, elles n'ont point l'air
« méchant... »

Très inquiet, je m'habillai promptement et n'attendis pour sortir que l'instant où il ferait un peu plus clair.

Mais je voulus, avant tout, savoir si ces dames étaient encore dans leurs chambres.

Je montai vivement à l'entresol, et allai droit à celle de la mère.

Je la trouvai vide.

Je me dirigeai vers celle de la jeune fille; je l'aperçus dans son lit, qui riait :

« Pardonnez-moi, lui dis-je, mademoiselle, si j'entre
« dans votre chambre, mais j'ai lieu d'être surpris
« d'avoir entendu sortir de la maison de si bonne
« heure.

« — C'est maman, me répondit-elle, qui est allée
« rue de Grammont, assister au mariage d'une de ses
« parentes, mais elle reviendra pour dîner... Elle m'a
« bien recommandé de vous prier de rester pour ce
« repas... nous avons une excellente dinde. »

Je la remerciai beaucoup, mais j'insistai pour partir sur-le-champ.

Elle me laissa donc aller, en me criant : « Eh bien ! alors, à ce soir, six heures ! »

Comme je me trouvais à Paris, j'en profitai pour aller rendre visite à celle qui était ma providence, la vieille Marianne.

Elle me remit un pli qui venait de la Suisse.

Cette fois, je l'ouvris chez elle, et j'y trouvai encore mille francs en assignats. Pour le coup, je forçai la bonne Marianne à accepter vingt francs.

Le cardinal secrétaire d'État Zelada me marquait de nouveau que le Pape m'accordait toutes les permissions, pourvu que je parvinsse à m'échapper : « Car Sa
« Sainteté, ajoutait-il, craint toujours que *son petit*
« *jacobin*, — c'est ainsi que m'appelait le pape Pie VI,
« — ne vienne à tomber entre les mains des *buveurs*
« *de sang*. »

C'est qu'en effet, lorsque j'écrivais au Pape, je prenais parfois le langage des jacobins. C'était un moyen de faire passer mes lettres, au cas où l'on viendrait à les ouvrir.

Quand je lui annonçais une défaite : « Pardieu,
« disais-je, vive la République ! Il y a eu un grand
« combat, et ces scélérats d'Autrichiens ont fait mordre
« la poussière à un grand nombre de nos braves
« patriotes ; mais nous allons bientôt prendre notre

« revanche sur ces vils soldats de la tyrannie. »

J'écrivais au cardinal sous le pseudonyme de « Giu-
« seppe Evangelisti[1] », et il me répondait sous celui
de « citoyen Blanchet », en prenant le nom de ma
pauvre bonne servante, ou encore il signait « Eysser[2] »,
qui est le nom d'une de mes aïeules italiennes.

De la sorte et grâce à la bonté de Dieu, ma correspondance avec Rome n'a jamais été interrompue,
pas même sous la Terreur.

[1] C'était le nom du secrétaire de légation, adjoint par Pie VI
à Pierracchi, pour les négociations de 1796 avec le Directoire.
V. Préf.

[2] L'auteur écrit ailleurs (liv. IIIe) : Eysseri.

CHAPITRE IX

RÉUNION.

Chute de Robespierre. — Lettre de l'internonce au citoyen Legendre. — La baronne de Courville et sa fille. — Blanchet se met à la recherche de son maître : leur rencontre au Ranelagh. — Une visite de l'internonce à Bourdon de l'Oise.

Je n'eus plus depuis lors d'aventure fâcheuse.

Chaumette, procureur de la Commune, et les autres scélérats périrent sur l'échafaud. Robespierre lui-même eut enfin le même sort [1].

Sa chute ranima mon courage, qui était profondément abattu depuis la mort de mes excellents amis, et je me déterminai aussitôt à écrire au Comité de sûreté générale, pour réclamer la liberté de Blanchet.

Je fis la lettre la plus émouvante que je pus, en faveur de cette fidèle servante. Je racontai par le détail toutes les horreurs qu'il lui avait fallu endurer à la section de Bondy. J'insistai en particulier sur la mort de son enfant, qu'on avait eu la barbarie d'abandonner en plein mois de janvier, à quatre heures du matin, sur le pavé de la rue des Augustins, à demi nu, sans secours,

---

[1] 10 avril et 28 juillet 1794.

sans asile, si bien qu'il était mort trois jours après, à l'hospice de la Charité de la rue des Saint-Pères.

Pour conclure, je demandais qu'on la remît immédiatement en liberté, puisqu'elle n'avait rien à se reprocher, sinon d'avoir été jusqu'au bout une excellente gouvernante, et de s'être montrée fidèle à son maître, à celui qu'elle avait élevé dès sa plus tendre jeunesse.

Puis, j'allai à la rencontre du président Collet, comme il se rendait, selon sa coutume, chez ses cousines, à Auteuil, pour y dîner, et je le priai de porter ma lettre à la nièce de mon secrétaire, avec recommandation de la faire parvenir à son adresse.

Elle tenait une maison de blanc, rue de Seine, et connaissait Legendre, car elle était l'amie de sa sœur.

Tout fut exécuté de point en point. Ma lettre eut un plein succès. Blanchet sortit le jour même, de sorte que le président Collet vint me dire le lendemain :
« Blanchet est libre ! elle est déjà rentrée chez vous...
« On a laissé les scellés sur les pièces que vous occupez,
« mais le reste est libre. »

Je ressentis un grand soulagement en apprenant cette heureuse nouvelle, et, me sentant moins triste, je retournai chez mes deux dames, que je n'avais pas vues depuis longtemps.

Cependant, je dois dire que j'étais allé manger la dinde, comme la fille m'en avait prié.

Mes soupçons s'étaient dissipés, et j'étais enchanté d'avoir fait leur connaissance, car c'étaient des personnes du meilleur monde.

La dame s'appelait la baronne de Courville, et son mari était commandant de Saint-Dizier.

Quand elle me dit son nom, je restai un instant interdit; car je me souvenais qu'une certaine baronne de Courville s'était trouvée gravement compromise dans le procès du cardinal de Rohan, au sujet du fameux collier. Mais je sus bientôt que ce n'était pas la même personne.

Cette dame vit encore, mais son aimable fille est morte à l'âge de vingt-trois ans. Elle était déjà veuve.

Elle mourut pendant le procès que je soutins pour le Pape[1], et l'on m'a rapporté qu'étant à l'agonie, elle demanda : « Ce monsieur est-il sauvé? » — « Oui », lui répondit-on. — « Eh bien, quand vous le verrez dites-lui que j'en suis très contente. »

Ce ne fut qu'assez tard que ces dames surent mon nom : aussi, quand elles parlaient de moi, elles m'appelaient « ce monsieur ».

Cependant, Blanchet se mit à ma recherche, deux jours après sa sortie de prison, parcourant le bois de Boulogne en compagnie de la boulangère qui avait recueilli son enfant.

---

[1] Liv. IIIe.

Elle finit par me rencontrer dans le chemin du Ranelagh.

Elle était si pâle, si maigre, que de loin je ne la reconnus pas.

Elle s'approcha de moi en tremblant, sans prononcer une seule parole, par crainte de me compromettre.

Je lui dis de se rassurer, qu'il n'y avait plus autant de danger que par le passé.

Son premier soin fut de me remettre trois cents francs, qu'elle tenait encore entre ses mains.

Elle les avait gagnés en blanchissant le linge des dames prisonnières aux Anglaises. Elle était fort adroite et avait mieux aimé travailler que de se laisser nourrir par les nobles, comme l'avaient ordonné les patriotes.

Mais elle m'a avoué qu'elle n'avait pas à se louer de la plupart de ces grandes dames. Aussi leur prenait-elle fort cher, et comme elle blanchissait et repassait supérieurement, ces dames, qui gardaient leur coquetterie jusqu'en prison, n'en voulaient pas d'autre qu'elle pour lingère.

Toutefois, elle s'était attachée, comme j'ai dit, à la vieille Mme de La Rochefoucauld, qui avait les jambes couvertes de plaies, et que ses femmes de chambre avaient abandonnée.

Elle me quitta en pleurant.

Je lui recommandai de venir me voir sans crainte dans ma mansarde, que je lui indiquai en revenant avec elle par la grande rue de Passy.

Elle m'apprit aussi que la section de l'Unité, où je demeurais, et qui m'était favorable, avait enlevé de chez moi les deux gardes, qui m'avaient coûté chacun cinq francs par jour, pendant deux mois, et qui m'avaient brûlé quatre charretées de bois, tout ce que j'avais de chandelles, et mangé mon huile[1]. Par bonheur, ils ne touchèrent pas à la cave, et cela grâce à Blanchet, qui avait eu la présence d'esprit d'y faire apposer les scellés.

Je me gardai bien de lui parler de son fils, mais mon silence suffit à lui faire connaître son malheur.

Je lui recommandai de quitter la rue des Augustins et de prendre un appartement faubourg du Roule, pour être plus près de moi et de Passy, où j'ai conservé un pied-à-terre pendant huit ans environ.

Il me fallut prendre encore quelques précautions jusqu'au 9 novembre, parce qu'un instant la Terreur avait reparu[2].

Enfin, je me déterminai à agir pour obtenir la levée des scellés de mon appartement et me faire rendre

---

[1] *E mangiato tutto il mio oglio.* Ce détail n'étonnera aucun de ceux qui connaissent l'excellente huile du Midi. Elle se mange avec le pain comme le beurre dans le Nord.

[2] Sans doute après le 13 vendémiaire.

mes livres, mes belles pendules et mon argenterie.

Dans ce but, j'allai trouver Bourdon de l'Oise, qui avait été procureur au Parlement, méchant homme, mais qui n'avait eu autrefois qu'à se louer de moi. Il demeurait rue des Saints-Pères.

Bien qu'il se fût écoulé huit ans depuis notre dernière rencontre, il me reconnut aussitôt, et brusquement :

« Tiens! dit-il, c'est toi?... Entre...; que veux-tu?

« — Écoute, lui répondis-je, tu me connais comme
« un homme franc et loyal?

« — Oui! répliqua-t-il avec vivacité.

« — Et moi, ajoutai-je, je te connais aussi comme un
« homme franc et loyal, méchante tête, du reste, mais
« bon cœur... Aussi, je te demande un service.

« — Mais n'as-tu pas souscrit la protestation de la
« chambre des vacations du Parlement?

« — Eh bien! Bourdon de l'Oise, après? Tu sais
« mieux que personne qu'au Parlement la minorité
« était obligée de se rallier à la majorité et de signer
« avec elle. C'est ainsi que j'ai souscrit la protestation,
« bien que j'y fusse opposé.

« — A la bonne heure!... Eh bien! que puis-je faire
« pour toi?

« — Obtenir que l'on enlève les scellés de mon
« appartement et que l'on me rende tout ce qu'on m'a
« pris.

« — Viens ce soir au Comité de section, et je te
« rendrai ce service.

« — Mais je suis condamné à mort par contumace...
« puis, le décret contre les nobles n'a pas été révoqué...
« si je vais au Comité, on m'arrêtera.

« — Sois sans crainte, me dit-il, tu te réclameras de
« Bourdon de l'Oise... Écoute, tu as vu dans un jour-
« nal que je n'étais qu'un ivrogne et que je ne faisais
« que boire du vin de Bordeaux... En voici encore un
« panier; veux-tu boire?

« — Merci bien, lui répondis-je, mais je vois de très
« beaux raisins sur ta table; j'en prendrai volontiers.

« — Comme tu voudras. »

Je pris trois ou quatre petites grappes de raisin et m'en allai en les mangeant. Je me rendis le soir au Comité, où l'on rendit un décret en ma faveur. Les scellés furent levés sans qu'il m'en coûtât rien.

Seulement, on ne m'a jamais rendu ce que l'on m'avait pris.

ÉPILOGUE

Mort de Blanchet et de madame Dellebart.

Voilà donc achevé, Madame, le récit de la seconde époque de mes malheurs. Il y a encore beaucoup d'autres petits détails, mais qui ne pourraient que vous ennuyer. Seulement, votre cœur si sensible vous a sans doute inspiré de l'intérêt pour ma fidèle servante et pour mon excellente amie, Mme Dellebart, et peut-être vous voudriez savoir ce qu'elles sont devenues.

La première est morte il y a six ans[1], après avoir été en proie, pendant quatre mois entiers, à une cruelle maladie. Je ne pus la sauver comme elle m'avait sauvé, mais j'eus la consolation de la convaincre que j'épuisais, pour la conserver, tous les moyens humains. Pendant les neuf mois et demi qu'elle garda le lit, je la veillai de concert avec une domestique que je lui avais donnée pour l'aider depuis quelques années. Je passais régulièrement trois nuits par semaine à son chevet, et les autres nuits j'étais obligé de me lever

---

[1] Vers 1805, d'après la date présumée de la composition de ces Mémoires. Il n'est donc pas étonnant que nous retrouvions Mme Blanchet mêlée au procès de l'internonce en 1797. V. liv. IIIe.

souvent plus d'une fois, car cette pauvre femme ne pouvait souffrir personne que moi. C'est moi qui lui faisais prendre ses remèdes, et je lui rendais tous les services qu'on rend aux malades, même les plus bas, autant par affection que par reconnaissance.

Elle mourut avec un grand courage. Se voyant près de sa fin, elle ne me parla pas de sa mort, par crainte de me causer une peine trop grande, mais elle demanda son confesseur et M. Colin, mon notaire. Je les fis venir aussitôt, et elle me rendit par testament tout ce que je lui avais donné, car elle n'avait que des parents fort éloignés. Un moment avant de mourir, elle me regarda fixement, sans rien dire, et cependant je voyais qu'elle voulait parler. Alors je lui dis : « Que « veux-tu, Blanchet? dis-le-moi... Je ferai tout ce que « tu voudras. » — « Vous embrasser », murmura-t-elle. — « Eh bien! ma chère amie, embrasse-moi...; pourquoi « ne me l'as-tu pas dit tout de suite? » La voyant à l'agonie, je récitai moi-même les prières de la recommandation de l'âme. Elle expira le matin, doucement, comme quelqu'un qui s'endort. Je lui fis faire une sépulture convenable. On chanta à l'église du Roule une messe solennelle, et, avec ses amis que j'avais invités, je l'accompagnai à sa dernière demeure.

J'ai eu également la consolation de rendre les derniers devoirs à Mme Dellebart. La Révolution avait fait sur elle une impression profonde, outre qu'elle l'avait

dépouillée d'une partie de ses revenus. Elle tomba malade. Sa fille m'écrivit un billet pour me dire que l'état de sa mère, déjà très mauvais auparavant, avait encore empiré, et qu'elle se plaignait de ne m'avoir pas vu depuis longtemps. Bien qu'il fût onze heures du soir quand je reçus ce message, je courus aussitôt rue Sainte-Apolline. Je la trouvai bien malade. Personne n'avait encore osé lui parler des sacrements. Ce n'est pas qu'elle fût sans religion, mais elle n'était pas pieuse et repoussait de toutes ses forces la pensée de la mort. Ne sachant trop comment aborder ce sujet, je l'entretins de mes malheurs et des consolations que j'avais puisées dans la religion : « C'est elle, lui disais-je, qui
« m'a soutenu dans ma détresse; c'est grâce à mes
« prières que j'ai conservé la vie et que j'ai obtenu de
« vrais miracles, puisque je suis sorti sain et sauf du
« milieu des massacres... C'est encore Dieu qui, tout
« récemment, m'a sauvé la vie, alors que j'étais près de
« tomber entre les mains des bourreaux, qui venaient
« de me condamner à mort[1]... Mais vous autres, gens
« du monde, ajoutai-je, vous ne levez point vos regards
« vers le Ciel, vous ne recourez jamais à la religion...
« Et vous-même, chère amie, vous si bonne et si chari-
« table, ce n'est pas à Dieu que vous demandez votre

[1] Aucune allusion à l'issue heureuse de son procès, qui eut lieu en 1796. La mort de Mme Dellebart arriva donc en 1795, peu après les événements qui font le sujet de ce livre IIe.

« guérison, c'est à votre médecin, qui est incapable de
« vous soulager... Vous êtes faible, sans doute, mais je
« vous vois remplie de bons sentiments... Demandez à
« Dieu de vous rendre vos forces, et vous serez guérie...
« Je prierai avec vous, et vous serez exaucée... Mais il
« faut commencer par purifier votre âme, parce qu'il y
« a longtemps que vous ne vous êtes pas confessée :
« eh bien! il faut le faire, et tout le reste viendra...
« Parlez, et j'irai vous chercher un confesseur pour
« demain. » Elle demeura un instant silencieuse, puis
me tendant la main, une main tout amaigrie déjà et
cependant belle encore, — Mme Dellebart avait été très
belle : — « Je vous remercie, mon ami... Dieu vous a
« sauvé pour me rendre ce service... N'allez chercher
« personne...; un homme aussi bon que vous ne peut
« être qu'un confesseur plein de compassion..., et j'ai
« besoin d'indulgence. » — « Eh bien! lui répondis-je,
« reposez-vous maintenant, car il est une heure du
« matin... moi-même, je vais dormir un peu, mais je
« ne vous abandonne pas; demain matin, je serai près
« de vous. » Je la quittai sans dire à sa fille un seul
mot de tout ceci, car elle l'aurait obsédée à force de
lui dire de se bien préparer. C'était, comme je l'ai dit,
une personne méticuleuse et fatigante, assez régulière
comme religieuse, mais, du reste, ne pensant qu'aux
choses de ce monde. Sa pauvre mère, qui la connaissait bien, me disait quelquefois : « Vous ne savez pas

« combien ma fille me fait souffrir! » Mme Dellebart m'envoya, comme d'habitude, mon petit déjeuner dans ma chambre, en me faisant prier de descendre à dix heures. Comme j'entrais : « J'ai passé une très bonne « nuit, me dit-elle, et c'est à vous que je le dois...; achevez « donc votre œuvre. » Après l'avoir confessée, je lui expliquai que ne pouvant rester longtemps avec elle, j'allais me rendre à la paroisse de Bonne-Nouvelle, où je connaissais un prêtre, pour y prendre une Hostie consacrée. Quand je revins, je m'aperçus qu'elle avait elle-même prévenu tout son monde de la bonne action qu'elle venait d'accomplir. Sa fille était à genoux au pied de son lit. Pour ne point lui causer trop d'attendrissement, l'ayant d'ailleurs bien préparée, je ne lui fis aucune exhortation. Je me contentai de dire le *Confiteor*, qu'elle récita avec moi, et après l'absolution accoutumée, je lui donnai la communion. Tout était à la joie dans la maison, et ce qui me consola beaucoup, c'est qu'elle se trouva mieux le lendemain : elle put même se lever deux heures dans la journée; mais c'était une de ces lueurs passagères qui présagent la mort. Je retournai à Passy et revins le lendemain. Elle était dans une faiblesse extrême, et le médecin me dit qu'elle n'avait plus beaucoup de temps à vivre. « Combien elle « doit être heureuse, pensai-je alors, d'avoir reçu les « sacrements! » Comme je lui demandais si elle voulait que je récitasse les prières, ajoutant qu'il valait

mieux le faire plus tôt que plus tard : « Oui, murmura-
« t-elle, je le veux bien. » Je me hâtai donc de réciter
les prières des agonisants. Comme elles finissaient, elle
me demanda si je ne voudrais pas accepter un souvenir de son affection : « Volontiers, lui répondis-je,
« et je le garderai précieusement. » Elle me donna
alors une bague enrichie de diamants, une de ces bagues
qu'on appelle, je crois, un « jonc ». « J'ai aimé autrefois,
« me dit-elle encore, les œuvres de Voltaire et de Rous-
« seau... : les voulez-vous? » — « Oui, lui répondis-je...
« c'est même un sacrifice qu'il faut faire, car ces deux
« philosophes ont beaucoup nui à la religion, et je ne
« veux pas que vous les gardiez plus longtemps. »
Enfin, elle mourut pieusement, mais après avoir beaucoup pleuré. Je quittai la maison, en promettant à sa
fille de revenir le soir réciter l'office des morts. Le
lendemain, je dis les prières, donnai l'absoute, et fis
dans la chambre même toutes les cérémonies qu'on a
coutume de faire avant de jeter la terre sur le corps;
car, à cette époque, les prêtres ne sortaient pas.
J'accompagnai les restes de Mme Dellebart jusqu'au
cimetière de la barrière Blanche, et je n'ai cessé, depuis
lors, de pleurer cette excellente et charitable amie.

LIVRE III

MON PROCÈS SOUS LE DIRECTOIRE

CHAPITRE PREMIER

PIE VI ET LE DIRECTOIRE.

Coup d'œil rétrospectif sur l'internonciature de Mgr de Salamon. — Un projet de concordat entre le Pape et le Directoire : MM. del Campo, Pierracchi et le cardinal Busca. — Une soirée chez un banquier flamand : le prince Belmonte, ambassadeur à Naples, et le prince de Reuss. — M. Cochon, préfet de police, fait arrêter le courrier expédié par l'internonce à Pie VI[1].

La dernière partie de mes aventures se place après la Révolution[2].

Aussi périlleuse que les autres, elle fut encore plus humiliante pour moi.

C'est alors, en effet, que je me vis jeté dans un cachot, qui ne recevait le jour que par une étroite ouverture, pratiquée au plus haut de la muraille et garnie de barreaux en fer, et où je n'avais pour lit que de la paille.

---

[1] Sur les détails historiques contenus dans ce chapitre, voir la Préface.
[2] Mgr de Salamon fait finir la Révolution au Directoire.

C'est alors aussi que je fus transporté à la Grande Force, au milieu des voleurs, et enfin incarcéré à la Conciergerie, cette lugubre prison, d'où l'on ne sort d'ordinaire que pour aller à la mort.

J'étais sous le coup d'une accusation *capitale*, et pendant le cours de cinq mois environ, j'eus pour adversaire le terrible Directoire, qui avait résolu de m'envoyer à l'échafaud.

J'étais, à l'en croire, le chef de la conspiration la plus habilement ourdie, et douze cartons découverts dans mes appartements, à Paris et à Passy, contenaient les preuves de la conspiration la plus criminelle.

Bref, je me trouvai dans une situation si critique, que je me vis abandonné de tous, même de mes meilleurs amis.

En 1790, lors du départ du nonce Dugnani, j'avais été nommé par le feu pape Pie VI internonce auprès de Louis XVI. Obligé de remplir, en cette qualité, toutes les fonctions de nonce apostolique, je reçus officiellement les différents brefs du Pape contre la constitution civile du clergé, et les transmis, *dans les formes canoniques,* aux archevêques métropolitains, dont beaucoup étaient encore en France, à charge pour ceux-ci de les adresser officiellement à leurs suffragants respectifs. C'est ainsi que se publiaient les actes émanés du Saint-Siège.

Moi-même, je donnai, de mon côté, à ces brefs la plus

grande publicité possible, les faisant traduire en français, et imprimer, malgré le décret de l'Assemblée nationale, qui prononçait la peine de mort contre tous ceux qui « publiaient, imprimaient ou colportaient » des brefs ou autres actes émanés de la cour de Rome.

Quand il s'agit des intérêts de notre sainte religion, aucune considération humaine ne doit arrêter un vrai chrétien, et moins encore un homme qui, comme moi, était l'organe du Saint-Siège.

Du reste, Dieu me récompensa de mon zèle et de ma fidélité, car les imprimeurs et les libraires qui furent poursuivis à cette occasion ne m'ont jamais dénoncé.

C'est également à moi qu'incomba la triste mission de notifier au cardinal de Brienne, archevêque de Sens, le décret de la Sacrée Congrégation des cardinaux, qui le retranchait du Sacré Collège, et lui interdisait de porter l'habit de cardinal[1].

Je me chargeai de l'internonciature pour répondre au désir du Pape, mais elle fut cause que je me vis conduit aux massacres des 2 et 3 septembre, d'où, par une permission divine et contre toute attente, je sortis sain et sauf.

A la suite de ces tristes scènes, je reçus un témoignage non équivoque de la satisfaction du chef suprême de l'Église.

---

[1] Décret du 26 septembre 1791.

La Sacrée Congrégation pour les affaires de France, — laquelle n'était composée que de cardinaux, — me nomma par décret vicaire apostolique de tout le royaume et aussi du Brabant.

J'entretenais en cette qualité une correspondance active avec les nonces de Bruxelles et de Lucerne, en Suisse, et avec le vice légat d'Avignon, qui s'était réfugié à Nice.

Effrayé de la lourde responsabilité qui pesait sur moi, et me défiant de mes propres forces, je me formai un petit conseil.

Mon immense correspondance exigeait également une prudence extrême.

Je dois dire que si j'ai réussi en tout, c'est grâce au concours de quelques bons prêtres et de beaucoup de femmes pieuses, toujours pleines de ressources pour le service de Dieu.

Elles me fournissaient, en particulier, des moyens sûrs pour expédier des lettres, et des adresses tout aussi sûres pour en recevoir.

C'est ainsi que j'ai rempli ma mission, sans être inquiété et presque sans interruption, jusqu'en 1796.

Le Directoire parut alors vouloir se rapprocher du Pape, et il fit faire en ce sens quelques ouvertures par le marquis del Campo, ambassadeur d'Espagne.

Le cardinal Busca, secrétaire d'État et nouveau ministre du Pape, m'ordonna de m'aboucher avec

M. del Campo, et m'envoya, pour être mon second, un ecclésiastique italien nommé Pierracchi.

Nous eûmes des conférences avec le ministre des affaires étrangères[1].

Il s'agissait de conclure un Concordat entre le Pape et le Directoire.

Ce dernier faisait beaucoup de concessions, pour obtenir que Sa Sainteté sanctionnât la constitution civile du clergé. La moitié des anciens évêques auraient été rappelés et rendus à leurs sièges, et la moitié des évêques constitutionnels auraient été conservés. En cas de vacances, le Directoire présenterait trois sujets, et le Pape choisirait l'un d'eux, pour remplir le siège vacant.

Telle était la base de ce Concordat, offert par le Directoire.

Il était déjà *imprimé*, mais on exigeait des évêques et des prêtres un nouveau serment. Ce serment déplut à Pie VI, qui refusa fièrement ce qu'on lui proposait.

Aussitôt, le Directoire rompit toute négociation; l'abbé Pierracchi reçut l'ordre de partir dans les vingt-quatre heures, et l'on m'insinua à moi-même que je devais m'éloigner pour quelque temps.

Sur ces entrefaites, le général Bonaparte faisait les

---

[1] En 1796, le ministre des relations extérieures, comme on disait alors, était Ch. Delacroix. Il eut pour successeur Talleyrand.

plus rapides progrès en Italie. Déjà les légations de Bologne, de Ferrare et d'Urbin étaient envahies, et, pour conserver le reste, le Pape s'était vu dans la triste nécessité d'envoyer au général français le cardinal Mattei et son propre neveu, le duc Braschi, afin de lui demander la paix.

Le général français accorda, moyennant une contribution de quelques millions, un armistice, pendant lequel on devait négocier pour la paix définitive.

Cependant, ces conditions étaient dures. Pie VI ne les avait consenties que pour gagner du temps et sauver sa capitale, mais sa secrète intention était de s'allier avec le roi de Naples, et d'en obtenir un secours considérable en hommes.

Dans ce but, il rassemblait en secret une petite armée, et en confiait le commandement à un général autrichien [1], que lui avait envoyé l'empereur d'Allemagne.

En outre, il concluait avec le roi de Naples un traité, aux termes duquel celui-ci s'obligeait à lui envoyer une armée considérable.

J'avais appris ces nouvelles depuis peu, et elles m'avaient rendu quelque tranquillité, lorsque, ayant été invité à passer la soirée chez un banquier flamand, qui recevait les étrangers, je remarquai que le prince Bel-

---

[1] Le général Colli.

monte, ambassadeur de Naples, était tout radieux.

Cela m'inspira beaucoup de soupçons, et je me mis à l'observer de plus près.

Je vis aussi qu'il m'avait reconnu, et qu'il avait aussitôt détourné les yeux.

Pour moi, je ne le perdis pas de vue, et, sans y mettre d'affectation, je me rapprochai de lui, de façon à nous trouver presque dos à dos, et à saisir, si l'occasion s'en présentait, ce qu'il pourrait dire ou répondre.

Le hasard me servit mieux que je n'aurais osé l'espérer.

Un prince allemand, le prince de Reuss, que j'avais autrefois rencontré dans les salons, s'étant approché de l'ambassadeur, lui demanda, après les compliments d'usage, s'il y avait quelque chose de nouveau : « Oui, « lui répondit celui-ci, la paix a été conclue entre « le roi de Naples et le Directoire... Je l'ai signée ce « matin même. »

On devine aisément ma surprise et ma consternation à cette nouvelle que je n'attendais nullement.

J'étais tout oreilles pour saisir autre chose, mais je ne pus recueillir de nouveaux renseignements.

Aussi, dès que cela me fut possible, j'abordai le prince de Reuss et lui demandai de me dire franchement ce que lui avait annoncé l'ambassadeur de Naples.

Ce prince en avait toujours usé amicalement avec moi, et il connaissait ma mission, m'ayant rencontré plus d'une fois à la cour des Tuileries, lorsque j'y venais en qualité d'internonce.

Il me répondit sans détours : « Le roi de Naples a fait sa paix avec le Directoire, et c'est assurément un événement grave, qui va influer sur le sort du Pape. »

Sans répondre à cette réflexion, je lui demandai si le prince Belmonte était entré dans quelques détails. « Non, me répondit-il ; je sais seulement que son cour-« rier est prêt et qu'il est sur le point de partir. »

Je pensai intérieurement : « Le Pape est trahi ! Il est perdu !... Avec sa fierté naturelle et se croyant soutenu par une forte armée de Napolitains, il rompra l'armistice ; le général français envahira Rome et le fera prisonnier. »

A l'instant, l'idée me vint d'expédier un courrier à Sa Sainteté, pour l'instruire de cet événement, et lui recommander de n'être pas le premier à rompre l'armistice.

Le Pape entretenait toujours auprès de moi un courrier de cabinet, nommé Guillaume. Je sortis donc sur-le-champ pour le dépêcher. Naples étant plus éloigné de Paris que Rome de cent cinquante milles, le Pape pouvait être instruit de la conclusion de la paix avant le roi de Naples lui-même, et avoir le temps d'aviser. Mon courrier était toujours muni d'un passeport pour la Suisse, afin de pouvoir partir à chaque instant : aussi, dès une heure après minuit, il se trouvait déjà hors de Paris.

Mais, soit qu'il eût parlé, soit qu'on le « filât », il fut poursuivi par les ordres du ministre de la police, qui était alors M. Cochon, et arrêté à Pontarlier, au moment où il prenait un léger repas[1].

On saisit ses dépêches, mais on le laissa en liberté.

Il avait eu grand tort de ne pas continuer à marcher une demi-heure de plus : il se serait trouvé dans le Valais, en pays étranger, il eût rempli sa mission, je n'aurais pas gémi cinq mois dans les fers, et le Pape aurait été sauvé.

Toutefois, j'avais dans le même temps envoyé par la poste une copie de ma dépêche, en me servant, comme d'habitude, d'une fausse adresse. Elle fut exactement reçue, mais elle arriva trop tard.

Je la terminais en disant que si l'on rompait l'armistice, Sa Sainteté n'avait plus d'autres moyens de salut que de mettre en sûreté sa personne et tout ce qu'Elle possédait de plus précieux.

Pie VI avait pris ce dernier parti, et les ordres avaient été donnés pour quitter Rome le lendemain. C'est le pape Pie VII, actuellement régnant, qui me l'a affirmé. Lui-même devait faire partie de la suite du Pape, à titre de parent et d'obligé ; car, de moine qu'il était, Pie VI l'avait fait évêque de Tivoli, et ensuite cardinal.

---

[1] *Nel momento che egli mangiava un pezzo di pane :* comme il cassait une croûte, *en style familier*.

Mais deux généraux d'Ordres, le général des Dominicains et celui des Camaldules, et aussi deux cardinaux, le firent, pendant la nuit, changer de résolution, et quand le cardinal Chiaramonti, — aujourd'hui Pie VII, — se présenta le matin au Quirinal, il trouva tout tranquille, et on lui apprit que le Pape dormait encore.

Pie VI eut à regretter d'avoir suivi ces conseils.

Aussi, quand ces mêmes cardinaux vinrent le visiter à la Chartreuse de Florence, il sortit de sa torpeur, et leur dit tout en colère : « Si j'avais suivi les conseils « de l'abbé de Salamon et de mon neveu, je n'en serais « pas là. »

C'est le duc Braschi lui-même qui m'a raconté plus tard cette anecdote.

CHAPITRE II

LA CONSPIRATION DE L'INTERNONCE.

Descente inopinée des agents de police au domicile de l'internonce. — Il est arrêté avec Mme Blanchet. — Le cachot de la préfecture de police. — Mme Colin. — Une perquisition dans l'appartement de l'internonce à Passy : encore Mme Grandin. — Nuit tragique.

Après cette courte digression, je reviens à mon sujet.

Je m'applaudissais déjà d'avoir envoyé un courrier au Pape, et je pensais qu'il avait heureusement fait route par la Suisse, lorsque Mme Blanchet entra tout à coup dans ma chambre, — nous étions alors rue Saint-Florentin, — et me dit : « Monsieur, il y a là trois « personnes de la police, qui demandent M. Eysseri « Blanchet.

« — Faites-les entrer », me contentai-je de répondre.

Ils me renouvelèrent aussitôt la même demande

« — Je ne connais pas cet individu, leur dis-je.

« — En ce cas, nous avons ordre de visiter vos « papiers.

« — A votre aise... Voici mon cabinet et mon secré- « taire. »

Ils ne trouvèrent absolument rien, sinon quelques

lettres, qui avaient trait à une sorte de commerce en Suisse.

J'envoyais en effet dans le Valais beaucoup de livres de piété et toutes les publications nouvelles, afin que de là ils arrivassent au Pape.

Car Pie VI était très curieux. Il m'avait demandé de lui envoyer toutes les caricatures et tous les livres récemment parus, fussent-ils dirigés contre sa personne.

En retour, je recevais de l'Italie du chocolat, et les agents trouvèrent même la facture du prix et du port d'un certain fromage de Gruyère, que l'on m'expédiait aussi; mais, furieux de ne pas découvrir autre chose, ils bouleversèrent mon appartement de fond en comble.

Pendant tout ce temps, Blanchet n'avait pas osé souffler mot : elle était toute tremblante. A la fin, voyant passer l'heure du repas, elle se prit à dire qu'elle allait chercher du bouillon.

« — Et moi, ajoutai-je, je m'en vais continuer mon
« travail, car je suis en train de soutirer une barrique
« de vin, et je ne puis la laisser ainsi.

« — Halte là, citoyenne! crièrent-ils à Blanchet;
« vous ne pouvez sortir d'ici.

« — Avez-vous un ordre pour arrêter cette femme?...
« montrez-le-moi... Elle ne sait ni lire ni écrire, et
« n'est ici que pour me servir.

« — Nous allons le chercher, mais, en attendant,
« nous prenons sur nous de l'arrêter. »

L'un deux sortit et revint une heure après, avec un mandat d'amener contre la veuve Blanchet.

Je me souviens qu'il y avait entre autres parmi ces policiers un homme abominable, nommé Bertrand; mais il est mort, n'en parlons plus : c'est Dieu qui s'est chargé de me venger. Quant à moi, outre que Dieu le défend, je dédaigne naturellement la vengeance.

Les agents dressèrent un procès-verbal, que je refusai de signer, et nous conduisirent, moi et Blanchet, entre quatre hommes, à la Police.

Il était huit heures du soir.

Arrivés dans ce lieu sinistre, on nous y fit attendre une heure entière, et pendant tout ce temps, il y avait des personnes qui allaient et venaient, et après nous avoir regardés avec curiosité, elles s'éloignaient en murmurant : « Ce sont des *conspirateurs*. »

Enfin, je fus conduit dans un véritable cachot, car on n'y arrivait qu'après avoir descendu un escalier.

Je n'y trouvai qu'une méchante paillasse bien dure, étendue par terre, une couverture tout à fait usée, et point de draps.

Puis, je n'avais rien pour m'asseoir, sinon un siège qui était placé dans un coin de cette même pièce et destiné à satisfaire aux besoins de la nature.

Le gardien s'en alla, tira les verrous sur moi et me laissa seul, sans aucun secours, et sans même s'informer si je n'avais pas besoin de manger, et cependant, depuis la veille, je n'avais pris qu'un potage.

J'appris le lendemain qu'on avait conduit Blanchet dans la prison où l'on jette les voleurs et les femmes de mauvaise vie qui traînent dans la rue.

Quant à moi, je ne pus fermer l'œil, car je fus dévoré toute la nuit par les puces et tourmenté par de grosses souris, espèce de bêtes qui m'a toujours fait horreur. J'étais sans cesse occupé à frapper sur ma paillasse, afin de les écarter.

Le jour était déjà venu depuis longtemps, que je l'attendais encore avec impatience. Ce cachot n'avait, en effet, qu'une petite fenêtre : encore elle était bien haute et ne recevait elle-même de lumière que d'une seconde fenêtre à peu près semblable. Aussi y faisait-il si sombre, que, m'eût-on donné un livre, je n'aurais pu m'en servir.

Vers dix heures, la porte s'ouvrit avec fracas, et l'on m'apporta une livre de pain très noir et presque encore tout chaud, un de ces plats en bois qu'on nomme une « gamelle », contenant du bouillon et des choux verts, cuits avec un peu de beurre tout rance, enfin une cruche d'eau et un gobelet en bois.

C'est seulement à la clarté du jour qui pénétrait par la porte entr'ouverte que je distinguai tout cela.

Je dévorai toute la croûte du pain, en la détachant avec les doigts, mais il me fut impossible de manger la mie, qui était encore toute chaude et mal cuite. Je la jetai dans la cruche d'eau, afin que les souris ne pussent pas la manger, mais je fis très mal, car on me laissa la même eau pendant deux jours entiers, si bien que je me vis forcé de la boire.

Je m'y pris mieux les autres jours, et jetai la mie ainsi que mon bouillon dans le trou qui me servait de commodités.

J'étais dans cet horrible cachot depuis huit jours, abandonné de la nature entière, quand j'entendis tout à coup ma porte s'ouvrir avec un grand fracas : c'était vers le milieu du jour.

Sitôt qu'elle fut ouverte, je vis une femme s'avancer sur le seuil, sans oser entrer, tant l'intérieur lui paraissait obscur.

Je reconnus bien vite la femme de mon notaire, Mme Colin, avec laquelle j'étais très lié depuis un grand nombre d'années. C'était une femme sensible et compatissante, excellente amie autant que bonne mère, pleine d'esprit, avec la figure la plus agréable. « Il y « a donc encore, lui dis-je, quelqu'un qui s'intéresse à « moi!... Je n'ai point de siège pour vous faire as-« seoir... : reposez-vous sur l'escalier de ma prison. »

Elle s'assit et me regarda fixement, et me voyant avec une longue barbe de huit jours, tout abattu, avec du linge presque noir et des vêtements en désordre, elle se prit à fondre en larmes en s'écriant : « Ah! mon « Dieu! mon ami, dans quel état je vous vois!... J'ai

« forcé la prison pour vous voir... On m'a menacée, on
« m'a inscrite sur le registre comme suspecte : n'im-
« porte, j'ai voulu vous voir...; j'ai été hardie, j'ai
« redoublé d'instances, je me suis fait violence à moi-
« même, jusqu'à plaisanter avec ces gens-là..., et
« vous savez, ajouta-t-elle en souriant, qu'une jolie
« femme finit toujours par obtenir ce qu'elle veut...
« Enfin, mon cher ami, me voici... Mais qu'avez-vous
« donc fait?... Vous passez auprès de tout le monde
« pour un criminel qui va avoir la tête tranchée. Tous
« vos amis s'éloignent, et vous êtes regardé comme un
« homme déjà mort... Dites-moi donc la vérité... Vous
« passez pour le chef d'une conspiration : on a répandu
« le bruit de tous côtés qu'on a trouvé dans votre
« maison douze cartons qui contiennent une corres-
« pondance avec les ennemis de l'État. »

Je la laissai continuer tant qu'elle voulut, car cette excellente dame parle avec une extrême volubilité. J'essuyai ses reproches sans mot dire, et quand elle eut terminé : « Avez-vous tout dit? lui répondis-je... Eh
« bien! tout ce qui vous a été rapporté n'est qu'un long
« tissu de mensonges et une abominable méchanceté...
« On ne m'a pas même encore appris la cause de mon
« arrestation... Je ne suis pas un conspirateur, et l'on
« n'a trouvé chez moi ni cartons ni lettres. »

A ces mots, elle me sauta au cou, en s'écriant :

« — Ce que vous me dites est-il bien vrai?

« — Vous connaissez assez ma franchise pour croire
« que je ne voudrais pas vous tromper, au moment
« surtout où vous vous exposez pour venir à mon
« secours... A quoi bon, du reste? vous connaîtriez
« bientôt la vérité... Non, je vous le répète, je ne suis
« pas coupable.

« — Eh bien! tranquillisez-vous, mon ami; je m'en
« vais travailler pour vous... En attendant, je vais vous
« envoyer du linge blanc, du pain, des bouteilles de bon
« vin, et une de ces dindes rôties que mon cuisinier
« arrange, comme vous le savez, dans la perfection. »

Je la remerciai de tout mon cœur.

Sa visite, à laquelle je ne m'attendais pas, m'apporta une grande consolation. C'était un ange que Dieu m'envoyait pour ranimer mon courage abattu.

Je la suppliai, toutefois, de ne pas revenir avant qu'on m'eût interrogé; car je craignais qu'elle ne se compromît, et aussi qu'on ne vint à lui refuser l'entrée.

Depuis ce moment, cette excellente femme, qui était pleine d'esprit et aussi de dévouement à l'égard de ses amis, ne cessa de courir çà et là, sans craindre de s'exposer, pour dire que tout ce que l'on racontait sur mon compte était faux, qu'on n'avait découvert chez moi aucune lettre, et que j'ignorais même la cause de mon incarcération.

Cela fit respirer mes amis, et j'appris dans la suite qu'ils commencèrent dès lors à parler en ma faveur.

La Police ayant su que j'avais un autre appartement à Passy, — je l'ai conservé pendant huit années entières, — résolut d'y procéder à une perquisition, et les mêmes individus qui étaient venus m'arrêter rue Saint-Florentin revinrent le dixième jour de mon arrestation me reprendre, pour me conduire à Passy, afin que je fusse présent à la visite de mes papiers.

Ils m'offrirent de prendre une voiture pour ne pas trop me fatiguer ; mais je vis bien que c'était pour eux plutôt que pour moi qu'ils me faisaient cette offre ; aussi je leur répondis que je m'en passerais, qu'ils pouvaient en prendre une pour eux, mais que je ne la payerais pas.

Nous primes donc le chemin de Passy, en longeant la Seine par Chaillot.

J'aperçus de loin l'aimable, la respectable Mme d'Aubusson, qui avait tant d'amitié pour moi. Je ne voulais pas tourner les yeux de son côté, mais elle me reconnut et, sans rien craindre, elle me cria : « Bonjour! je reviens de déjeuner... je vous attends bientôt. » Moi, je craignis de la compromettre, et m'adressant aux sbires qui m'accompagnaient : « A qui parle cette femme? » leur dis-je. Ils ne me répondirent rien.

Quand nous fûmes arrivés à Passy, ils demandèrent au juge de paix et au maire la permission d'opérer une perquisition dans mon appartement.

Ceux-ci, qui me connaissaient depuis longtemps,

furent surpris au delà de tout ce qu'on peut dire, en me voyant arrêté, et ils leur répondirent : « Citoyens, « vous devez vous tromper...; ce citoyen est un très « honnête homme, et depuis qu'il se trouve sur la « commune, il n'a jamais donné lieu à aucune plainte. »

Toutefois, ils accordèrent la permission, qu'ils ne pouvaient du reste refuser, mais ils poussèrent l'intérêt pour moi jusqu'à venir en personne assister à cette visite.

Mes gardiens la firent des plus minutieuses; mais n'ayant absolument rien trouvé, ils s'emparèrent d'un cahier de vers, dans le genre badin[1], que j'avais composés pour me distraire, et d'une lettre de ma sainte mère.

Je leur fis remarquer que cette lettre n'avait aucun intérêt pour eux; que c'était la lettre d'une tendre mère à son fils, pour verser ses peines dans son cœur, et que ce serait de leur part un inqualifiable procédé, de m'arracher ce précieux souvenir.

Ils ne voulurent rien entendre.

Cependant, j'avais faim, et comme je ne perds jamais la tête au milieu de mes infortunes, j'allumai du feu dans ma cheminée, et j'envoyai chercher du pain et des biscuits par Mme Grandin. C'était la *virago* chez qui j'avais logé au temps de la Terreur. Soit curiosité,

---

[1] Ou *bouffon* : *un poco graziosi*.

soit attachement pour moi, elle s'était empressée d'accourir.

De cette façon, je fis deux bonnes tasses de chocolat, que j'avalai devant mes gardiens.

Ce que voyant, l'un d'eux me dit :

« Par le fait, voici l'heure de la collation, et je
« voudrais bien faire comme vous... Cette corvée se
« prolonge, et j'ai bon appétit...

« — Il ne tient qu'à vous, lui répondis-je, de m'imi-
« ter... Il y a tout près d'ici un excellent traiteur, qui
« est le frère de M. le juge de paix... » Et j'ajoutai en me redressant avec fierté : « Nous ne sommes plus au
« temps où les victimes payaient à leurs bourreaux des
« voitures et les régalaient. »

Nous revînmes de Passy à pied, comme nous étions allés; il était environ quatre heures du soir.

Arrivé dans ma prison, je me jetai sur ma paillasse. Je me sentais très fatigué, car j'étais debout depuis sept heures du matin, et j'avais fait plus de deux lieues.

Je ne trouvai même pas à mon retour le mauvais pain noir et la mauvaise soupe qu'on me donnait pour nourriture, et comme j'en demandai la raison : « Nous
« avons vu, me répondit-on, la porte de votre prison
« ouverte; cela nous a fait croire que vous ne revien-
« driez plus...; mais nous allons donner des ordres. »

Rien ne vint toutefois, et pendant vingt-quatre heures je dus me contenter d'un petit pain.

Heureusement, j'avais pris mes deux tasses de chocolat.

La nuit venue, je dormis plus profondément que de coutume : c'était la suite de la fatigue, et puis je commençais à me familiariser un peu avec les souris.

Mais tout à coup je fus éveillé en sursaut : on ouvrait la porte de ma prison.

Le grincement des verrous que l'on tire fait toujours beaucoup d'impression sur les prisonniers.

Au même instant, je vis entrer un homme très mal vêtu, avec les cheveux en désordre : il semblait ivre, car il était soutenu par deux gendarmes. Il roula à terre et ne bougea plus.

Cela me fit horreur, et je demandai quel était cet homme : « C'est, me répondit-on, un assassin que l'on « met ici pour la nuit. » Un sentiment d'épouvante dont je n'étais pas maître s'empara de moi.

Je priai, je suppliai que l'on conduisît cet homme dans une autre prison. Je me mis en colère, j'essayai d'empêcher que l'on ne refermât la porte, mais on fut sourd à mes cris, et plusieurs hommes, réunissant leurs forces, me repoussèrent dans ma prison, où je me trouvai seul avec cet assassin.

On conçoit aisément l'horreur de ma situation.

Je craignais toujours que cet homme ivre mort ne vînt, tout en rêvant, se jeter sur moi et m'assassiner, et je n'avais rien pour me défendre.

Toute ma ressource fut de continuer à crier et à frapper contre la porte, jusqu'à ce que, sans voix et à bout de forces, je me laissai tomber sur ma paillasse.

Par bonheur, cet homme horrible ne remua pas de toute la nuit, et, dès cinq heures du matin, on vint le reprendre.

CHAPITRE III

L'INSTRUCTION DU PROCÈS.

Une lettre du cardinal Busca. — Un type curieux de juge d'instruction. — Les provisions de Mme Colin. — « Je ne suis pas digne de dormir aux côtés de cet ange. » — L'internonce devant le président du jury d'accusation. — Il rencontre Blanchet.

Le lendemain, onzième jour de ma détention, on vint me chercher pour me faire subir un premier interrogatoire.

C'est ainsi que l'on avait violé, à mon égard, la loi, qui ordonne d'interroger un prisonnier dans les vingt-quatre heures.

Ce retard venait sans doute de ce qu'on n'avait pas contre moi un corps de délit suffisant, et qu'on se flattait de découvrir, par le moyen de la poste, dans ma correspondance, des raisons nouvelles de me condamner.

Mais, par une sorte de permission divine, le facteur, qui connaissait ma domestique [1], la rencontra dans la rue et lui remit deux lettres.

Cependant, on en saisit une troisième, mais toute à mon avantage.

[1] Domestique donnée à Blanchet pour l'aider. V. liv. II, Épilogue.

Elle était du nouveau secrétaire d'État, le cardinal Busca.

Il m'annonçait sa nomination, et me disait que je devais dorénavant correspondre avec lui. Il ajoutait : « Le patron continue à vous aimer et à vous porter de « l'affection, et il vous mande de continuer votre « besogne[1]. »

C'était moi-même qui me servais de ces paroles : « *patron... besogne...* », et le cardinal ne faisait que me les emprunter.

Cette lettre, comme on le verra bientôt, me fut plus utile que nuisible.

Arrivé dans la salle où je devais subir l'interrogatoire, je vis venir un petit homme, en habit noir et la perruque poudrée, avec une physionomie dure qu'il s'efforçait de rendre aimable.

Il me fit asseoir près de son bureau, et me demanda mes nom, prénoms et qualités. « A quoi bon? lui dis-je; vous les connaissez. »

« — Assurément, citoyen, ce n'est qu'une pure formalité. »

Alors je les lui déclinai.

Tout en écrivant, il marmottait entre ses dents : « Conspirateur!... Trahir son pays!... Correspondre « avec les ennemis de l'État!.. »

---

[1] *Il padrone l'ama, l'affezziona, e commanda che lei continui il suo bisogno.*

Au même moment, j'aperçus à l'angle de son bureau une lettre pliée, dont on pouvait lire l'en-tête. La date, — je date toujours mes lettres en haut de la page[1], — était écrite de ma main; ce fut un trait de lumière. « Ah! pensai-je, mon courrier a été arrêté, et voici ma lettre!... »

Lui, cependant, continuait à écrire.

Cet individu, qui s'appelait Simon, et qui, pour le malheur des honnêtes gens, est encore à la Police, n'avait pas, paraît-il, la main très agile.

Quand il eut achevé, il voulut me faire signer les papiers qu'on avait saisis chez moi, et en particulier la lettre de ma pauvre mère. « Non, lui dis-je avec
« indignation, je ne veux point signer!... Comment
« avez-vous l'atrocité de me présenter cette chère
« lettre, que vos affreux satellites ont arrachée aux
« mains d'un fils, cette lettre qui faisait toute ma con-
« solation, la seule qui me restât, et que je conser-
« vais comme une relique!... Que prétendez-vous en
« faire? Un chef d'accusation contre moi? C'est, sans
« doute, qu'elle ne respire que piété et tendresse!.....
« Non, je ne la signerai pas. »

Alors, prenant la lettre que j'avais aperçue, il me la présenta, en me disant d'un ton ironique :

« — Et celle-ci?... Vous tient-elle autant à cœur?...
« La reconnaissez-vous?...

---

[1] En effet, les lettres citées aux Pièces justificatives sont datées de la sorte.

« — Citoyen, répliquai-je, avant de vous répondre,
« je veux vous demander si c'est vous qui avez le pou-
« voir de me faire sortir d'ici.

« — Non, c'est le tribunal et les jurés, devant qui
« vous aurez à comparaître.

« — Ah! c'est le tribunal et les jurés?... Écrivez donc
« que je n'ai plus rien à vous dire.

« — Mais enfin, citoyen, vous êtes bien obligé de
« reconnaître cette lettre.

« — Je n'ai rien à vous répondre. »

Ma détermination parut l'interdire. Il s'adoucit; il s'y prit de mille manières : il n'en put savoir davantage. « Je vois bien, ajoutai-je, que vous voulez absolument
« me trouver coupable... Vous insultez à mon malheur
« avec un rire méprisant... Vous parlez de conspi-
« ration, de trahison, de correspondance avec les
« ennemis de mon pays... Ce n'est pas ainsi que se
« comporte un juge humain et compatissant... Je
« vous le répète, vous ne saurez rien. »

Il voulut alors changer de conversation :

« — Quelles sont vos relations? Vos amis?

« — Je n'en ai plus : ils sont tous morts sur l'écha-
« faud.

« — Où allez-vous prendre vos repas?

« — Chez le traiteur. »

Puis il revint de nouveau à la lettre qu'on avait interceptée.

« — Enfin, vous êtes bien obligé de reconnaître « votre écriture... Cette lettre est bien de vous.

« — Sans doute, mais elle ne peut constituer un chef « d'accusation... Si elle se trouve entre vos mains, c'est « parce que vous avez vous-même commis un délit; « c'est parce qu'on a violé les lois de la République, « qui ordonnent le secret des correspondances; c'est « parce qu'on a violé le droit des gens, car cette lettre « a été adressée à un souverain dont je suis l'envoyé... « Deux ans de prison, voilà la peine que méritent les « violateurs de ces lois qui n'ont jamais été enfreintes, « ni sous la République ni sous le gouvernement du « terrible Comité de salut public. »

Il voulut néanmoins me lire ma lettre, et me demander l'explication de certains passages.

Je lui répondis toujours : « Je n'ai rien à vous dire. »

Il était tout à fait hors de lui. Sa figure, naturellement très pâle, était devenue rouge comme le feu; la sueur même perlait sur son front, tandis qu'il continuait de parler avec chaleur et indignation.

Quant à moi, je conservais tout mon sang-froid. Loin de m'abattre, le danger me donne d'ordinaire une nouvelle énergie, et c'est dans les instants critiques que je montre le plus de fermeté.

Ne pouvant rien tirer de moi, il finit par dire :

« Qu'on le ramène en prison.

« — Quoi! m'écriai-je, dans l'obscur cachot d'où je

« sors!... Comment a-t-on la cruauté de me renfermer
« si longtemps dans un endroit infect, privé de lumière,
« ne recevant d'air que par la porte, et encore une porte
« qui ne s'ouvre que toutes les vingt-quatre heures?

« — Vous en sortirez bientôt », me répondit-il, en prononçant ces derniers mots sur un ton plus doux.

Malgré cette promesse, j'y demeurai encore dix jours entiers.

Seulement, le lendemain, ma prison s'ouvrit plus tôt que de coutume : on venait, de la part de Mme Colin, m'apporter tout ce qu'elle m'avait promis. L'excellente dame avait obtenu la permission de me faire cet envoi.

Il y avait un dindon, deux bouteilles de vin blanc, une de Malaga, du pain et du linge.

Je me mis à genoux dans ma prison et remerciai Dieu de tout mon cœur de ce que quelqu'un pensait encore à moi.

Je priai le domestique qui était venu de porter à Mme Blanchet la moitié du dindon, avec une bouteille de vin blanc.

Blanchet me fit remercier par le gardien de la prison. Elle ajoutait qu'elle n'était pas aussi mal que moi, mais qu'elle se trouvait au milieu des femmes de mauvaise vie, et qu'elle s'ennuyait beaucoup; qu'au reste, ces femmes se montraient fort réservées à son égard.

Il y en avait même une qui avait une jolie petite fille. Cette femme dit à Blanchet : « Vous me semblez une

« honnête femme... Eh bien ! je vous demande en grâce
« de laisser dormir cette petite enfant avec vous...
« moi, je ne suis pas digne de dormir aux côtés de cet
« ange. »

Blanchet commença par faire des difficultés, car elle éprouvait quelque répugnance à satisfaire à ce désir, mais elle finit par accepter.

Depuis lors, ces femmes lui offrirent tout ce qu'elles avaient de meilleur. — Il faut dire qu'elles mangeaient souvent de fort bons dindonneaux.

Enfin, le vingt et unième jour de ma détention, on vint m'avertir que j'allais comparaître devant le tribunal chargé d'instruire l'accusation.

On était au mois de décembre, et il pouvait être sept heures du soir.

Je trouvai dans le vestibule Mme Blanchet. Ce fut une scène émouvante : « On me dit, s'écria-t-elle en se
« jetant à mes pieds, que je ne vous reverrai plus... Ce
« n'est pas pour moi que je suis inquiète, c'est à votre
« sujet... Cette fois-ci, monsieur, je ne pourrai pas vous
« sauver, mais au moins je mourrai avec vous... Mon
« pauvre enfant étant mort, je n'aurai plus personne
« à regretter sur la terre... »

On conçoit aisément quelle violence je devais me faire pour ne pas paraître attendri. Mais la résignation de cette fidèle servante fut la plus forte, et les larmes me vinrent aux yeux. Je la relevai à grand'peine et

lui dis, d'un ton de voix que je m'efforçais de rendre assurée : « — Calmez-vous, vous sortirez bientôt de pri-
« son... Il est impossible qu'on vous condamne même
« à la peine la plus légère, car vous ne savez ni lire ni
« écrire, et il n'y a aucune charge contre vous... Quant
« à moi, je mourrai avec honneur, sans avoir à me
« reprocher aucune bassesse. »

En ce moment, on me conduisit à l'audience.

Le président s'appelait Legras : j'avais fait sa connaissance autrefois.

Il s'adressa aussitôt à moi, et me dit : « Voici vos
« lettres. »

Il en désignait deux : l'une, pour le cardinal Antonelli, doyen du Sacré Collège; l'autre, pour le cardinal Frangini, patriarche de Venise. — Ce dernier était mon intime ami; j'avais fait sa connaissance à Paris, alors que j'étais encore auditeur de la rote.

« — C'est sur vos dépêches, reprit Legras, que vous
« serez jugé... Pour l'instant, je ne veux pas vous faire
« subir un interrogatoire déplaisant; aussi, on va vous
« transférer dans une prison légale, où vous attendrez
« notre décision.

« — Monsieur, lui répondis-je, vous m'avez connu
« autrefois, et vous savez quelle est ma qualité... Je
« n'aurais jamais cru qu'on en vînt jusqu'à me transfor-
« mer en suspect et à empêcher un prêtre de corres-
« pondre avec le chef suprême de la religion... Je ne

« vous adresse aucune prière pour moi, mais je vous
« demande instamment la liberté de Mme Blanchet.
« Cette femme ne sait ni lire ni écrire, et si j'ai pris le
« nom de son fils qui n'existe plus, c'est à son insu. »

Legras ne me répondit rien, et je dus m'éloigner.

CHAPITRE IV

L'INTERNONCE A LA GRANDE FORCE.

L'internonce est transféré à la Grande Force. — La suprême consolation des galériens. — Lettres de l'internonce à MM. del Campo et Balbo, ambassadeurs d'Espagne et de Sardaigne : leur conduite pusillanime. — M. Racin, fondateur du journal *le Spectateur*. — L'infirmerie de la Grande Force. — Les aventures d'un brave naturel de Montmartre. — La voiture cellulaire. — Délivrance de Blanchet. — Adieux à la Grande Force.

On me conduisit à la Grande Force. C'était la principale des prisons destinées aux voleurs et aux assassins. Quant à Blanchet, elle fut transférée aux Madelonnettes, situées près du Temple.

Escorté par trois agents de police, j'arrivai à mon affreuse prison. L'entrée en était extrêmement basse, et comme il faisait nuit et que j'étais préoccupé, — car, pour avoir du courage, on n'en reste pas moins un homme, — je ne pus mesurer des yeux la hauteur de la porte, et me heurtai la tête avec une extrême violence. La force du coup fut telle, qu'elle ébranla tout mon être [1], et que je ne pus m'empêcher de m'écrier : « Ah! je défaille... Soutenez-moi! »

[1] *Che mi scosse tutta la machina.*

Pendant les trois jours qui suivirent, je ressentis une vive douleur, sans pourtant songer à me soigner.

J'entrai au greffe, où l'on m'écroua comme prévenu de conspiration et de correspondance avec les ennemis de l'État; puis, le concierge dit un mot à un gardien qui me conduisit dans une des cellules.

Elle était plus grande que celle que je venais de quitter, mais, du reste, éclairée à peu près de la même façon, c'est-à-dire par une fenêtre garnie de barreaux en fer, et située tout en haut. Seulement, le châssis pouvait s'ouvrir au moyen d'une corde.

Le lit était monté sur deux bancs. Il consistait en une paillasse tout aplatie, une couverture trouée et presque en lambeaux à force d'avoir servi, et deux draps, qui ressemblaient à de la toile de bateau.

J'y trouvai deux hommes condamnés à vingt ans de prison. On les avait mis là en attendant le départ de la chaîne.

Il était à peu près neuf heures du soir.

Je m'allongeai tout habillé entre mes deux draps, après avoir pris la précaution d'étendre mon mouchoir sur l'oreiller. J'étais là insensible comme un bloc de pierre et tout mort de froid. Néanmoins, je m'endormis. On dirait que le malheur a parfois une sorte de vertu calmante, et qu'il apporte le sommeil.

Mais le bruit d'un briquet, que l'on battait pour en tirer du feu, me réveilla en sursaut :

« — Qu'est-ce donc? » m'écriai-je.

« — Ce n'est rien, monsieur...; c'est nous qui bat-
« tons le briquet pour fumer.

« — Pour fumer!... mais la nuit est faite pour dor-
« mir.

« — Nous avons coutume de fumer chaque nuit
« pendant une couple d'heures... Nous n'osons pas le
« faire de jour, car on ne sait pas que nous avons un
« briquet... Si cela vous gêne, nous ne fumerons qu'une
« heure...

« — Assurément, cela me gêne : ... je ne pourrai
« dormir... »

Je n'avais pas achevé ces mots, que je me sentis enveloppé d'un épais nuage de fumée... C'était une odeur infecte, car il n'y avait pas d'issue par où elle pût s'échapper.

« — Vraiment, leur dis-je, je suis en effet très-
« surpris qu'on laisse du feu à des prisonniers con-
« damnés aux galères!

« — Ne vous désolez pas, monsieur : nous ouvrirons
« la fenêtre de très bonne heure, et vous ne serez pas
« incommodé.

« — Eh bien! faites donc... Assurément, j'aurais bien
« sujet de me plaindre de votre détestable habitude;
« mais enfin, par compassion et par charité, je ne
« veux pas vous priver du seul plaisir qui vous reste
« encore en ce monde. »

Vers ce temps-là, on permit à ma vieille servante de venir me voir, et depuis lors, cette pauvre femme ne faisait plus qu'aller de la rue Saint-Florentin à la Force, de la Force aux Madelonnettes. Elle s'acquittait aussi des commissions dont je la chargeais.

Quant à ma nourriture, elle était la même qu'à la Préfecture de police.

Cinq semaines s'écoulèrent ainsi sans incidents nouveaux, à part la singulière visite que je reçus d'un des membres du Bureau central. Ce personnage, qui était revêtu de son écharpe tricolore, m'examina de la tête aux pieds, comme il eût fait une bête curieuse; puis, il s'éloigna sans m'avoir dit un mot.

Cependant, je m'étais fait apporter le Code criminel. J'y vis clairement que le crime dont on m'accusait était puni de la peine capitale.

Je songeai néanmoins à me défendre, et me mis à composer un mémoire. J'écrivis également une lettre au marquis del Campo, ambassadeur d'Espagne, auquel la Cour de Rome m'avait recommandé.

De son côté, le ministre du roi de Sardaigne avait écrit à M. Balbo, qui remplissait auprès du Directoire les fonctions d'ambassadeur. Il lui disait de voler à mon secours.

Mais j'ai su depuis qu'ils n'avaient voulu, ni l'un ni l'autre, se prêter à cette bonne action. Ils écrivirent même à leurs cours respectives que c'était une affaire très grave, dans laquelle il fallait bien se garder d'intervenir.

J'en fus indigné, surtout contre M. Balbo.

Aussi, lorsqu'on me relâcha et que ces messieurs se présentèrent pour me faire visite, je leur fis dire que je ne voulais pas les voir, et que j'avais mis le Pape au courant de leurs procédés.

Sur ces entrefaites, un commis du ministre de l'intérieur vint pour visiter notre prison. — Elle était alors placée, comme toutes les autres, sous la surveillance de ce ministre.

Ce commis était le fondateur d'un grand journal, intitulé *le Spectateur* [1], dans lequel je faisais insérer mes articles relatifs aux affaires de Rome.

En entrant dans ma cellule, il me reconnut et s'écria :

« Comment ! c'est vous !... Et qui vous a mis là ?...
« Si vous m'aviez écrit un mot, vous n'y seriez pas resté
« un quart d'heure. »

Je l'embrassai en le remerciant, et lui dis :

« — Tout le monde m'abandonne... J'ai bien pensé à vous, mais j'ai craint de vous compromettre... Je veux être tout seul à souffrir. »

S'adressant alors au gardien qui l'accompagnait :

« — Vous allez conduire ce monsieur à l'infirmerie du

---

[1] Voir la **Préface**.

« dépôt... Il a besoin de soins particuliers ; je prends
« tout sur moi. »

Effectivement, je fus transféré, sur l'heure, à l'infirmerie.

Elle faisait l'effet d'une maison bourgeoise au milieu de cette affreuse prison. On n'y voyait ni barreaux aux fenêtres ni verrous aux portes, et l'on pouvait visiter toutes les cours et s'y promener. Puis, la nourriture était meilleure, et l'on avait la liberté, — en payant, bien entendu, — de se faire servir comme on voulait.

En outre, ce séjour me donna l'occasion de lier connaissance avec un certain nombre d'émigrés, et en particulier avec M. de Gacecourt, qui y est demeuré très longtemps.

Quant à mon lit, il consistait en un lit de sangle avec deux bons matelas, des draps blancs et des couvertures convenables.

Je trouvai, en entrant, six personnes. C'étaient des journalistes qui avaient été condamnés à mort par contumace, en vendémiaire, et qui s'étaient constitués prisonniers pour purger leur contumace.

Tous furent relâchés peu après. Ils me témoignèrent beaucoup d'intérêt, et voulurent même prendre ma défense dans leurs journaux ; mais je leur demandai instamment de n'en rien faire.

Je dirai, à ce propos, que M. La Devèze, alors propriétaire du *Journal des Débats*, ainsi que M. Nicolle[1], rédacteur d'un autre journal, ne cessèrent, malgré mon désir formel, de donner un compte rendu de mon procès, non seulement très exact, mais encore très favorable, et ils me concilièrent l'opinion publique, en l'éclairant sur la nature du débat.

Il n'y eut qu'un ancien moine bénédictin[2], nommé Poultier, fameux conventionnel, qui se déclara contre moi et prit toujours le parti du Directoire[3]. Mais ce genre d'opposition me fut plus avantageux que nuisible.

J'avais prié M. Racin d'avertir Mme Colin de l'heureux changement qui était survenu dans ma position.

Elle accourut aussitôt, et depuis lors elle ne cessa de venir jusqu'à trois fois la semaine, de la place Vendôme où elle a son hôtel. Elle prenait le chocolat avec moi ; car j'avais recommencé à le prendre, depuis mon entrée à l'infirmerie.

Enfin, ma vieille domestique venait, elle aussi, exactement, et m'achetait tout ce dont j'avais besoin.

---

[1] Pour ces deux noms, voir la Préface.

[2] *Poultier* prétendait (collection de l'*Ami des lois*, vol. IIe, n° 643) qu'il avait seulement été *professeur de mathématiques* chez les Bénédictins.

[3] Dans l'*Ami des lois*, dont il était rédacteur en chef. — Le citoyen Poultier causait, il y a quelque temps, avec un représentant du peuple. Ce dernier lui demandait comment il pouvait avancer chaque jour les calomnies les plus absurdes. « — Que voulez-vous, répond le journaliste, sans cela je ne vendrais pas mes feuilles. » (*Le Rédacteur*, 3 mars 1797.)

Comme cela est encore actuel !

Entre autres personnes que je rencontrai à l'infirmerie, il s'y trouvait un Français, qui avait été incarcéré en qualité d'émigré. Il avait servi pendant trente ans comme maitre d'hôtel un riche milord anglais, et il avait ramassé là soixante mille francs en guinées.

C'était un exalté. Il désirait tant l'abolition de la royauté en France, que, par horreur de ce régime, il avait changé son vrai nom de Leroy pour celui de Montmartre, le nom du faubourg où il était né.

Tout à coup, il apprit qu'une révolution s'opérait sur le continent. Il en fut si enchanté, qu'il quitta son maitre, réalisa sa fortune, abandonna sa femme et reprit le chemin de la France.

A peine débarqué, il fut pris pour un émigré, saisi par les gendarmes et jeté en prison à la Force. Quand il y fut, il écrivit à sa femme pour lui apprendre sa mésaventure : « Eh quoi! mon cher, lui répondit ironi-
« quement celle-ci, est-il possible qu'au moment même
« où tu mettais le pied sur la terre de la liberté, tu
« sois tombé dans l'esclavage! »

C'était, du reste, un fort brave homme.

Il avait beaucoup voyagé avec son maitre et savait plusieurs langues. Il parlait, entre autres, le provençal, et, chose bien difficile pour un Parisien, il mettait l'accent [1]!

---

[1] *Avèva l'accento, cio che è ben difficile per un Parigino!*

Il prit plaisir à ma compagnie, et, pour me témoigner son amitié, il voulut chaque jour m'accommoder, pour mon repas, un plat de sa façon : ce plat était toujours délicieux.

Il me faisait boire également un ou deux verres d'excellent vin de Bordeaux, et, comme je lui faisais remarquer qu'il était fort cher : « Soyez tranquille, me répondait-il, et buvez toujours... J'ai des guinées[1]. »

Du reste, il ne voulut jamais se mettre à table avec moi.

Je l'aimais sincèrement et lui prodiguais des consolations, car il lui arrivait souvent de tomber dans l'abattement.

Tous les jours, je recevais des nouvelles de Mme Blanchet. Elle ne manquait de rien dans sa prison, mais elle continuait à s'y ennuyer beaucoup.

Vint enfin le moment de comparaître devant le tribunal chargé d'instruire l'accusation.

On me fit descendre dans la cour, et comme j'arrivais à la porte de la prison, j'aperçus une sorte de *carrozza di zeppi*[2], ressemblant assez, comme forme, aux voitures des courriers de la poste; seulement, il y avait en plus trois petites fenêtres, garnies de barreaux

---

[1] *Siàte tranquillo, bevetene sempre, io ho delle ghinee.*

[2] Je ne comprends pas le mot *zeppi*, mais cette voiture est évidemment le traditionnel *panier à salade*, qui passe chaque soir dans les différents dépôts pour y faire la cueillette.

en fer, et la portière était fermée par un énorme verrou. Cette voiture était attelée de deux chevaux de poste.

Je reculai d'horreur à cette vue, et comme on m'invitait à monter :

« J'aime mieux, m'écriai-je, aller à pied. »

« — Ce que vous demandez là est impossible », me répliqua-t-on sévèrement. »

On fut obligé de me soulever et de me mettre de force dans cette espèce de prison roulante, qui me semblait le vestibule de la mort.

Je me sentis très humilié de me voir emmené de la sorte. On en usait avec moi comme avec les plus grands criminels, car trois de ces derniers s'y trouvaient déjà installés. Nous partîmes, escortés de quatre gendarmes à cheval, et la voiture roulait avec rapidité, comme si elle eût été attelée de chevaux tout frais.

Je réfléchissais, comme nous avancions, à cette manière de conduire les criminels, et je la regardais comme une dérision et un raffinement de cruauté. Puis, ramenant mes regards sur moi-même, je me sentis abattu par la crainte, et les larmes me vinrent aux yeux.

Nous arrivâmes bientôt à l'escalier du Palais de justice.

Une grande foule était massée des deux côtés, et chaque fois que l'un d'entre nous sortait de la voiture, c'était un mouvement plus vif de curiosité.

Je fus un des derniers à descendre, et j'entendis distinctement quelqu'un qui murmurait : « Pour sûr, « celui-ci n'a pas l'air d'un scélérat. »

Il faut tout dire : je m'étais fait la barbe et j'avais les cheveux poudrés ; car, depuis mon entrée à l'infirmerie, j'avais repris mes habitudes quotidiennes.

Je fus introduit devant le président, qui me dit, après m'avoir posé quelques questions assez indifférentes : « Vous pouvez vous retirer ; c'est demain que vous apprendrez votre sort. »

Cette fois, je n'aperçus nulle part Mme Blanchet, et cela me parut être de bon augure pour elle.

On me reconduisit à la Force avec le même cortège. Je dormis peu cette nuit-là, et même je ne pus rien manger avant de me coucher. Je sentais mon courage m'abandonner, et il m'était impossible de chasser les tristes pensées qui m'obsédaient.

Le lendemain, je venais de prendre mon chocolat, quand un huissier arriva pour me signifier ma sentence. Elle portait qu'il y avait matière à accusation contre moi, et que je serais transféré, le lendemain, dans les prisons de la Conciergerie, attenantes au Palais, pour y attendre mon jugement.

J'appris en même temps que le tribunal avait déclaré qu'il n'y avait pas lieu de poursuivre la citoyenne Blanchet. En conséquence, on avait donné ordre de la mettre sur-le-champ en liberté.

Cette dernière nouvelle me combla de joie. Je voyais enfin ma fidèle servante délivrée de prison et désormais en sûreté. J'en fus si heureux, que j'oubliai de trembler pour moi, et que l'idée d'aller à la Conciergerie, c'est-à-dire de prendre le chemin qui conduit d'ordinaire à l'échafaud, ne me causa aucune épouvante.

Le soir de ce même jour, je fis mes visites d'adieu aux émigrés prisonniers. Ils étaient tous très émus.

Je vis aussi mon cher Montmartre et je l'embrassai tendrement. Il se prit à pleurer, en apprenant que je quittais l'infirmerie.

Beaucoup de ces messieurs, que j'ai eu depuis l'occasion de rencontrer, m'ont avoué qu'ils pensaient bien ne jamais me revoir, tant étaient sinistres les bruits qui circulaient sur mon procès.

Je confesse que je ressentis une véritable peine en quittant, le lendemain, cette prison, à laquelle je m'étais accoutumé. Quand on est malheureux, on s'attache aisément.

CHAPITRE V

LA CONCIERGERIE.

L'internonce est écroué à la Conciergerie. — Le bon Richard. — L'abbé Brottier et M. de Cani, curé de Bonne-Nouvelle. — La cuisinière de Richard. — Anecdotes sur Marie-Antoinette. — Les compagnons de captivité de l'internonce. — Le carlin de la Reine.

Je fus conduit à la Conciergerie dans l'horrible équipage de l'avant-veille; seulement, cette fois, j'étais tout seul dans la voiture. J'arrivai au greffe, où l'on m'écroua dans les mêmes termes qu'à la Force, c'està-dire comme conspirateur et accusé de correspondance avec les ennemis de l'État. Ces formalités, qui furent assez longues, étant remplies, le commissaire qui avait été délégué par l'accusateur public, et qui était présent, dit au concierge, nommé Richard :

« Vous répondez maintenant de ce prisonnier, met-
« tez-le donc en lieu sûr.

« — Il y a longtemps, repartit Richard, que je con-
« nais ce prisonnier... Je l'ai vu venir ici tout autre-
« ment qu'aujourd'hui...; il faisait alors la visite des
« prisons, en qualité de commissaire de la Cour, et
« maintenant, c'est comme criminel que je l'y vois

« entrer... Mais je réponds de lui... Je ne le perdrai
« pas un instant de vue.

« — Je serai obligé de vous faire coucher sous les
« verrous, me dit en effet ce brave homme, mais, pen-
« dant le jour, vous resterez chez moi, vous mangerez
« avec moi et vous pourrez voir qui vous voudrez,
« pourvu que vous disiez de s'adresser à moi... Puis,
« vous aurez un poêle dans votre chambre, et vous cou-
« cherez sur les deux matelas de cette pauvre femme,
« — il parlait de la Reine, — qui est morte sur l'écha-
« faud... Ils m'ont coûté bien cher, ajouta-t-il : c'est
« pour les avoir achetés que j'ai fait six mois de prison
« aux Madelonnettes. »

Je le remerciai du fond du cœur.

Nous convînmes de quatre francs par jour pour ma nourriture. Il me dit encore que je pourrais inviter de mes amis à dîner, et qu'il se faisait fort de nous procurer, à trois francs par tête, un repas très convenable avec café et liqueurs.

Beaucoup de mes amis accoururent, en effet, me voir. Il vint aussi des dames. Je nommerai entre autres Mme la comtesse d'Aubusson, Mme d'Aulnay et la vicomtesse d'Allemane. Je tenais, le soir, de sept heures à dix heures, une sorte de salon, où se rencontraient des avocats, des procureurs, des libraires et des ecclésiastiques. Parmi ces derniers, se trouvait le respectable M. de Cani, aujourd'hui curé de

Bonne-Nouvelle [1], qui, sans me connaître, mit sa bourse à ma disposition.

Je reçus aussi de grandes marques d'intérêt de la part d'augustes personnages. L'abbé Brottier, que j'avais à peine entrevu autrefois, vint, au nom des princes, m'offrir des secours. Il leur servait d'agent, et c'est en cette qualité qu'il fut déporté à la Guyane [2], où il mourut.

Je refusai toutes ces offres, et je fus même bien surpris que le bruit de mon arrestation fût parvenu jusque dans des pays si éloignés.

Richard avait pour cuisinière une femme qui méritait d'habiter un meilleur lieu. Elle était animée de sentiments si élevés et avait de si bonnes façons, que je lui témoignai, en particulier, ma surprise de la voir domestique à la Conciergerie. Elle me donna l'explication de la chose.

Elle me raconta qu'elle était une vieille amie de la femme de Richard. Cette dernière, qui était pleine d'humanité pour les prisonniers, avait été tuée d'un coup de couteau par un scélérat qui partait pour les galères, et cela au moment même où elle le consolait et lui donnait de l'argent. Comme elle se penchait vers

---

[1] M. de Cani exerça, paraît-il, ces fonctions de 1799 à 1826.
[2] Après la conspiration de La Villeheurnois (mars 1797), dans laquelle il fut impliqué. Il avait été arrêté le 31 janvier 1797.

lui pour l'embrasser, il lui plongea son couteau dans le cœur, et l'étendit raide morte[1], sans qu'on ait jamais pu savoir la cause d'une si affreuse ingratitude : « Et « je restai, ajouta la domestique en question, avec « M. Richard, qui a déjà assez de peine de se voir ici. »

Elle avait elle-même rendu aux royales victimes les services les plus touchants. C'est elle qui brossait tous les matins les bottines de Sa Majesté : « Et elles étaient « si sales, disait-elle, par suite de l'humidité de sa pri- « son, qu'on aurait pu croire que la Reine venait de « marcher dans la rue Saint-Honoré. »

Elle m'a raconté également que les nobles personnages qui étaient alors détenus à la Conciergerie, venaient chaque matin, pendant la promenade, baiser les chaussures de cette princesse infortunée.

C'est encore cette même domestique qui, voyant la Reine aller à l'échafaud sans coiffe ni fichu, lui mit sur la tête un bonnet en fil, encore tout neuf, puisqu'elle l'avait étrenné le matin même, et lui jeta sur les épaules son propre mouchoir.

J'eus le bonheur d'être utile à cette admirable fille, quand son maître mourut. Je la fis entrer chez la marquise de Créqui, non pas la mère, mais la bru, nièce du comte de Muy, ministre de la guerre, et l'une de mes plus anciennes amies. Mais celle-ci mourut, et

---

[1] Détail fort exact, que les Mémoires du temps placent en messidor (20 juin-19 juillet) 1796.

moi-même je voyageai depuis lors beaucoup, de sorte que je n'ai pu savoir ce qu'elle est devenue.

Cette bonne domestique avait le plus grand soin de moi. Quand je recevais, le soir, elle réglait le nombre des bougies destinées à éclairer la pièce, sur le nombre des visiteurs. Il arriva qu'il y en eut jusqu'à quatre allumées à la fois. Elle avait coutume de dire à ce propos que je n'étais pas fait pour vivre dans l'obscurité, et que, d'ailleurs, les bougies ne nous coûtaient rien.

Bref, si la triste pensée de ma mort prochaine ne se fût souvent présentée à mon esprit, je me serais trouvé presque aussi bien que chez moi.

Vraiment, j'ai beaucoup d'actions de grâces à rendre à Dieu, de m'avoir donné une telle douceur de caractère, que ceux qui me connaissent ne tardent pas à me prendre en affection, comme je l'ai éprouvé dans toutes les circonstances malheureuses de ma vie.

Le soir, je demeurais souvent en tête-à-tête avec M. Richard, et même nous mangions tous les deux ensemble. Il était plein de prévenances pour moi, et veillait à ce qu'il y eût toujours sur la table de bons poissons et surtout des merluches frites et de la salade, car il avait remarqué que j'aimais ces deux plats, ainsi que les pommes de terre frites dans le beurre.

Ce bon Richard se trouvait si bien en ma compagnie, que nous restions à causer à table quelquefois jusqu'à deux heures après minuit. Il ne me quittait qu'un instant, à dix heures, pour aller faire la visite de ses prisonniers.

Il me raconta sur ces scélérats mille choses vraiment surprenantes. C'étaient surtout leurs tentatives d'évasion qui le tenaient dans une inquiétude continuelle. Bien que n'ayant aucun outil, ils fabriquaient des clefs de plomb qui ouvraient les portes sans faire aucun bruit. Il en saisit une fois jusqu'à six de cette espèce, qui allaient parfaitement : il n'en manquait qu'une seule, celle de la porte de la rue. Il me les fit voir toutes les six.

Je lui demandai comment il pouvait parvenir à tout découvrir. Il me répondit que dans les prisons où se trouvaient renfermés beaucoup de détenus, on entretenait toujours un espion[1], que l'on payait fort cher.

Les femmes des prisonniers étaient aussi un sujet d'inquiétude. On avait beau les fouiller quand elles venaient voir leurs maris, elles trouvaient toujours moyen de leur apporter tout ce qui leur était nécessaire en fait d'étain, de plomb et de plâtre.

Je prolongeais le plus possible notre conversation, car j'avais tant de répugnance à aller dans ma chambre, où j'étais renfermé avec de gros verrous et de grosses clefs, que j'aurais voulu ne me coucher jamais. Cepen-

---

[1] Un *mouton*, en termes de police.

dant, lorsque j'y rentrais, je la trouvais bien chaude, grâce au feu du poêle : quelquefois même, elle l'était trop.

C'était là qu'une fois seul, je me laissais aller aux pensées les plus noires. Il m'était impossible de m'endormir, sinon le matin, à la pointe du jour. Mais alors, j'étais réveillé par les scélérats que j'avais pour voisins, et qui, dès avant le lever du soleil, faisaient un tapage épouvantable, tantôt chantant, tantôt parlant entre eux.

Une fois, j'en aperçus un qui se promenait dans la cour par un froid glacial. Il n'avait sur les épaules que sa chemise. Il lisait son acte d'accusation, tout en fumant sa pipe. « Pardieu, répétait-il sans cesse, — « mais en termes trop énergiques pour que je puisse « les reproduire, — pardieu, je suis perdu[1] ! »

J'ai pu me convaincre là que ces misérables sont souvent moins à plaindre que nous ne pensons.

Cependant, j'avais confié en secret à la domestique de Richard combien j'éprouvais de répugnance à entrer dans ma prison, et surtout à m'y voir renfermé sous les verrous. Elle s'était empressée de le répéter à son maître, et avait obtenu qu'il fît ouvrir la porte dès la pointe du jour.

Le premier matin où je bénéficiai de cette mesure,

---

[1] *Per Bacco! io sono perduto!*

je vis, comme ma porte s'ouvrait, un carlin entrer dans ma chambre, sauter sur mon lit, en faire le tour et s'en aller. C'était le carlin de la Reine, que Richard avait recueilli et dont il prenait le plus grand soin. Il venait de la sorte pour flairer les matelas de sa maîtresse. Je le vis faire ainsi tous les matins, à la même heure, pendant trois mois entiers, et, malgré tous mes efforts, je ne pus jamais l'attraper.

CHAPITRE VI

LE TRIBUNAL CRIMINEL.

Au greffe. — L'audience. — Le président Gohier. — L'acte d'accusation. — L'intervention de Boulanger, Commissaire du Directoire. — Le rédacteur de l'*Ami du peuple*. — La petite-fille de Richard. — Nouvelles anecdotes sur Marie-Antoinette, le duc d'Orléans et Madame Élisabeth.

Il y avait cinq semaines déjà que j'étais à la Conciergerie, et, n'eût été la liberté dont je me voyais privé, je m'y serais trouvé fort heureux. J'étais bien nourri et j'avais l'avantage de recevoir la visite de mes amis.

Enfin, un jour, on m'avertit qu'il fallait passer au greffe du Palais de justice, pour prendre la liste de mes jurés.

On me fit descendre par un escalier obscur, pratiqué dans l'épaisseur de la muraille. C'est par le moyen de cet escalier et d'un passage souterrain que la prison communique avec le Palais.

Tous les voleurs qu'on devait juger dans le mois vinrent également, et j'eus ainsi l'humiliation de me trouver encore en pareille compagnie. Il me fallut cependant m'y résigner et attendre mon tour dans une grande pièce, presque obscure, extrêmement humide, et dont l'air était vicié.

A la fin, je fus appelé, et l'on me remit la liste de mes jurés. Ils étaient au nombre de douze. On ajouta que j'avais vingt-quatre heures pour les accepter ou les récuser, mais que, dans ce dernier cas, on ne m'en nommerait d'autres qu'au bout d'un mois, car c'était seulement tous les mois que les jurés se tiraient au sort.

Bien que je ne les connusse nullement, je répondis que je voulais être jugé, et qu'en conséquence je les acceptais, au risque de les trouver mal disposés à mon égard.

Dès le lendemain, je fus conduit à l'audience.

Le procès que l'on m'intentait sortait de l'ordre commun; aussi avait-on institué un tribunal extraordinaire, comme quand il s'agit de juger les crimes les plus grands.

Cette mesure n'était pas faite pour me rassurer, non plus que le lugubre cortège au milieu duquel je me vis amené. Il se composait du geôlier de la Conciergerie, puis de deux gardiens et de deux huissiers; venaient enfin deux gendarmes avec leurs fusils.

C'est entre ces deux gendarmes, au banc même des accusés, sur la « sellette », comme on disait autrefois, que je fus contraint de m'asseoir, et cela dans la même pièce qui m'avait vu, peu d'années auparavant, siéger sur les fleurs de lis et rendre la justice aux sujets du Roi.

Une fois assis, je parcourus la salle du regard. Elle était comble, et la foule débordait même jusqu'au dehors. J'aperçus à un banc voisin du banc des avocats les autorités civiles du village de Passy, venues de leur propre mouvement pour déposer en ma faveur. Je remarquai également qu'un grand nombre de mes amis étaient présents : beaucoup même d'entre eux me saluèrent, et je leur rendis leur salut.

J'avais retrouvé mon courage, et malgré cet appareil menaçant qui aurait dû m'épouvanter, j'éprouvais une grande tranquillité. C'est Dieu qui nous fait goûter, dans ces extrémités, le calme de la bonne conscience. Je m'étais, en effet, confessé et j'avais mis ordre à mes petites affaires.

Bientôt, les juges prirent place. Ils étaient présidés par le fameux jacobin Gohier, qui fut par la suite l'un des cinq directeurs [1]. Les douze jurés étaient en face de moi. Enfin, à la droite des juges, siégeaient l'accusateur public et ses huissiers, et à la gauche, mais un peu plus bas, le commissaire du Directoire, qui s'appelait Boulanger.

C'était véritablement un procès sans précédent; car il n'y avait contre moi ni charges, ni partie, ni témoins,

---

[1] En 1799.

rien enfin, sinon une puissance formidable qui me persécutait, le Directoire.

Mais je combattais pour notre sainte religion, et Dieu, dont la providence veille sur l'innocent, est plus fort que les hommes.

Tout le monde étant assis, le citoyen Legras lut l'acte d'accusation qu'il avait dressé contre moi. Cet individu, qui avait semblé me traiter, à ma sortie de la police, avec politesse et avec douceur, avait rédigé contre moi l'acte d'accusation le plus abominable, et tel qu'on n'eût pas osé en composer un semblable contre un scélérat couvert de tous les crimes. Aussi cette lecture excita dans toute la salle une rumeur prolongée.

Quand il eut achevé, le commissaire du Directoire se leva et dit : « Le commissaire rapporteur n'a pas « saisi le point précis de cette affaire, et n'a pas nette- « ment caractérisé le crime du prévenu. Ce n'est pas « d'une conspiration qu'il s'agit, mais d'une corres- « pondance avec les ennemis de l'État. Je requiers en « conséquence que l'on casse l'acte d'accusation, et que « l'on en dresse un second sur une base différente. « D'ici là, je vous demande que l'accusé soit ramené à « la Force, pour y attendre son jugement. »

Je n'attendis pas que les juges se fussent prononcés, et je demandai qu'on m'entendît.

« — Accusé, me répondit le président, vous avez la parole. »

« Ce n'est point, dis-je alors, un sentiment de pitié
« ni de justice qui anime le Directoire : ce qu'il veut,
« c'est que je reprenne les fers qui allaient tomber de
« mes mains, et que je continue à languir dans ses pri-
« sons. Il voit bien que je vais être relâché, car plus
« l'acte d'accusation dressé contre moi est odieux, plus
« il est manifestement faux...

« Eh bien! moi, je demande que l'on procède sur-le-
« champ; au moins, j'aurai pour prononcer sur ma
« culpabilité et décider de mon sort, des jurés dignes
« de tout mon respect...

« Du reste, ils ne découvriront aucune charge contre
« moi. Car enfin, pour être coupable de conspiration,
« il faut des complices : or, où sont-ils?... Quel con-
« juré a trahi le secret?..... Qui comparaît comme
« témoin?... Qui m'accuse?...

« Tout le monde garde un profond silence : l'accusa-
« teur public lui-même n'ose prendre la parole!...

« Sans doute, M. le commissaire du Directoire veut
« s'égayer encore du beau spectacle que je lui donne,
« quand il me voit traîné dans les rues de Paris, enfermé
« dans une espèce de cage de fer, comme une bête
« féroce qu'on expose à la curiosité des passants... Eh
« bien! non, cela ne sera pas; je m'oppose à sa requête,
« je demande que l'acte d'accusation soit maintenu
« dans son intégrité. Je consens à me défendre contre
« n'importe quelle charge, si accablante soit-elle, et

« j'ose dire que je le ferai avec succès, si la justice
« n'est pas bannie de ce tribunal...

« Du reste, voici mon défenseur, qui va se charger
« d'appuyer ma demande. »

C'était M. Bellart. Je l'avais choisi pour me diriger au milieu des nouvelles formes de la procédure criminelle, que je ne connaissais pas, puis aussi pour m'aider à me défendre, et je n'avais point hésité à le prendre, car il était plein de talent.

Mais tous nos efforts furent superflus; nous succombâmes. Mon acte d'accusation fut cassé; je fus reconduit à la Conciergerie, et le greffier m'annonça que j'allais être transféré à la Force.

Je demandai à M. Richard s'il n'était pas possible de rester avec lui.

« — Pour ma part, me répondit-il, je le voudrais
« bien..... Je vais en parler à l'accusateur public. »

Il eut le bonheur de réussir, et je demeurai sous la garde de ce brave homme.

L'Épiphanie tombait le lendemain [1]. Je remis un louis à Richard, afin de régaler tous les gardiens de la Conciergerie, qui étaient pleins de bontés pour moi. Aussi ce fut une fête à la prison, et surtout à la cuisine de M. Richard.

J'ai remarqué que, dans les prisons, on aime à boire et à manger.

---

[1] Voir Préface.

Puis, les autorités de Passy étant venues me faire visite, je les priai de se rendre chez moi, rue Saint-Florentin. Elles y furent reçues par Mme Blanchet, à qui j'avais fait dire de leur préparer un repas.

De la sorte, tout le monde fut content, excepté moi.

Enfin, M. Louis d'Aulnay vint, sur mon invitation, dîner avec moi. Je cherchais ainsi à me distraire et à oublier; car le retard apporté à mon jugement m'avait vivement affecté.

Le soir de ce même jour, comme je me promenais dans le salon, je vis entrer tout à coup un petit homme à la physionomie très brune, qui me dit :

« Citoyen, tout le monde a été indigné de l'acte
« d'accusation de Legras et de la conduite du commis-
« saire du Directoire... Moi, je suis l'avocat des oppri-
« més... Voulez-vous que je prenne votre défense dans
« mon journal? car j'en ai un, et bien que la cabale de
« mes ennemis me retienne ici en prison, je continue
« de le rédiger.

« — Je vous suis fort reconnaissant, citoyen... Et
« comment s'appelle votre journal?

« — *L'Ami du peuple*[1]*!*

« — *L'Ami du peuple!* Oh! alors, gardez-vous de plai-

---

[1] « L'ami du peuple Lebois est arrêté pour la troisième fois pour avoir traité le Directoire comme il le mérite », dit l'*Éclair* du 23 décembre 1796. Il fut relâché le 9 janvier, ajoute le *Moniteur*. L'accord est frappant.

« der ma cause. Je vous offre néanmoins mes remer-
« ciements, mais je ne veux me défendre que devant le
« tribunal. »

Sur ce, je le congédiai poliment.

Je passai ce second mois comme le premier.

Mme Colin continuait à venir prendre avec moi le chocolat plusieurs fois la semaine. Souvent même, elle revenait encore me voir avant son dîner. Comme elle est bonne, aimable et pleine d'esprit, elle savait égayer ma matinée. Du reste, j'étais toujours très propre pour la recevoir : ma barbe était fraîchement faite et mes cheveux bien poudrés.

Bref, je faisais en prison ce que j'aurais fait, si j'eusse été en liberté.

M. Richard était le grand-père d'une belle jeune fille de vingt-deux ans, qui était un ange de douceur, et dont l'extérieur et les manières annonçaient une personne très bien élevée. Elle venait me voir presque tous les matins, et même nous dinions ensemble, lorsqu'elle venait, — ce qui arrivait souvent, — demander à dîner à son grand-père.

C'est cette aimable et compatissante jeune fille qui a sauvé la vie au vieux président Angrau. Toutes les fois qu'elle entendait dire qu'on allait venir le prendre pour le conduire devant le Tribunal révolutionnaire, elle le faisait mettre au lit et répondait aux envoyés :
« — Que voulez-vous faire de ce vieillard ?... Il ne peut

« se lever et mourra peut-être dans la journée. » Et elle répéta ce manège jusqu'à la mort de Robespierre. De plus, tout le temps qu'il fut en prison, elle lui porta chaque matin une tasse d'excellent café à la crème. Tandis que j'étais à la Conciergerie, ce bon vieillard, qui avait alors quatre-vingt-six ans, vint me voir, et rencontrant chez moi cette jeune fille, il l'embrassa en disant :

« Voici celle qui m'a sauvé la vie !

« — Et c'est elle aussi, lui répondis-je, qui m'adou-
« cit l'ennui de ma prison. »

Je continuais à passer la soirée avec Richard, et nous prolongions nos entretiens jusque fort avant dans la nuit. Il me racontait sur les victimes qu'il avait vues marcher à l'échafaud une foule d'anecdotes fort curieuses.

Il serait trop long de les rapporter ici ; d'ailleurs, j'en ai beaucoup oublié. Je me rappelle, toutefois, lui avoir entendu dire que les gendarmes faisaient tous les soirs une partie de piquet en présence de la Reine. Celle-ci les regardait, appuyée sur le dos d'une chaise, ou bien encore elle s'occupait, pendant ce temps-là, à raccommoder sa pelisse de taffetas noir.

Richard allait souvent visiter cette princesse et lui demander si elle n'avait pas besoin de quelque chose. Elle ne manquait jamais de lui adresser ses remerciments ; seulement elle y mettait, au dire de Richard, un peu trop de solennité.

Un jour, elle lui demanda s'il avait été maître d'hôtel.

« — Oh! nullement, madame, lui répondit-il; je suis
« presque né dans les prisons.

« — C'est que tout ce que vous me donnez à manger
« est excellent.

« — Je vous avouerai, repartit Richard, que je vais
« moi-même au marché, et que j'y achète tout ce que
« je puis trouver de meilleur.

« — Oh! répondit la Reine, que vous êtes bon,
« monsieur Richard! »

Richard ajoutait encore que le mets préféré de la Reine, c'était le canard.

Il vit successivement passer et coucher dans sa chambre le duc d'Orléans et Madame Élisabeth. Il me disait, en me montrant son lit : « Voilà où ont reposé tour à tour le vice et la vertu! »

Avant d'aller à l'échafaud, le duc d'Orléans demanda un poulet. On le lui refusa, sous prétexte qu'il n'avait pas d'argent pour le payer. Il en fut réduit à se faire lui-même une omelette; puis, il but une bouteille de champagne qu'on lui avait apportée la veille, et il marcha courageusement à la mort.

La sainte Madame Élisabeth demeura vingt-quatre heures à la Conciergerie. Elle s'informa avec le plus vif intérêt de l'état de la Reine, qu'elle appelait « sa sœur », et demanda à Richard s'il y avait longtemps qu'il l'avait vue. Celui-ci répondit : « Elle va très bien, « et ne manque de rien. »

Toute la nuit, elle parut très inquiète. A chaque instant, elle demandait à Richard quelle heure il était. — Celui-ci couchait, en effet, dans un cabinet obscur, attenant à l'alcôve où elle reposait elle-même. — Elle se leva de bon matin; Richard était déjà sur pied. Elle lui demanda encore quelle heure il était. Richard prit sa montre pour lui faire voir l'heure, et il la fit sonner. « Ma sœur, lui dit-elle, en avait une à peu près semblable; seulement, elle ne la montait pas, et [1]... » Elle prit un peu de chocolat, puis, vers onze heures, elle s'avança à l'entrée de la prison. Beaucoup de grandes dames, qui allaient avec elle à l'échafaud, s'y trouvaient déjà rassemblées. Il y avait, entre autres, Mme de Senozan, sœur du ministre Malesherbes, défenseur du Roi, la meilleure et la plus charitable des femmes. Madame Élisabeth chargea Richard de présenter ses compliments à sa sœur. Alors, une de ces dames, dont j'ai oublié le nom, une duchesse, je crois, prenant la parole : « Madame, lui dit-elle, votre sœur a subi le sort que nous allons subir nous-mêmes. »

Voilà, entre beaucoup d'autres choses, ce que m'a raconté Richard.

---

[1] « ...*La differenza che non la caricava, e che essa andava sentendola* » Passage indéchiffrable.

CHAPITRE VII

LA SECONDE COMPARUTION DE L'INTERNONCE.

Mauvais jurés. — La seconde audience. — Nouvelle intervention de Boulanger. — Vigoureuse protestation de l'internonce et de son défenseur, M. Bellart. — « Ces gens-là veulent ma « mort à tout prix ! »

Un mois, et même cinq semaines s'écoulèrent encore, et alors on vint me prévenir de nouveau qu'il fallait descendre au Palais pour y prendre la liste de mes jurés. Cette fois, on me fit passer par la salle qui servait autrefois de chapelle. C'est une pièce très grande et très élevée de voûte, qui n'est plus aujourd'hui qu'une affreuse prison. J'aperçus là sept ou huit prisonniers, étendus sur de misérables matelas, et qui paraissaient être dans le plus complet dénuement. L'humidité de ce lieu était telle, que, bien que je ne fisse que traverser, je m'en sentis tout pénétré. La vue de ces malheureux me remplit de compassion et de pitié, en même temps qu'elle me fit faire un retour sur mon propre sort, car je me dis intérieurement : « Voilà où j'en serais peut-être, moi aussi, sans la « bonté de M. Richard. »

Après avoir reçu la liste de mes jurés, je revins à la hâte pour en prendre connaissance et la communiquer à M. Richard. Celui-ci la lut et demeura quelque temps sans parler. Rompant enfin le silence :

« — Cela m'inquiète, dit-il; ces jurés ne sont pas
« aussi bons que les premiers.

« — N'importe, lui répliquai-je, il faut les prendre
« comme ils sont... l'incertitude me tue; je veux être
« jugé... Advienne que pourra!... »

Malgré ce contretemps, je conservai mon sang-froid. Ceux qui venaient me visiter étaient même surpris de me voir si calme et si peu effrayé par la pensée de la mort. Quand ils m'en marquaient leur étonnement, je leur répondais : « — Ce n'est pas que j'ignore
« le danger qui me menace; mais je suis décidé à
« mourir avec honneur et avec courage. C'est la cause
« du Pape qui est en jeu... Au moins, je laisserai une
« mémoire honorée. »

L'audience eut lieu le surlendemain de ce même jour. Je descendis encore par l'obscur escalier pratiqué dans l'épaisseur du mur, et je m'assis de nouveau sur cette honteuse sellette, où les criminels avaient leur place réservée.

Quand tout le monde fut assis et l'audience ouverte, le commissaire du Directoire prit la parole, comme la première fois, et dit : « Je demande que la cause soit
« renvoyée au mois prochain. »

A ces mots, il y eut dans toute la salle un grand tumulte, et la foule se mit à pousser des huées.

Moi-même, prenant la parole sans l'avoir demandée, et m'adressant au président : « Citoyen, lui dis-je,
« quelle raison peut pousser le commissaire du Direc-
« toire à demander le renvoi de ma cause, lorsque
« l'accusateur public lui-même, intéressé pourtant à
« punir les crimes, juge à propos de garder le silence?...
« Est-ce donc le citoyen Boulanger, commissaire du
« Directoire, qui est ma partie adverse? Alors, qu'il
« parle ouvertement; mais, au lieu de cela, il se tait...

« Citoyen président, c'est donc contre un fantôme
« que j'ai à me défendre... Non, non, citoyen, cet
« adversaire qui se dissimule dans l'ombre, c'est le
« Directoire, c'est le ministre de la police... Qu'ils
« viennent donc eux-mêmes en personne me montrer
« en quoi je suis coupable; qu'ils m'attaquent ouver-
« tement, moi, faible roseau, abandonné de tout le
« monde, moi qui n'ai pour me défendre que la bonté
« de ma cause...

« Eh! comment pourrais-je espérer échapper à des
« adversaires si puissants, surtout alors qu'ils ont
« recours à des ruses si perfides?...

« Mais je me trompe... Je suis ici au milieu du sanc-
« tuaire de la Justice, et elle me couvrira de son égide...
« Juges très intègres, vous qui êtes incorruptibles
« comme la Loi elle-même, tendez-moi une main

« secourable... Ne permettez pas, pour aucun motif,
« de renvoyer ma cause à un mois...

« Quant à moi, je m'y oppose de toute mon éner-
« gie...

« Sans doute, on ne trouve pas assez de charges
« contre moi, et alors, ne pouvant me faire condamner,
« on veut me laisser languir dans les prisons, on veut
« m'y voir périr de misère... Eh bien! j'atteste à ces
« respectables jurés, aujourd'hui maîtres de mon sort,
« qu'on ne rassemblera jamais contre moi plus de
« preuves qu'on n'en a maintenant...

« Est-ce donc qu'on attend encore un massacre des
« prisons, comme en septembre 1792, afin que, moins
« heureux qu'à cette époque néfaste, j'y termine une
« vie remplie, depuis dix années entières, de tristesse
« et d'amertumes, une vie dont les menaces de mort
« incessamment suspendues sur moi, ont fait, durant
« tout ce temps, une véritable agonie?...

« Ordonnez donc, citoyens juges, que tout délai
« étant écarté, et sans qu'on ait égard à la demande du
« commissaire Boulanger, je sois jugé sur-le-champ. »

Mon défenseur prit la parole après moi, et il le fit
avec cette éloquence qui lui était naturelle.

Mais que peut le bon droit contre la faiblesse et
l'ambition?

Sans aucun doute, la puissance formidable de mes
adversaires effraya ces juges; car, après avoir long-

temps délibéré, ils renvoyèrent la cause au mois suivant.

Je me souviens que cet arrêt me remplit d'indignation. J'oubliai un instant que j'étais prisonnier, et m'élançant subitement de ma place, je m'échappai par une porte et me mis à courir vers la pièce attenante à la salle d'audience, et qui donne sur la galerie où se tiennent les marchands. Quelqu'un voulut m'arrêter, mais en vain; je courais toujours, sans savoir où j'allais, quand j'entendis derrière moi Richard qui me criait :

« Où allez-vous donc?... On va croire que vous voulez
« vous enfuir.

« — Non, lui dis-je, je ne veux pas m'enfuir, mais je
« ne sais où je vais.

« — Puisque nous voilà ici, reprit Richard, prenons
« par le grand salon, et nous rentrerons à la Conciergerie par la porte principale. »

Je passai la main à son bras, en lui disant :

« — Pardonnez-moi, monsieur Richard; je suis tout
« à fait hors de moi... Ces gens-là veulent ma mort à
« tout prix. »

Croyant me consoler, ce brave homme me dit :

« Vous avez fait pleurer tout le monde!

« — Bon! répliquai-je,... que me font, à moi, ces
« marques d'intérêt?... Tout cela n'avance à rien... »

Rentré à la prison, je courus me jeter sur mon lit, dans cette même chambre que je redoutais tant.

On vint bientôt m'avertir que l'abbé de La Boissière, un de mes amis d'enfance, demandait à me voir.

Je répondis, avec une certaine rudesse, que je ne voulais pas le recevoir. Puis, me repentant, presque aussitôt après, d'avoir si mal reconnu son amitié, j'ordonnai qu'on l'introduisit; mais il était trop tard.

L'abbé de La Boissière était déjà parti, et je ne l'ai jamais revu depuis, car il se retira en province.

M'étant levé néanmoins pour dîner, je mangeai peu. Ensuite, il me vint un grand nombre de visites, mais elles m'importunaient. Bref, sans savoir pourquoi, je désirais être seul.

CHAPITRE VIII

UN COUP D'ÉTAT.

Très mauvais jurés. — Le plan de Richard. — Les effets du malaga sur M. Marchand. — L'internonce improvise un plaidoyer pour le procès de Mme Colin. — Les tristes pressentiments de M. Bellart. — Physionomie de la salle d'audience.

La fin du mois arriva sans grands incidents, et j'allai, pour la troisième fois, prendre au greffe la liste de mes jurés. Quand je l'eus communiquée à Richard, il me dit :

« C'est à croire que cela est un fait exprès... Ils sont encore plus mauvais que les précédents, et il en faut dix pour être absous... Vous devriez les récuser.

« — Je ne le veux pas, et, du reste, je ne le puis; car ce serait encore un retard d'un mois. »

Richard avait conçu pour moi, depuis que nous vivions ensemble, un attachement extraordinaire. Il se mit à réfléchir, puis, il me dit, un instant après :

« Écoutez... je connais l'huissier qui est chargé de convoquer les jurés; je lui demanderai quel parti nous devons prendre, et s'il ne serait pas possible d'avoir d'autres jurés.

« — Oh! je vous en prie, lui répondis-je, faites-le, et
« au plus vite; car vous savez ce que c'est qu'un mal-
« heureux à qui l'on fait concevoir la moindre espé-
« rance : il croit avoir tout gagné... Il faut, ajoutai-je,
« l'inviter à dîner et lui servir un bon repas, surtout
« du bon vin... Et puis, vous pouvez lui faire entendre
« que je le récompenserai généreusement. »

Richard me dit qu'il allait tout disposer, et il donna des ordres à la cuisinière pour avoir de la volaille et du gibier. « Ayez confiance, me dit à ce propos cette « bonne domestique, cet huissier est un homme très « influent. »

C'était le surlendemain que je devais de nouveau comparaître à l'audience. J'attendis avec impatience jusqu'à quatre heures. A ce moment, M. Richard revint et me dit : « Nous aurons M. Marchand. » C'était le nom de l'huissier. Et en effet, je le vis arriver peu après. Il me fit, dès le premier abord, l'effet d'un homme sérieux et bien élevé.

Nous nous mîmes à table : nous n'étions que tous les trois, et Richard recommanda à la servante de ne laisser entrer personne. Le repas fut excellent, et nous allâmes jusqu'au dessert sans parler de mon affaire. Mais alors, on mit sur la table une bouteille de malaga, et Richard prenant la parole :

« La journée d'après-demain, dit-il, sera une journée
« bien importante pour M. l'abbé, car il doit être

« jugé... Seulement, je ne suis pas trop content de ses
« jurés... Un tel et un tel, — il les désignait par leurs
« noms, — sont détestables...; cet autre-là est un
« jacobin.

« — Eh bien! répliqua Marchand, il faut les récuser.

« — Impossible, repris-je à mon tour, je ne le veux
« à aucun prix, car cela me renverrait encore à un
« mois d'ici. »

Sur ce, Richard versa à Marchand un grand demi-
verre de malaga, ainsi qu'il eût fait d'un vin ordinaire.
Comme il le buvait, l'huissier s'arrêta en disant :

« Voyons, je puis vous être utile et je le désire...
« Passez-moi cette liste de jurés, dont vous ne voulez
« pas. »

Richard la lui présenta, et Marchand murmurait tout
bas en la lisant : « Par le fait, ils ne sont guère fameux!
« Ces gens-là ne manquent jamais d'envoyer à la
« mort. »

Quand il eut fini, il tira un crayon de sa poche, et
me dit :

« Mettez un signe sur les noms de tous ceux dont
« vous ne voulez pas.

« — C'est M. Richard, lui répondis-je, qui le fera à
« ma place, car, pour moi, je n'en connais aucun. »

Après que nous eûmes marqué les mauvais : « Main-
« tenant, dit-il, lesquels voulez-vous? »

Je me trouvai encore dans le même embarras.

Richard m'en tira encore, et après avoir longtemps hésité sur les uns et les autres, nous nous décidâmes pour une liste qui nous offrait de sérieuses garanties. Je me souviens que nous inscrivîmes, entre autres, le général de Tolosan, M. Charet, orfèvre; Cadet, simple particulier; Charpentier, notaire; Leblanc de Varennes, procureur, et Le Couteux-Lenormand.

Tout étant ainsi réglé : « Je vais, me dit ce brave
« huissier, tenter un coup hardi, qui me coûterait ma
« place s'il venait à être découvert... Mais il n'est rien
« que je ne fasse pour sauver un honnête homme
« comme vous... Je vais convoquer ces jurés, comme
« si leurs noms étaient tombés au sort... J'espère qu'on
« ne s'en apercevra pas, car le président n'a pas pré-
« sents les traits de chacun des jurés. »

Je me confondis en remerciements, et quand nous eûmes pris le café et de la liqueur, il nous quitta, en emportant avec lui la liste que nous avions arrêtée d'un commun accord.

En même temps, j'envoyai à Mme Blanchet une copie de cette liste, afin qu'elle la communiquât à nos amis, et qu'ils pussent aller, dans la soirée du lendemain, solliciter les jurés en ma faveur.

En effet, Mme Colin, Mme de Grabourtra et ma pauvre Blanchet voyagèrent beaucoup.

Je fus également appuyé par Vigier, ancien procureur au Parlement, propriétaire des bains de la Seine, qui alla rendre visite à Gohier, le président du tribunal.

« Je suis très fâché, lui répondit celui-ci, qu'il
« n'existe pas de peine intermédiaire... Il n'y a, pour
« lui, que la mort ou la liberté, et voilà ce qui nous
« embarrasse. »

C'est comme s'il eût dit : « Nous savons bien qu'il
« n'est pas coupable, mais il faut lui infliger un châti-
« ment, pour ne pas déplaire au Directoire. »

Enfin, l'heure décisive allait sonner. Nous étions au
3 mars, et l'audience fut fixée à huit heures du matin.
Dès sept heures, j'étais habillé, et, selon ma coutume,
ma barbe était faite et ma perruque poudrée.

J'attendais, assis devant le feu, dans la cuisine de la
Conciergerie, et je causais avec la bonne domestique
de Richard. Comme elle me disait : « M. Richard
« s'intéresse beaucoup à vous, et c'est ce qui le rend
« inquiet », Mme Colin entra et me dit :

« Je ne pourrai pas assister à votre procès, car moi-
« même j'en ai un au civil, qui intéresse mes enfants
« encore mineurs... J'ai contre moi une cabale
« furieuse... On ne cesse de renvoyer l'affaire ; mon
« avocat lui-même montre une inconcevable indiffé-
« rence et ne prend pas la parole : aussi, je crains de
« perdre... ; et cependant, il s'agit de quatre-vingt mille
« francs, et j'ai affaire à forte partie, au notaire Ragui-
« deau, qui a acheté l'étude de mon pauvre mari. »

« — Écoutez, lui répondis-je ; supposez qu'à l'audience
« on vous accorde la parole, vous sentez-vous, quoique
« simple femme, capable de la prendre?

« — Oui, me répondit-elle sans hésiter.

« — Eh bien! donnez-moi du papier et de l'encre...
« J'ai trois quarts d'heure devant moi, cela est suf-
« fisant. »

Et alors, reprenant par le commencement toute la suite de son affaire, en suivant ses propres indications, je lui composai une défense longue de deux feuilles in-quarto, c'est-à-dire de huit pages. La péroraison en était des plus pathétiques, car la situation m'avait inspiré.

Et de fait, quoi de plus intéressant qu'une mère, jeune encore et belle, qui implore ses juges pour ses quatre enfants en bas âge, et qui, privée de tout secours, voit réunies contre elle seule toutes les forces d'un adversaire puissant et de mauvaise foi?

Cette excellente femme ne revenait pas du sang-froid que je faisais paraître en m'occupant de lui composer un plaidoyer, au moment même où j'allais avoir à défendre ma propre vie.

« Vous m'émerveillez, s'écriait-elle, et je suis tout
« émue de vous voir travailler pour moi, dans un instant
« si critique pour vous-même. Je suis confondue de
« votre courage et de votre sang-froid.

« — C'est le bonheur de vous être utile, madame,

« lui répondis-je, et de reconnaitre les preuves de
« dévouement que vous m'avez données, qui fait taire
« en moi tout autre sentiment... Quant à moi, j'ai fait
« mon sacrifice, et je ne penserai désormais à ma
« propre personne que lorsqu'il faudra me jeter dans
« les bras de mon Dieu. »

Je lui remis cet écrit, et passai dans le salon, sans poursuivre plus longtemps cet entretien, car je craignais de me laisser attendrir.

Mme Colin sortit de là pour se rendre à l'audience.

Elle obtint la parole, elle pleura, elle lut mon plaidoyer avec une émotion si pénétrante, qu'on ordonna à la partie adverse de répondre sur-le-champ; bref, elle gagna son procès.

Quelle n'est pas, sur le cœur des hommes, la puissance d'une femme qui leur est sympathique[1] !

Un moment après, je vis entrer mon défenseur, M. Bellart. Il était pâle, avait la mine allongée, et tout en lui respirait la tristesse :

« Qu'y a-t-il donc, monsieur Bellart? lui deman-
« dai-je... Votre air ne m'annonce rien de bon... Moi
« qui comptais sur vous pour m'inspirer du courage!

« — Hélas! me répondit-il, que voulez-vous que je
« vous dise... : quand on n'a pour juges que des hommes
« faibles et prévenus, il y a tout à craindre. »

---

[1] *Quali vantaggi hà una femmina interessante nel cuore dell' omini!*

En ce moment, Richard m'appela pour l'audience.

Je le suivis, accompagné de mon défenseur et précédé de l'huissier et des gendarmes; et, marchant au milieu de ce lugubre cortège, dans un silence profond, semblable à une victime qu'on conduit à la mort, je descendis par cet escalier souterrain qui me causait une invincible terreur, et parvins bientôt à l'entrée de la salle d'audience.

Elle était si remplie de monde, que j'eus bien de la peine à arriver jusqu'au banc d'ignominie. Comme un seul des deux gendarmes put se frayer un chemin à mes côtés, quelqu'un cria : « Il n'y a qu'un gendarme! « Il en faut deux! »

A quoi une partie de la salle répondit à plusieurs reprises : « Non, non, il y en a déjà trop d'un! »

L'ancienne Chambre tout entière était dans la salle, y compris celle qui s'appelait « la Bazoche ».

Étant au Parlement, j'avais toujours été fort accueillant pour ces messieurs, et en retour ils me portaient le plus vif intérêt.

Tant il est vrai que l'on récolte toujours le fruit de ses bienfaits.

J'aperçus aussi, en promenant mes regards dans la salle, à peu près tous ceux qui étaient venus aux premières audiences, et en outre beaucoup d'autres personnes que je n'avais pas encore vues.

Les jurés étaient également à leur poste, et personne n'avait éventé la ruse de mon huissier.

Je m'aperçus pourtant qu'il en manquait un, que je connaissais, M. Le Couteau[1].

Il fut remplacé séance tenante.

J'ai su depuis que M. Le Couteau de la Norai, qui m'avait les plus grandes obligations, avait obstinément refusé à Blanchet de venir à l'audience, sous prétexte qu'il ne voulait pas se rendre suspect au gouvernement. En vain, une de ses sœurs lui représenta que je lui avais fait gagner beaucoup de procès, il fut inébranlable dans sa résolution, et c'est ainsi qu'il fit preuve à mon égard de la plus noire ingratitude.

Mais je n'insiste pas. C'est à Dieu seul qu'il appartient de le punir, car il est mort.

[1] Ce nom est écrit tantôt Le Couteau, tantôt Le Coûteux.

CHAPITRE IX

ENFIN!

Encore Boulanger! — Répliques vigoureuses de l'accusé et de son défenseur. — Un incident soulevé par le président Gohier. — L'interrogatoire.

Les juges ayant pris place, l'audience commença par la lecture de l'acte d'accusation. Il était conçu dans des termes beaucoup plus modérés que le premier : du reste, ce n'était pas Legras qui l'avait rédigé. Je n'étais plus représenté comme le chef d'une conspiration, mais seulement comme coupable de correspondre avec le ministre du Pape.

A peine fut-il lu, que le commissaire Boulanger se leva et demanda une fois encore le renvoi à huit jours.

On conçoit aisément quelle rumeur ces paroles excitèrent dans toute l'assemblée.

En même temps, un des jurés, M. Leblanc de Varennes, se levant de son siège, demanda à haute voix si l'on se moquait d'eux, de les faire toujours venir ainsi sans rien conclure.

Pour moi, j'étais tellement atterré, que je ne pouvais pas même ouvrir la bouche. Mais M. Bellart parla avec une éloquence indignée, et s'opposa au renvoi. Les juges, obligés de délibérer sur-le-champ, sous les yeux mêmes du public, n'osèrent pas accorder au commissaire du Directoire ce qu'il demandait. Ils prononcèrent donc que, sans avoir égard à la requête du citoyen commissaire, on allait passer outre et me juger séance tenante.

Cette décision fut accueillie par l'auditoire avec le plus grand enthousiasme.

Mais quand le silence fut rétabli, on vit ce même commissaire du Directoire se lever de nouveau, et, dans un second réquisitoire, conclure à ce que je fusse remis entre les mains d'une commission militaire. A l'entendre maintenant, c'était de celle-ci, et non du tribunal, que ma cause ressortissait, car je n'étais, à vrai dire, ni conspirateur ni coupable de correspondance, mais un simple *espion*.

Cette demande inattendue jeta d'abord la salle dans une espèce de stupeur; mais aussitôt après, il s'éleva contre le commissaire des cris si violents, que le président ne pouvait obtenir le silence : « On veut l'assas« siner », disaient les uns; d'autres s'écriaient : « Il faut « empêcher qu'on ne le livre à la commission militaire. »

Mais je fis signe avec la main que j'avais quelque chose à dire. Le silence revint aussitôt, et alors prenant la parole :

« Oui, citoyen, dis-je au président, oui, je suis un

« espion! mais un espion civil, ministre d'une puis-
« sance étrangère, et reconnu pour tel depuis plus de
« dix ans. Je suis ici sous la sauvegarde des lois, et il
« y a peu de temps encore, je traitais, sans être investi
« d'un caractère public, avec les ministres du Direc-
« toire eux-mêmes.

« Des espions de cette sorte, mais vous en avez dans
« toutes les cours de l'Europe. Eh bien! les met-on
« en prison? Sont-ils poursuivis criminellement? Veut-
« on les livrer à une commission militaire? Non, la loi
« dont vous tirez parti contre moi, et en vertu de la-
« quelle vous voudriez me renvoyer devant une commis-
« sion militaire, cette loi-là ne regarde que les espions
« pris les armes à la main au milieu des camps, et moi,
« je suis un citoyen tranquille, et c'est vous qui êtes venu
« m'arrêter dans ma maison, sans motif ni raison!...

« Mais, du reste, je ne suis pas assez versé dans vos
« nouvelles lois pour me défendre avec avantage, et
« mon avocat va le faire avec cette éloquence qui lui
« est naturelle. »

Alors M. Bellart prit la parole, et, s'adressant au commissaire du Directoire :

« Faites-moi passer, je vous prie, lui dit-il, le texte
« de la loi dont vous parlez; je ne la connais pas, mais
« je m'en vais la discuter article par article. »

Il la discuta, en effet, de la manière la plus lumi-
neuse, et termina par une émouvante péroraison :

« Souvenez-vous enfin, citoyens juges, disait-il,
« souvenez-vous que si vous n'avez pas eu le bonheur
« d'être nommés par le peuple, voici le moment de
« vous en rendre dignes. »

C'est que mes juges avaient été révolutionnairement nommés par le Directoire, et nous étions à la veille de l'assemblée primaire, où l'on devait faire de nouvelles élections[1]. Aussi les dernières paroles de M. Bellart, en même temps qu'elles soulevèrent de vifs applaudissements, firent sur les juges eux-mêmes une impression profonde.

Obligés de se réunir, de statuer sur-le-champ, et intimidés, sans doute, par l'opinion publique qui m'était favorable, ils décidèrent, après une délibération de cinq quarts d'heure, qu'ils étaient compétents, et que, sans tenir compte de l'opposition du citoyen commissaire, on allait entamer le fond du débat.

Cette sentence souleva des bravos qui n'en finissaient plus. Aussi le président était-il absolument hors de lui. Il s'agitait et criait de toutes ses forces que la loi défendait expressément toutes les marques d'approbation ou de désapprobation.

Enfin, le calme se rétablit. On donna, pour la seconde fois, lecture de l'acte d'accusation, et comme il n'y avait aucun témoin à charge, les officiers municipaux de

---

[1] Elles eurent lieu en avril 1797.

Passy s'offrirent pour déposer en faveur de ma moralité et de ma bonne conduite. Ils en furent aussitôt dispensés.

Alors, le président, saisissant mon courrier :

« Accusé, me dit-il, vous allez être jugé sur cette
« lettre.

« — Et depuis quand, répliquai-je aussitôt, la jus-
« tice admet-elle une semblable preuve? Surtout quand
« il n'en existe aucune autre. Comment un document
« qui est ma propriété personnelle peut-il servir de
« pièce à conviction?... Et puis, cette lettre elle-même,
« vous n'avez pu vous la procurer qu'en violant toutes
« les lois existantes, qu'en violant le secret des lettres,
« le droit des gens, qu'en l'arrachant à un courrier
« sur la grande route. Dès lors, comment pouvez-vous
« me l'opposer?... C'est moi-même, qui devrais être
« ici l'accusateur...

« Rappelez-vous donc la célèbre ordonnance du Par-
« lement de Paris. Il s'agissait d'une femme prévenue
« des plus grands crimes, mais contre qui les preuves
« faisaient défaut. On trouva dans sa chambre, écrit de
« sa propre main, un aveu détaillé de tous les crimes
« qu'on lui reprochait. Le procureur général l'ayant
« présenté à la Cour, comme un document irrécusable,
« le Parlement de Paris le rejeta et l'écarta du procès,
« en s'appuyant sur cette raison : qu'un accusé ne pou-
« vait s'accuser lui-même.

« Voyez-vous cette délicatesse des juges, touchant
« le choix des preuves, quand il s'agit de la vie d'un
« accusé? »

Mon défenseur fit également les plus grands efforts pour obtenir que ma lettre ne servit pas de preuve contre moi, et qu'on l'écartât du procès.

Ce point fut l'occasion d'un long débat entre les juges, et j'en vins presque à me repentir de l'avoir soulevé, car ils furent sur le point de remettre la décision de l'affaire au Corps législatif, ce qui m'aurait encore renvoyé fort loin.

Aussi, je dis au président que, pour éviter toute difficulté, je consentais que l'on commençât les débats par l'examen de ma lettre, et ma proposition fut acceptée.

Il s'établit alors entre moi et le président une espèce de dialogue. Il me posa beaucoup de questions, auxquelles je répondis avec plus ou moins de vivacité, selon qu'elles excitaient plus ou moins mon indignation.

Voici, autant que je puis me les rappeler, les points les plus saillants de cet interrogatoire.

D. « Pourquoi avez-vous correspondu avec les enne-
« mis de l'État?

R. « — Je n'ai pas correspondu avec les ennemis de
« l'État. Si vous entendez par ennemi de l'État le
« Pape, je vous dirai que le Pape n'est pas l'ennemi de
« la France. Chef suprême de la religion, il porte la

« France dans son cœur comme toutes les autres nations
« catholiques : ce qui est vrai, c'est qu'il est l'ennemi
« de votre gouvernement. Cela ne m'empêchera jamais
« de correspondre avec lui et avec ses ministres. Je suis
« né son sujet et je suis prêtre : à ce double titre, j'ai
« le droit de correspondre librement avec le Souverain
« Pontife...

« Remarquez, en outre, qu'un signe est nécessaire
« pour reconnaître qu'une puissance est l'ennemie
« d'une autre, c'est qu'il y ait une déclaration de
« guerre. Or, a-t-on déclaré la guerre au Pape?... Il
« faudrait pour cela un décret du Corps législatif,
« comme le veut la loi. Où est ce décret?... C'est vous
« qui avez attaqué le Pape, et cela sans le prévenir...
« C'est vous qui êtes entrés dans ses États. Quant à lui,
« il n'a pas même opposé de résistance.

D. « — Que signifient les chiffres dont vous vous
« servez?

R. « — Je ne m'en souviens plus. La clef s'en trouvait
« dans mon appartement, mais je l'ai perdue par la
« faute des agents de police qui ont tout bouleversé
« chez moi.

D. « — Accusé, vous sembliez dire dans cette lettre
« que les Français désiraient un chef, c'est-à-dire, sans
« doute, un Roi? Qui vous l'a dit?

R. « — Comme je n'avais pas joint, cette fois-là, les
« journaux à mon courrier, j'écrivais au Pape ce que

« j'avais lu dans ceux-ci..... D'ailleurs, ajoutai-je avec
« vivacité, ce n'est pas moi seulement, c'est tout le
« monde qui dit cela. »

Il faut remarquer en passant que ceci avait lieu avant
le 18 fructidor, alors que l'on pouvait encore s'exprimer librement.

D. « — Vous êtes ennemi de la République; vous
« n'avez voulu prêter aucun serment.

R. « — Je ne suis point ennemi de la République. Mais
« je ne suis point encore arrivé à ce degré d'héroïsme
« commandé par l'Évangile, d'aimer du fond du cœur
« nos ennemis. Tout ce que je puis faire, c'est de ne pas
« leur désirer du mal : or, je n'ai jamais excité per-
« sonne contre la République, car je dédaigne la ven-
« geance... Du reste, achevez la lecture de ma lettre,
« et puisque vous lisez ce qui est à ma charge, lisez
« également ce qui est à ma décharge. Vous allez voir
« que je conseille au Pape de faire la paix avec le
« général Bonaparte, et de ne pas se fier aux pro-
« messes du général napolitain, non plus qu'à celles du
« roi de Naples lui-même, parce qu'ils le trahissent...

« Quant au reproche que vous me faites de n'avoir
« prêté aucun serment, je vous dirai d'abord que
« j'aurais le droit de ne pas vous répondre, car ceci
« est affaire à ma conscience. Mais je ne veux laisser
« aucun doute au nombreux et respectable auditoire qui
« m'écoute, sur mes principes religieux et politiques,

« Je réponds donc que, n'étant pas fonctionnaire public,
« je n'étais nullement obligé de prêter serment à la
« Constitution civile du clergé. Je dois même ajouter,
« pour obéir à la voix de ma conscience, qu'eussé-je
« été fonctionnaire public, je l'aurais encore refusé.
« Car cette constitution détruit les droits et le pouvoir
« du Pape, ainsi que les droits de l'épiscopat français,
« et renverse la hiérarchie ecclésiastique. Enfin, le Pape
« a défendu de prêter ce serment...

« Pour ce qui est du serment de Liberté et d'Éga-
« lité, je n'ai pas cru devoir le prêter. Dans tous les
« temps, les citoyens français ont été égaux devant la
« loi. On pouvait plaider contre les frères du Roi,
« contre le Roi lui-même, et tout le monde avait à
« cœur sa liberté individuelle. Si vous appelez liberté
« la liberté qui n'est que de la licence et qui engendre
« l'anarchie, je la rejette avec tous les bons Français...

« Quant au serment de haine à la royauté, je pro-
« clame devant tout le monde que mon attachement
« à la cause royale me le défend, et, de plus, un chré-
« tien ne doit haïr qu'une seule chose, le péché...

« Que si vous parlez enfin de la promesse de fidélité
« aux lois de la République, je vous réponds que j'obéis
« fidèlement à ces lois; vous ne pouvez rien me deman-
« der de plus. »

Chacune de mes réponses était couverte d'applaudissements.

D. « — Accusé, comment pouvez-vous être ennemi
« de votre pays, vous, ancien conseiller-clerc au Parle-
« ment de Paris; vous qui vivez ici sous la protection
« des lois?

R. « — Citoyen président, je ne suis point ennemi
« de mon pays, et je ne vis pas sous la protection des
« lois.

« Arraché de mon domicile, sans ombre de raison,
« je me suis vu conduire sur le théâtre des massacres
« des 2 et 3 septembre 1792, et je n'en ai réchappé que
« par miracle, après avoir vu égorger soixante de mes
« compagnons d'infortune.

« Placé ensuite sous le coup d'un décret d'arresta-
« tion, j'ai dû errer neuf mois entiers sans gîte, sans
« asile, sans secours, en proie à la plus profonde
« misère, vivant à la manière des bêtes fauves, dans
« les bois qui environnent la capitale. En même temps,
« sans que j'eusse commis aucun crime, on me condam-
« nait à mort par contumace.

« Aujourd'hui encore, grâce à la violation de toutes
« les lois, je me vois assis sur le banc des criminels. Et
« vous dites que je vis sous la protection des lois! Non,
« monsieur le président, non!... »

On me fit encore beaucoup d'autres questions, qu'il serait trop long de rapporter, et auxquelles je répondis toujours avec courage et fermeté.

Puis, ce fut le tour de mon défenseur. Il prononça

un fort beau plaidoyer¹, dans lequel il amplifia mes réponses, et fit valoir les passages de ma lettre qui pouvaient être à mon avantage.

On devine aisément quel violent effort j'avais dû faire sur moi-même pour me défendre. Aussi, quand j'eus cessé de parler, je me sentis complètement abattu.

De plus, je n'avais pris depuis le matin sept heures qu'une tasse de chocolat, et il était onze heures du soir. Bref, je tombais d'épuisement. Heureusement que le président leva enfin la séance, en renvoyant la suite au lendemain matin neuf heures.

¹ Il est en effet mentionné, — *mais non reproduit, malheureusement,* — par Billecoq, dans sa *Notice sur Bellart*. V. *OEuvres choisies de Bellart*. Paris, 1827.

CHAPITRE X

L'ACQUITTEMENT.

Dernières heures à la Conciergerie. — Joyeux pressentiments de M. Bellart. — La suite de l'audience. — L'abbé Champagne. — Le verdict. — La délivrance. — Conclusion : l'internonce est nommé par le pape Pie VII administrateur des diocèses de la Normandie.

Voyant combien j'étais fatigué, le bon Richard me prit par la main, et, au lieu de me conduire par l'escalier noir, il me fit faire le tour par la place du Palais, en m'ouvrant un passage au milieu des rangs pressés de la foule.

Quelques personnes que je ne connaissais pas me remarquèrent, comme je passais, et me dirent :

« Ayez bon courage, monsieur!... Vous nous avez « fait pleurer et vous avez gagné tout le monde. »

« On me reconnaît, dis-je alors à Richard ; passons « vite. »

Nous entrâmes par la grande porte.

Un bon repas, avec de bon poisson, était déjà servi et m'attendait. Nous dînâmes seuls, Richard et moi.

Ce brave homme, bien digne d'occuper une meilleure position, pleurait de joie et me disait :

« Vous avez parlé comme un ange! Depuis trente
« ans que je suis dans les prisons, je n'ai jamais vu
« d'accusé se défendre comme vous!... Ils n'oseront
« jamais vous condamner.

« — J'aurais mieux aimé, lui répondis-je, être jugé
« tout de suite.

« — Vous avez raison, repartit Richard....; mais
« n'importe, ce que vous avez dit fera impression sur
« les jurés pendant la nuit, et leurs femmes, à qui ils
« raconteront tout ce qui s'est passé, prendront part
« pour vous. »

Mon défenseur vint, de son côté, me voir de bon matin, et m'aborda en me disant :

« Ayez bon courage!

« — Ah! lui répondis-je, vous ne m'avez pas dit cela
« hier, alors cependant que j'en avais plus besoin.

« — C'est qu'hier j'étais presque certain que vous
« étiez perdu. Un des juges m'avait affirmé, de la façon
« la plus catégorique, que vous seriez envoyé devant
« une commission militaire, et voilà pourquoi j'étais si
« triste. Je voyais que tous nos moyens de défense
« ne serviraient à rien. Ils n'ont pas osé le faire, à
« cause de l'intérêt unanime que vous a témoigné
« l'auditoire, et c'est à la faveur du peuple que vous
« devez votre salut...

« Je dois ajouter aussi que vous avez parlé avec
« éloquence, et que vous n'avez dit que ce que vous
« deviez dire. »

Nous sortîmes à neuf heures précises pour aller à l'audience.

Le bon Richard était déjà descendu dix fois au Palais, pour savoir ce qu'on disait de moi. Il remonta un peu avant l'audience; il était très joyeux, et il murmura à l'oreille de sa domestique :

« Il sera sauvé... J'ai vu les questions [1]. »

Nous nous concertâmes, M. Bellart et moi, sur les conclusions à prendre, et nous fûmes hardis.

Nous basant sur toutes les lois qui ordonnaient le secret des lettres, nous réclamions contre les fonctionnaires publics qui l'auraient violé, l'application des peines fixées par le législateur. En conséquence, nous demandions qu'aux termes de tel et tel article que nous citions, le ministre de la police fût condamné à deux ans de prison, et qu'après m'avoir relâché et remis en liberté, on m'accordât des dommages-intérêts, dont le montant serait versé au profit des pauvres.

De son côté, l'accusateur public prononça contre moi un réquisitoire très violent, et conclut en demandant que je fusse condamné à la peine capitale.

---

[1] *Le dimande.* Sans doute les questions qui devaient être posées aux jurés. Du reste, on ne voit pas comment Richard en augurait le salut de l'internonce.

Alors le président posa aux jurés les questions d'usage, dans les termes que voici : Y a-t-il eu correspondance avec les ennemis de l'État? — L'accusé est-il coupable de ce crime? — A-t-il agi dans une mauvaise intention?

Les jurés délibérèrent longtemps.

Beaucoup avaient été impressionnés par ce mot d'*espion*, que le commissaire du Directoire avait prononcé.

Heureusement, on avait, comme je l'ai déjà dit, saisi à la poste une lettre du cardinal Busca, ministre du Pape. Elle était écrite en italien.

Or, il y avait parmi les jurés l'abbé Champagne, diacre marié et proviseur au collège de Navarre, qui savait fort bien cette langue. Il traduisit la lettre aux autres jurés, en leur disant : « On veut nous faire
« prendre l'accusé pour un espion, mais non, il n'est
« pas un espion... : c'est l'ami du Pape; celui-ci lui fait
« écrire par son ministre *qu'il l'aime et qu'il continue de*
« *lui porter de l'affection*. Un souverain ne s'exprime pas
« de la sorte au sujet d'un espion...

« En somme, ajouta-t-il, je ne puis regarder l'accusé
« que comme l'envoyé du Pape, et je suis d'avis de
« l'acquitter. »

Le général de Tolosan déploya également beaucoup de zèle, et après deux heures de délibération, le jury apporta ses réponses : elles étaient affirmatives quant aux deux premières questions, mais négatives quant à la troisième.

Le président fut donc obligé de prononcer mon acquittement et ma mise en liberté.

La sentence fut accueillie avec des applaudissements enthousiastes.

Mais il me fallut boire le calice jusqu'au bout. Au lieu de me mettre sur-le-champ en liberté, comme c'est la coutume à l'égard des criminels eux-mêmes, on me fit rester encore vingt-quatre heures en prison.

Mon défenseur vint le lendemain, vers le milieu du jour, et demanda à Richard si l'accusateur public avait envoyé l'ordre de me mettre en liberté à l'expiration des vingt-quatre heures. Comme Richard répondait négativement, M. Bellart l'avertit qu'en ce cas, la loi autorisait mon avocat à me rendre lui-même la liberté au bout des vingt-quatre heures; qu'il le priait, en conséquence, de le laisser agir.

On devine que le bon Richard ne se le fit pas dire deux fois, et qu'il m'ouvrit la porte sur-le-champ.

***

Me voici arrivé, Madame, à la fin de ma lamentable histoire. Sans doute, beaucoup de choses m'auront échappé, car il y a longtemps que tout cela est passé.

Depuis lors, je vécus tranquille, en continuant toutefois de remplir la mission spirituelle dont j'étais chargé.

En 1801, je fus envoyé en Normandie pour administrer la province entière, et là, j'eus à gouverner cinq des plus importants diocèses de France, notamment celui de Rouen, qui possède le siège archiépiscopal [1].

J'établis ma résidence dans cette dernière ville, mais je fis, dans le cours de l'hiver, la visite de tous ces diocèses, en y nommant des vicaires généraux pour agir en mon nom.

Cette province était fort divisée au sujet du serment de fidélité et de soumission aux lois de la République. Je parvins à concilier et à calmer les esprits, malgré les obstacles que me suscitèrent les intrus.

Le cardinal légat fut si content du succès de ma mission, qu'il m'écrivit plusieurs lettres de la part du Pape, dans lesquelles il me faisait part de la satisfaction de Sa Sainteté, et m'assurait que j'avais même surpassé ses espérances [2].

---

[1] Sur cette mission de l'internonce en Normandie, voir la Préface.

[2] Ce dénouement est bien brusque. Il montre, — ce qui éclate d'une manière choquante dans le manuscrit, — combien l'écrivain s'est peu soucié de la composition. Du reste, il nous en avait prévenus en commençant son récit.

PIÈCES JUSTIFICATIVES

I

L'abbé de Salamon au cardinal Zelada.

« Paris, 12 juin 1786.

« ... Je n'en ai pas moins montré de zèle, Monseigneur, dans la malheureuse affaire du prince Louis de Rohan. Combien n'ai-je pas été empressé à visiter ceux de mes confrères qui paraissaient lui être plus contraires, les convaincre que leur religion exigeait d'eux, et pour l'édification des faibles et pour faire taire les murmures de nos frères égarés, qu'ils eussent les plus grands égards, non pour la personne de l'accusé, mais pour le caractère éminent dont il était revêtu : prêtre, évêque et décoré de la pourpre romaine !

« Je leur ai bien insinué que nous n'avions point à juger la conduite antérieure de l'accusé, ni le manque du respect que l'on doit à la majesté royale, dans les rendez-vous nocturnes, mais seulement le crime d'escroquerie, le prince Louis n'en étant pas l'auteur.

« Il est bien vrai que, de l'aveu même du prince, il avait eu connaissance après de la fraude, et que, néanmoins, il avait entretenu les joailliers Bœhmer et Bassange dans l'erreur, et leur avait fait délivrer une quittance au nom de Sa Majesté la Reine, de 30,000 francs. Mais, secondé par M. le Premier Président, qui est rempli de la plus haute estime pour Votre Éminence, nous avons écarté ce petit nuage, sur lequel s'appuyait fort le procureur général du Roy, et la Cour, pleine de respect pour la Religion et pour la pourpre romaine, a eu tous les égards possibles pour le prince Louis. Lorsqu'il a paru devant les Chambres assemblées, pour subir l'interrogatoire, on l'a fait asseoir; et lorsque l'interrogatoire a été fini et qu'il s'est retiré, la Cour, pour lui faire honneur, s'est levée... »

(Archives vaticanes. — *Nonciature et affaires d'Avignon.*)

II

Du même au même.

« Palais du Louvre, 15 mars 1787.

« ... Votre Éminence aura été surprise, Monseigneur, que dans le moment qu'on pensait, en France, à diminuer les privilèges du clergé, on ait choisi un archevêque de Toulouse [1] pour être ministre et à la tête des finances. On augure bien de ce choix. M. de Lamoignon, président du Parlement, qui a remplacé M. de Miroménil dans la place de garde des sceaux, est également un choix qui a été applaudi... »

[1] De Loménie de Brienne.

III

Au même.

« Paris, 5 août 1788.

... « Vous avez sans doute su, Monseigneur, l'effervescence de la plus grande partie des provinces, depuis le moment où l'on veut bouleverser toute la Constitution française, et surtout de la grande et belle province de Bretagne.

« Douze gentilshommes avaient été députés pour réclamer auprès du Roy leurs privilèges : on les fit enlever dans la nuit, à main armée, et conduire dans les affreuses prisons de la Bastille. Vingt-deux autres députés des états de cette province sont arrivés au bruit de cet acte de violence. Ils sont venus à bout de se faire présenter au Roy. L'évêque de Dol[1], celui qui avait été exilé pour l'affaire de l'Édit des non-catholiques, prononça le discours véhément que j'ai l'honneur d'envoyer à Votre Éminence, avec le mémoire que ce prélat, à la tête des députés, présenta à Sa Majesté. Vous trouverez ci-joint la réponse du Roy[2]. Cette réponse n'a pas satisfait, et six députés de chaque diocèse de cette province vont arriver, ce qui formera une députation de cinquante-deux personnes.

« Le parlement de Bretagne, quoique sous la lettre de cachet qu'il ne reconnaît point, s'assembla, le 24, à Vannes. Il avait député douze de ses membres pour venir à Versailles ; mais on les a *obligés* de s'en retourner de huit lieues de cette ville.

[1] Mgr de Hercé.
[2] Toutes ces pièces sont ensemble dans les Archives.

« La province de Dauphiné a fait aussi une assemblée, le 21 du mois passé, de sept cents personnes ; tout le royaume est dans une consternation générale, le commerce dans la plus grande inaction, point de justice dans cet immense empire ; ce qui, sans doute, doit remplir d'étonnement les autres nations.

« Enfin, ce que nous voyons n'existe nulle part dans l'histoire. Les ministres affectent toujours de promettre les états généraux, et ils n'en veulent point, ils n'en fixent jamais l'époque.

« Votre Éminence a dû être bien surprise du discours de l'archevêque de Narbonne [1] au Roy, en prenant congé, à la tête du clergé. Ce prélat n'a pas rougi de remercier le Roy de l'Édit des non-catholiques, tandis qu'il savait bien que l'Assemblée faisait des représentations contraires. Tout le monde a été indigné d'une pareille conduite ; mais le clergé, corps faible et qui n'a point de nerf, par ses vues personnelles d'intérêt, n'a point désavoué par une délibération ce discours.

« J'avais pressé plusieurs évêques de le faire, mais en vain. Ils ont cependant présenté, dimanche, leurs représentations au Roy ; ils ont demandé de prolonger leur assemblée. Le Roy leur a ordonné de se séparer dans les vingt-quatre heures, et, en effet, ils se séparent aujourd'hui, sans avoir rien fait de bien merveilleux.

« Le Chapitre des Bénédictins, ordonné par un Bref de Sa Sainteté enregistré au Parlement, a ouvert ses séances avant-hier. J'aurai soin d'instruire Votre Éminence de ce qui s'y passera.

« Je ne cacherai point à Votre Éminence qu'on voit avec peine ici que Notre Très Saint Père ne tienne point

---

[1] Mgr Dillon.

de consistoire pour préconiser les évêques français qui attendent tous leurs bulles avec la plus vive impatience.

« On nous annonce pour demain un arrêt du Conseil d'État, qui, en accordant à la province du Dauphiné ses états particuliers, fixe l'époque des états généraux. C'est le seul moyen de faire revenir la tranquillité et de l'argent dans les coffres du Roy, qui sont à *vuide*...

« L'abbé DE SALAMON,
« Conseiller au Parlement. »

(Archives vaticanes. — *Nonciature de France*.)

IV

Au même.

« Paris, 12 août 1788.

« MONSEIGNEUR,

« Le clergé de France s'est enfin séparé.

« Durant toute l'assemblée, il y a eu deux partis : ce qui a empêché de faire le bien. Votre Éminence a bien dû être surprise, lorsqu'elle a vu le discours de l'archevêque de Narbonne, président. Lorsqu'il a pris congé du Roy, il a remercié Sa Majesté de l'Édit des non-catholiques, tandis qu'il sçavait qu'on travaillait dans l'Assemblée à faire des remontrances contre cet Édit. Une pareille hardiesse aurait dû être punie par le clergé, soit par une protestation contre ce discours, soit en ne le mettant pas dans le procès-verbal. Rien de tout cela ; ils n'ont pas protesté, et le discours sera dans le procès-verbal. On ne conçoit rien à une faiblesse si marquée de la part d'un corps qui pourrait être si puissant par lui-même. Votre Éminence trouvera ci-joint une petite brochure, qui est encore une preuve de leur inconséquence, et combien peu ces prélats sont remplis de zèle pour la gloire de leur Ordre, qui, avant même la monarchie, a été le premier Ordre de l'État et comblé de privilèges.

« Eh bien ! ce ne sera plus cela ; ils consentent à être dans les assemblées provinciales de pair avec la noblesse ; ils ne présideront qu'alternativement, et, ce qui est pire, c'est que dans le moment que le Parlement s'est opposé de toutes ses forces pour empêcher les vérifications des biens des sujets, comme contraires à leur liberté et source de vexations, le clergé, à la réquisition des archevêques de Rheims, de Bordeaux et autres, a fait prendre une délibération au clergé, pour se soumettre à ces vérifications. Cette conduite soulève tous les gens de bien.

« J'aurai l'honneur d'envoyer à Votre Éminence, par le prochain courrier, les remontrances projetées contre l'Édit des non-catholiques.

« Enfin, la demande du Parlement au sujet des états généraux a eu son effet : ils seront assemblés le 1er mai 1789. J'en joins ici l'arrêt du Conseil d'État du Roy.

« D'après cela, on croit que le calme va bientôt revenir dans le royaume.

« Il arriva, hier, cinquante-deux nouveaux députés de la province de Bretagne, avec ordre de demander les douze gentilshommes qui sont détenus à la Bastille, et de ne point désemparer, qu'ils n'ayent obtenu l'effet de leur demande. On ignore s'ils seront admis à l'audience du Roy.

« On est toujours dans la consternation dans le royaume. Au moindre propos, on vous enlève et on vous conduit à la

Bastille, qui regorge de prisonniers. Et qui fait cela? C'est un archevêque, qui bouleverse vingt-quatre millions d'hommes [1]. On se flatte que le Roy, qui est rempli de bonnes intentions, reconnaîtra qu'on le trompe, et qu'il écartera de sa personne des conseils qui ne peuvent que ternir la gloire de son règne et nuire à la tranquillité de l'État.....

« Le Chapitre des Bénédictins continue paisiblement. Le général est confirmé : il n'y a point encore de nouvelles intéressantes...

« P. S. — La connaissance que Votre Éminence a de mon écriture suppléera à ma signature. Elle trouvera bon que j'en use ainsi, dans ces circonstances où les paquets sont souvent ouverts à la poste par ordre. »

(Archives vaticanes.)

V

Au Nonce [2].

« Lundi, 27 avril 1789.

« M. l'abbé de Salamon a l'honneur de présenter ses respectueux compliments à Son Excellence Monseigneur le Nonce, et a celui de lui apprendre que l'émeute peu considérable, survenue sur les quatre heures, avait pour cause une affaire particulière.

[1] De Loménie de Brienne.
[2] Le nonce à Paris était alors Mgr Dugnani.

« Le sieur Réveillon, gros marchand fabricant de papier, avait eu l'imprudence de dire dans une assemblée du district « que les ouvriers pouvaient aisément vivre à vingt « sols la journée, et même à quinze ». Cela causa d'abord quelque bruit ce jour-là ; mais aujourd'hui, tous les ouvriers se sont échauffés contre ce Réveillon, l'ont été chercher chez lui, d'où il s'est sauvé au Châtelet. La foule est venue le demander pour le pendre : n'ayant pu l'avoir, ils sont venus dans la grande cour du Palais, ont dressé une *potance* et l'ont pendu en effigie, et la populace s'est dissipée.

« Néanmoins, je sors de chez M. le Premier Président, par où on est venu lui donner connaissance que la multitude s'était portée vers la maison de Réveillon, et qu'il y avait tout à craindre qu'elle ne fût pillée et même *abbattue;* mais, grâces à Dieu, on se flatte que cela n'influera pas sur le public.

« On a fermé les boutiques par une terreur panique, et moi-même, me trouvant en voiture avec M. de Castillon, un gentilhomme est venu à nous tout effrayé et nous a obligés de nous retourner à l'hôtel Galifet. Néanmoins, quoique soldat du Pape [1], j'ai dit qu'il fallait au contraire aller voir ce que c'était. En conséquence, on a dit que j'avais raison.

« Nous avons remonté en voiture, et nous sommes venus chez le Premier Président, où tout était déjà dissipé. Ainsi, il ne vaut pas la peine de s'en occuper. Il se peut que *Réveillon* soit *réveillé* cette nuit, et qu'il porte la peine de son propos imprudent. Voilà au vrai ce qu'il en est [2]... »

(Archives vaticanes. — *Nonciature de France.*)

[1] C'est-à-dire prêtre.
[2] Voir sur cette affaire, *Réimpression du Moniteur*, Introduction.

VI

Au cardinal Zelada.

« Paris, 26 juillet 1790.

« Monsieur le Nonce, avec qui j'ai eu l'honneur de me promener hier, me fit entendre qu'il serait possible qu'on s'adressât au Très Saint Père pour l'érection des nouveaux évêchés et la suppression de quelques anciens.

« Si Votre Éminence me permet de lui dire ma façon de penser sur cet article, j'aurai l'honneur de lui dire que je verrais un très grand inconvénient si Rome donnait dans ce piège.

« D'abord, elle irait contre le principe qu'on ne peut déposer un évêque et anéantir son siège qu'après un procès préalable, et pour un délit très grave ou pour hérésie. Ensuite, elle mettrait le plus grand obstacle à ce que le clergé et les évêques supprimés puissent jamais reprendre leur place.

« Cependant, il est presque certain qu'au moment où la banqueroute se déclarera... des capitalistes s'élèveront contre l'Assemblée, que vraisemblablement ils la chasseront, que de ce moment les Parlements commenceront à réclamer contre tout ce qui s'est fait contre l'Église, contre les propriétés ; et si le clergé ne reprend pas tous ses privilèges, il reprendra au moins ses biens.

« Je pourrais faire à Votre Éminence une foule de réflexions, qui rendraient ma lettre trop longue, mais que Votre Éminence, avec sa sagacité ordinaire, fera certainement.

« D'après cela, Elle sentira comme moi avec quelle lenteur, avec quelle mesure le Très Saint Père devra peser dans sa haute sagesse la demande qui pourra lui être faite pour autoriser l'érection et la suppression de quelques évêchés. J'ai dû faire cet avertissement à Votre Éminence, parce qu'il est impossible qu'à trois cents lieues, Elle ait une véritable notion de la véritable situation des affaires... »

(Archives vaticanes. — *Pièces concernant la Révolution française.*)

VII

*Lettre de Mgr de Salamon au rédacteur en chef de l'*Ami de la Religion.

« J'ai lu, Monsieur, dans votre journal du 17 de ce mois, n° 750, qu'un ecclésiastique du diocèse de Besançon avait réfuté M. D..., qui avait attaqué, dans une brochure, l'authenticité des Brefs que le pape Pie VI, d'éternelle mémoire, avait publiés contre la Constitution civile du clergé. Trouvez bon, Monsieur, que je devienne l'auxiliaire de cet ecclésiastique, et que j'ajoute un témoignage positif aux preuves qu'il a produites.

« Quoique conseiller-clerc au Parlement de Paris, j'étais né sujet du Pape. En 1790, au départ de M. Dugnani, dernier nonce de Sa Sainteté en France et depuis cardinal, je fus nommé par Pie VI son internonce auprès de Louis XVI, je *fus reconnu en cette qualité*, et je l'exerçai jusqu'au 10 août.

« En mars 1791, je reçus de Sa Sainteté, par le canal de Son Éminence M. le cardinal Zelada, les brefs en original et dans la forme légale et accoutumée, avec une petite lettre en parchemin très-fin, pour chacun des Métropolitains. Je les expédiai sur-le-champ à M. le cardinal de La Rochefoucauld, archevêque de Rouen, à MM. les archevêques de Cambrai, de Toulouse et d'Arles, qui étaient encore en France, et même au cardinal de Loménie.

« Ces prélats m'en accusèrent la réception, à l'exception des archevêques de Toulouse et de Sens. Comme je me plaignais de ce silence à M. l'abbé Godard, grand vicaire de Toulouse, je reçus peu après la réponse de M. l'Archevêque.

« Je fis moi-même traduire en français et imprimer ces Brefs par le sieur Cropart, quoiqu'il y eût des peines très-sévères contre quiconque publierait des actes émanés de la cour de Rome.

« On ne saurait donc révoquer en doute l'authenticité des Brefs dont il s'agit.

« Je pourrais en dire autant du Bref de 1792, qui porte les monitions canoniques contre les Constitutionnels.

« Vous pouvez faire de ma lettre l'usage que vous jugerez convenable.

« J'ai l'honneur d'être, avec une considération distinguée, Monsieur, votre très-humble serviteur.

« Louis de Salamon,
« Évêque de Saint-Flour.

« Saint-Flour, 30 octobre 1821. »

VIII

FRAGMENTS DES MÉMOIRES DE L'ABBÉ SICART,
RELATIFS A MGR DE SALAMON ET AU CURÉ DE SAINT-JEAN
EN GRÈVE [1].

...Pendant que tout cela se passait, on ouvre à grand bruit la porte de notre prison, et on y jette une nouvelle victime. Quelle victime! grand Dieu! c'était un de mes camarades de la Mairie[2], que je croyais mort (M. l'abbé S...)[3]. Il avait été transféré, le 1er septembre, avec soixante autres; et, par un prodige inconcevable, traîné avec ces infortunés au milieu de la cour, pour y être massacré comme eux, il s'était trouvé, sans savoir comment, au rang des égorgeurs, autour des égorgés; et, profitant du désordre qui régnait sur ce théâtre exécrable, il s'était glissé jusque dans le Comité, où il avait demandé la vie, avec cet accent du désespoir qui pénètre jusque dans les cœurs les plus durs. On ne lui répondit qu'en le renfermant avec nous.

Quelle entrevue, quel moment pour tous deux!... J'avais appris par le concierge le massacre de tous les prisonniers

---

[1] V. *Annales catholiques*, 1796, t. Ier.

[2] Le récit de l'abbé Sicart sur le Dépôt de la Mairie concorde également avec celui de l'internonce. Il faudrait tout citer. Ces deux relations fournissent matière à un rapprochement instructif.

[3] Ce ne peut être que l'internonce. L'abbé Sicart fait même allusion à sa dignité, en s'écriant : « Quelle victime! » S'il ne le nomme pas, c'est qu'il savait que Mgr de Salamon ne voulait pas être nommé, ce qui cadre parfaitement avec certains passages des Mémoires.

avec lesquels je savais qu'il était. J'avais entendu frapper à mort les soixante. Il était de ce nombre, chacun de nous avait pleuré la mort de l'autre. En le voyant, je crus revoir tous mes autres amis.

Ce fut lui qui m'apprit la fin héroïque et glorieuse du respectable curé de Saint-Jean en Grève, de ce vieillard vénérable, qui répondit avec tant de courage aux bourreaux qui l'interrogeaient sur sa foi, et qui préféra la mort au serment qu'on lui proposait, qui demanda pour grâce unique, et en faveur de la faiblesse de son âge, la mort la plus prompte, et qui l'obtint. On se disposait à lui couper la tête, quand il adressa à ses bourreaux ces paroles touchantes :

« De quoi allez-vous me punir, mes enfants? Que vous
« ai-je fait? Qu'ai-je fait à la patrie dont vous croyez être
« les vengeurs? Le serment que je n'ai pu faire n'eût rien
« coûté à ma conscience, et je le ferais au moment même,
« si, comme vous le croyez, il était purement civil. Je suis
« aussi soumis que vous aux lois dont vous vous croyez les
« ministres. Qu'on me laisse excepter de ce serment, que
« vous me proposez, tout ce qui regarde la religion, et je
« le ferai de grand cœur, et personne n'y sera plus fidèle. »

Le plus féroce de la troupe saisit le vieillard aux cheveux, le renverse sur une borne et le frappe à la tête d'un coup de sabre ; un autre détache du tronc une tête si respectable.

Ainsi commença le massacre de cette foule de victimes, à qui Manuel, dix jours avant, était venu annoncer la liberté.

Tel fut le récit que me fit mon ancien camarade, échappé par miracle à cette sanglante tragédie[1].

. . . .

---

[1] Comparez *Mémoires*, liv. Ier, ch. VIII

. . . .

Vers les trois heures du matin, quand il n'y eut plus personne à égorger, les meurtriers se ressouvinrent qu'il y avait quelques prisonniers au *violon*. Ils vinrent frapper à la petite porte qui donnait sur la cour. Chaque coup était pour nous une sentence de mort. Nous nous crûmes perdus.

Je frappai doucement à la porte qui communiquait à la salle du Comité, et en tremblant d'être entendu par les massacreurs, qui menaçaient d'enfoncer l'autre porte.

Les commissaires nous répondirent constamment qu'ils n'avaient point de clef. Il fallut donc attendre patiemment notre affreuse destinée.

Nous étions trois dans cette prison [1]. Mes deux camarades crurent apercevoir au-dessus de notre tête un plancher qui nous offrait un moyen de salut. Un seul pouvait y atteindre, en montant sur les épaules des deux autres.

L'un d'eux m'adressa ces paroles : « Un seul de nous « peut se sauver là-haut. Vous êtes sur la terre plus utile « que nous, il faut que ce soit vous. Nous allons de nos « deux corps vous former une échelle. »

Suit un combat de générosité entre les personnages, semblable à celui que Coppée a décrit dans sa pièce intitulée « L'un ou l'autre ». *Finalement, l'abbé Sicart s'élève sur les épaules du premier, puis de là sur celles du second, et grâce à cette échelle, — et aussi à son agilité, — il disparaît.*

Il en descendit quand les massacreurs disparurent, et ses sauveurs n'eurent pas à payer leur dévouement de leur vie [2].

---

[1] Ceci se passait, d'après l'abbé Sicart, avant l'arrivée de S..., c'est-à-dire de Salamon.

[2] Cette anecdote rappelle évidemment ce que dit l'internonce au liv. Ier, ch. x et xii des *Mémoires*. Seulement, y a-t-il eu deux attaques successives du *violon*, ce qui permettrait de croire que les deux narrateurs sont aussi véridiques l'un que l'autre, ou

IX

AUTRE FRAGMENT RELATIF AUX MASSACRES DE L'ABBAYE [1].

...Le respectable curé de Saint-Jean en Grève adressa ces paroles à tous ses dignes compagnons :

« Mes chers confrères! C'est aujourd'hui dimanche. Nous célébrerions ou nous entendrions tous la messe, si nous étions libres. Puisque nous ne pouvons avoir ce bonheur, unissons-nous au sacrifice offert en ce moment par quelque ministre de Jésus-Christ. Il y a grande apparence que ce sera notre dernière messe et que nous ne la dirons plus que dans le ciel. Tout nous annonce que c'est ici notre dernier jour. »

Aussitôt, tous les prêtres se mirent à genoux, et le respectable curé commença les prières de la liturgie.

Plus loin, il est parlé de la « confession »...

A ces mots (du curé), M. de Charnois se jette aux pieds du prêtre[2] et se confesse.

---

bien est-ce la même scène, *arrangée* par *l'un ou par l'autre?* — De plus, la *soupente* de l'abbé Sicart serait-elle tout simplement le *water-closet* dont parle l'internonce? *Chi lo sà?* — En tout cas, l'internonce fait erreur quand il dit que l'abbé Sicart ne sortit de prison que *plusieurs jours après les massacres*, car le *Moniteur* (4 septembre 1792) signale sa présence au sein de l'Assemblée nationale le mardi.

[1] V. *Annales catholiques*, t. Ier. *Relation de la conversion de M. de Charnois, homme de lettres*. Cet épisode intéressant rappelle celui des *massacres de la Commune*, le président Bonjean converti par les Jésuites et se confessant au R. P. Ollivaint.

[2] Il est dit en note dans les *Annales catholiques*, à propos de cette relation : « Cette relation nous a été communiquée par M. G..., le même ecclésiastique dont Dieu s'est servi pour l'opérer, et

Tous les prêtres se confessèrent les uns les autres. Tous prièrent à la fois le digne curé de leur donner l'absolution générale.

Qu'on se représente soixante prêtres à genoux autour de ce ministre respectable...

Plus loin, l'auteur raconte l'évasion des prisonniers par la fenêtre.

On avait obtenu de Manuel un ordre pour délivrer un des prêtres renfermés dans cette salle (*la chapelle de la Congrégation des Artisans*). On l'appelle au moment où les égorgeurs l'enfonçaient. La porte cède aux coups redoublés, et, pour ne pas envelopper dans le massacre général le prêtre réclamé par Manuel, les égorgeurs suspendent encore un moment leur rage et laissent appeler ce prêtre.

Il s'était échappé par une des fenêtres, et n'était plus avec ses compagnons.

On l'appelle à plusieurs reprises, et l'on ajoute que c'est de la part de Manuel et que c'est pour le sauver. Le prêtre réclamé n'était connu d'aucun de ceux qui l'appelaient. Chacun pouvait facilement profiter de cette ignorance. M. de Charnois pouvait en profiter plus que personne; il était de la *taille du prêtre* qu'on voulait sauver [1].

---

nous a été confirmée par M. Sicart, instituteur des Sourds-Muets, *qui en a été le témoin.* » Cette dernière affirmation est exagérée, au moins quant au passage que je cite, puisque l'abbé Sicart était alors *au violon*. Mais ce M. G... ne peut être que l'abbé Godard. Les détails qui suivent semblent le prouver.

[1] En comparant ce récit avec les *Mémoires*, liv. Iᵉʳ, ch. VII, on voit que le prêtre que *Manuel voulait sauver, qui s'échappa par une fenêtre*, et dont on remarqua la *taille*, était l'abbé Godard.

X

PIÈCES RELATIVES A LA PROTESTATION DU PARLEMENT.

Découverte de la Protestation.

Le Président de Rosambo accéléra, sans s'en douter, sa mort.

L'anecdote est digne de Tibère, et je la rapporte sur la foi de cet illustre et infortuné magistrat lui-même, qui me la raconta avec une sorte de sérénité que j'étais loin de partager.

La dernière année où il fut permis au Parlement de Paris de tenir ses séances, il y avait eu une Chambre des Vacations permanente, destinée à prolonger le cours de la justice jusqu'à l'avènement d'un nouvel ordre de magistrature.

Cette Chambre était présidée par le vénérable de Rosambo.

Avant de se séparer, elle arrêta unanimement de faire une protestation contre les nouvelles lois perturbatrices qui avaient anéanti en quelques mois un trône où soixante-trois rois avaient été assis.

Le gendre de Malesherbes sentit la nécessité de dérober à tous les révolutionnaires le monument original de son honorable résistance à la tyrannie populaire qui commençait à peser sur toutes les têtes.

Il mit dans sa confidence un vieux serviteur de trente ans, qu'il croyait inaccessible à toute espèce de séduction, et lui ordonna de faire fabriquer une clef de tuyau, dont l'intérieur serait creusé pour recevoir le dangereux parchemin.

L'agent subalterne obéit. M. de Rosambo plaça lui-même, avec son secours, la protestation dans la clef vide, qui se fermait à l'aide d'un secret, et, tranquille sur l'événement, il alla se renfermer avec sa famille dans la solitude de Malesherbes.

Les patriotes du Comité révolutionnaire trouvèrent le moyen de circonvenir l'agent de M. de Rosambo. Ils lui avaient fait entendre qu'il hériterait peut-être quelque jour du Président à mortier, s'il éclairait son pays sur la conspiration générale de la magistrature contre la République, et le vieux serviteur n'hésita point de trahir son maître pour sauver la patrie.

On vint donc arrêter l'infortuné de Rosambo à Malesherbes. On le conduisit à son hôtel, on entra avec lui dans le cabinet désigné, on s'empara de la clef du tuyau, on fit jouer le ressort et on tira la protestation fatale, qu'on porta en triomphe à la Commune conspiratrice, qui, dans la suite, expia elle-même ses longs attentats sur l'échafaud.

Cependant, M. de Rosambo n'avait point rejeté l'espérance de son cœur. Ce digne magistrat, tant de fois l'organe de la justice, croyait qu'elle existait encore dans la Chambre ardente qui avait remplacé la Chambre criminelle du Parlement. Il ne pouvait se persuader qu'on lui fît un délit, étant l'organe des dépositaires des anciennes lois, d'avoir réclamé contre leur subversion, et surtout de l'avoir fait avec une espèce de mystère religieux, pour ne point opérer de déchirement dans l'empire.

L'infortuné s'endormit quelque temps dans de pareilles illusions, mais il fut réveillé par un coup de tonnerre.

[Extrait des notes du poème sur la mort de Loizerolles, dû à la plume de M. le chevalier de Loizerolles, son fils. — Cité d'après M. Campardon, *Histoire du Tribunal révolutionnaire*, t. I, p. 486-7.]

Protestation du Parlement.

« Les soussignés, considérant qu'il importe à la stabilité du trône, à la gloire de la nation et au bonheur des citoyens de tous les ordres et de toutes les classes, qu'au milieu des ruines de la monarchie, il subsiste un monument qui conserve les principes par lesquels elle a été gouvernée pendant tant de siècles; que, dans les circonstances, cette obligation est d'autant plus rigoureusement prescrite aux magistrats de la Chambre des Vacations que, faisant partie de la première Cour du royaume, ils peuvent seuls suppléer le silence des princes et pairs et des magistrats, desquels ils se trouvent séparés, ont arrêté, en renouvelant leurs protestations du 5 novembre contre les premières atteintes portées aux lois et à la constitution de l'État, qu'ils n'ont jamais entendu donner aucune approbation aux différents décrets qu'ils ont transcrits; que cette transcription n'a été faite qu'à la charge d'être réitérée à la rentrée de la Cour; que, cette condition ne pouvant se réaliser, toute transcription devient par là nulle et sans effet; qu'ils ne peuvent reconnaître comme l'effet du vœu général de la nation, le résultat des délibérations d'une Assemblée qui devait être celle des trois Ordres composant les États Généraux, et qui se trouve dénaturée et constituée par son autorité seule, Assemblée nationale; qu'enfin, ils protestent et ne cesseront de protester contre tout ce qui a été fait ou pourrait être fait par les députés aux États Généraux qui, dans cette prétendue Assemblée, ont, contre la teneur expresse de leurs mandats, non seulement excédé leur pouvoir, qui consistait principalement à payer la dette de l'État, à subvenir aux dépenses nécessaires par une répartition égale, et enfin, à établir une sage réforme dans les différentes parties de l'administration, mais même en ont abusé par la violation des propriétés de tout genre, par le dépouillement du Clergé, qui entraîne le mépris de la religion, par l'anéantissement de la Noblesse qui a été toujours un des principaux soutiens, par la dégradation de la majesté royale, les atteintes portées à son autorité réduite à un vain fantôme, et enfin, par la confusion des pouvoirs destructifs des vrais principes de la Monarchie.

« *Signé :* Le Pelletier de Rosambo, Duport, H.-L. Fredy, Dupuis, Nouet, Pasquier, Amelot, Lambert, Lescalopier, d'Outremont, Camus de La Guibourgère, Constance, Lenoir, Sahuguet d'Espagnac, *Salomon*, Agard de Maupas, Fagnier de Mardeuil.

« Ce 14 octobre 1790. »

* * *

Décret de prise de corps contre les signataires de la Protestation.

« Le Comité de Sûreté Générale arrête que les nommés Le Pelletier de Rosanbo, Fredy, Dupuis, Pasquier, d'Outremont, Fagnier de Mardeuil, Amelot, Lambert, Lescalopier, Camus de La Guibourgère, Lenoir, Duport, Agard de Maupas, Sahuguet, d'Espagnac, Constance, *Salomon*, Rolland, Ferrand, Sallier, Barrême, Oursin, Rouhette et Bourrée de Corberon, ex-présidents ou conseillers du ci-devant Parlement de Paris, seront traduits au Tribunal Révolutionnaire, comme prévenus d'avoir signé ou adhéré à des protestations tendant à méconnaître la liberté et la souveraineté du peuple, à calomnier la représentation nationale et à ramener le règne de la tyrannie; arrête en conséquence que lesdites protestations contre-révolutionnaires et autres pièces de conviction découvertes chez Rosanbo, l'un des conspirateurs, *qui en avait resté* dépositaire, seront adressées incessamment à l'Accusateur Public.

« Les membres du Comité de Sûreté Générale :

« *Signé :* Dubarran, M. Bayle, Vadier, Voulland, Louis (du Bas-Rhin), Amar. »

XI

FRAGMENT DE LA BIOGRAPHIE MICHAUD (art. *Salamon*).

...Un nouveau décret d'accusation l'ayant obligé de fuir, il (de Salamon) vécut longtemps aux environs de Paris, se cachant dans les hautes futaies du bois de Boulogne [1], où il couchait sur un lit de feuilles, ne rentrant dans Paris que pour y dîner chez un restaurateur, royaliste comme lui, qui le connaissait et l aidait à se soustraire aux recherches de la police révolutionnaire. Il retournait tous les soirs dans son asile de la forêt, et vécut ainsi jusqu'à la chute de Robespierre...

Il est dit plus loin «qu'il fut traduit en justice en 1798, et fut menacé de la déportation ». Ces deux erreurs, — car il fut jugé en 1796, et jamais on ne le menaça de la déporta-

---

[1] On sait que le bois de Boulogne n'est devenu un *lieu de promenade* qu'à partir du premier Empire. Auparavant, c'était un *bois véritable* et même *une forêt*. Il faut bien se souvenir de cela, pour comprendre le récit de l'internonce.

tion, — *avec celles qui sont contenues dans le passage précédent, m'inclinent à croire que* Dassance, l'auteur de l'article, *tenait ces détails d'une tradition orale défigurée.*

XII

EXTRAITS DES JOURNAUX DE L'ÉPOQUE, SUR LE PROCÈS INTENTÉ PAR LE DIRECTOIRE A L'INTERNONCE.

Le Véridique ou Courrier universel, du 17 nivôse an V de la République française (dimanche 1ᵉʳ janvier 1797).

. . . .

Trois causes intéressantes ont attiré, ces jours passés, une foule nombreuse au Palais de Justice...

La troisième cause était celle de l'abbé *Salamon,* accusé de correspondance avec le Pape. Pour avoir un prétexte de le priver encore quelque temps de sa liberté, le président a fait appliquer l'amnistie à une partie des délits dont le citoyen était accusé, a fait casser en conséquence son acte d'accusation, et il est renvoyé pour les autres faits devant le jury d'accusation.

Ibid., du 5 janvier.

Communiqué de Mgr de Salamon au Rédacteur du journal.

« Des prisons de la Conciergerie,
14 nivôse (4 janv. 1797).

« Du fond de ma prison j'apprends, Monsieur, que le

journaux ont retenti du jugement qui a été rendu dans mon affaire, le 8 de ce mois. Ce n'est que très imparfaitement qu'ils en ont rendu compte, et je viens vous prier de vouloir bien redresser les faits dans votre feuille, qui mérite, à juste titre, la confiance publique.

« On dit que j'ai été *amnistié*, quant à une partie du délit qui m'est imputé.

« L'amnistie est faite pour le crime, et non pour une âme pure et innocente.

« Nous avons plaidé avec la plus grande force pour éviter ce jugement. La pièce à laquelle on a voulu l'appliquer n'en était point susceptible. C'est un projet de lettre écrite pendant la terreur, lorsque j'étais errant dans le bois de Boulogne, oublié dans mes vieux papiers à la campagne.

« Une amnistie n'est applicable qu'à un délit : or, un projet de lettre n'est pas un délit, c'est un indice, une preuve d'un délit; mais une preuve n'est pas sujette à l'amnistie.

« Nous voulions qu'on jugeât l'affaire telle qu'elle était, nous confiant dans la bonté de notre cause et dans la justice éclairée des jurés. Nous avons succombé, mais on ne peut inférer de là que j'aie consenti à être amnistié ni que j'aie insisté *de* l'être.

« *Signé :* L. G. SALAMON. »

Ibid., du 25 janvier 1797.

M. *Salomon*, ci-devant conseiller-clerc au Parlement de Paris, accusé d'avoir entretenu des correspondances avec la Cour de Rome, a paru aujourd'hui devant le tribunal criminel du département de la Seine. S'il faut juger des intentions du gouvernement, à l'égard du prévenu, par la conduite de son commissaire auprès de ce tribunal, on ne peut nier que le Directoire ne mette un très grand intérêt à la condamnation de M. Salomon, car il n'est point de contestations qui n'aient été élevées par le citoyen *Desmaisons* [1].

Avant l'ouverture des débats, le commissaire, craignant sans doute la décision favorable du jury, et comptant davantage sur la dévotion d'une commission militaire aux vues du gouvernement, voulait que l'accusé fût renvoyé devant cette commission pour être jugé comme espion. Mais le tribunal a fait justice de cette ridicule prétention en maintenant sa compétence.

Après la lecture de l'acte d'accusation, acte basé presque en entier sur des lettres interceptées, le défenseur de l'accusé, le citoyen *Bellard*, a élevé une question de la plus haute importance. Il a demandé que toutes ces lettres fussent rejetées hors des débats, parce qu'elles n'avaient pu se trouver entre les mains du gouvernement que par suite d'un délit, celui de la violation du secret des lettres.

Nous voudrions pouvoir suivre l'orateur dans tous les moyens qu'il a développés avec autant de clarté que d'éloquence, pour prouver que le Directoire n'avait pas le droit de s'approprier les lettres dont il aurait violé le secret, et d'en faire ensuite un crime à un individu devant la justice. Il a démontré que la morale était, dans cette circonstance, d'accord avec la législation et la jurisprudence ancienne et moderne, pour ne point accorder ce droit au gouvernement.

Nous pensions que le tribunal aurait pu s'honorer en consacrant par sa décision les principes exposés par le citoyen Bellard. Mais il a jugé autrement, en ordonnant

---

[1] Mgr de Salamon appelle le commissaire *Boulanger*.

que ces débats soient continués en l'état où se trouvait la procédure. Cette affaire sera jugée définitivement demain.

Ibid., du jeudi 26 janvier 1797.

Après avoir essuyé toutes les lenteurs d'une procédure aussi inquiétante que pénible, M. Salamon [1] a été aujourd'hui acquitté par le tribunal de la Seine.

L'intérêt qu'inspirait l'accusé, les talents du défenseur, avaient attiré un concours nombreux de citoyens, qui ont témoigné par des applaudissements leur satisfaction et leur joie d'un pareil jugement.

L'Ami des lois, du 25 décembre 1796.

L'abbé Salamon, ex-conseiller au Parlement, prévenu d'avoir conspiré avec Notre Saint-Père le Pape, sera jugé, le 8, au tribunal criminel de la Seine. Nous avons devant les yeux la liste des jurés qui doivent prononcer dans cette affaire, et nous pouvons assurer d'avance que l'abbé Salamon et le Pape, son complice, seront renvoyés absous.

Rien dans le journal pour le 8 janvier; et, sur cette affaire, je ne trouve, dans le même journal, que l'extrait suivant, dont le sens est assez difficile à saisir.

Ibid., 5 janvier 1797.

L'abbé Salamon a profité de l'amnistie pour aller sans doute renouer ses intrigues à Avignon. Mais il est surveillé : qu'il soit prudent.

[1] Cette fois, le nom est bien écrit.

Annales catholiques de janvier 1797, *le quantième du mois est absent.*

M. Salamon, ci-devant conseiller clerc au Parlement de Paris, accusé d'avoir entretenu une correspondance criminelle avec la Cour de Rome, vient d'être jugé et acquitté par le tribunal criminel du département de la Seine, à la grande satisfaction d'un nombreux auditoire, qui a été manifestée par les plus vifs applaudissements.

Il est à remarquer que le jury, en déclarant que M. Salamon avait eu des intelligences avec les agents d'une puissance étrangère, mais sans intention criminelle, a déclaré, en même temps, que ces intelligences n'avaient pas eu lieu avec les ennemis de la France. Le jury a donc reconnu que le Pape n'est pas l'ennemi de la France, mais seulement puissance étrangère.

Moniteur du nonidi 9 pluviôse (28 janvier).

« *République française.* — Jugement qui acquitte l'abbé *Salamon*, accusé de conspiration avec le Pape. »

XIII

Au cardinal Gerdil [1].

« Éminence, j'ai appris avec peine qu'une lettre que j'avais *confié* au médecin Boëjat, qui a l'honneur d'être

[1] Cette lettre et la réponse suivante se trouvent au tome XLV

connu de Votre Éminence, ne lui *soit* pas parvenue. *Il* m'a surtout chargé de poursuivre la radiation de M. votre neveu, M. Gerdil; mais les affaires vont bien lentement en France; il y en a plus de cent quarante mille à examiner.

« Nous avons cependant quelque espérance; le Premier consul a commencé à signer la radiation de treize mille femmes; les hommes viendront ensuite : il manquait encore quelques pièces à votre neveu, nous avons écrit pour les avoir; je tiendrai la main et je *fairai* en sorte que M. Gerdil soit un des premiers.

« Je suis toujours ici sans occupation. M. le cardinal Consalvi m'a donné des espérances, le rapprochement si désiré et si nécessaire le mettra *en* même de me tirer de l'inaction où je me trouve, et me donner une récompense qu'un travail de dix ans au milieu des orages m'a méritée.

« Je demande à Votre Éminence de saisir l'occasion, quand elle se présentera, de parler de moi et de me servir d'appui. Vous *voyés* que j'ai perdu nos protecteurs le pape Pie VI et M. le cardinal Zelada, qui n'est presque plus de ce monde, et que je suis *come* un homme isolé.

« Je suis toujours à vos ordres ici. C'est M. Chaptal, fils du ministre de l'intérieur [1], qui porte cette lettre à Votre Éminence, si elle peut lui être utile, je *le* prie de le faire(?); il se chargera de me faire passer vos lettres.

« Je suis avec respect, de Votre Éminence,

« Le très humble serviteur,

« DE SALAMON.

« Paris, 14 mai 1801.   Rue de l'Arbre Sec, n. 230. »

des *OEuvres manuscrites* du cardinal GERDIL, conservées dans la bibliothèque privée des RR. PP. Barnabites de San-Carlo à Catinari, à Rome.

[1] M. Chaptal avait été nommé ministre de l'intérieur après le 18 brumaire.

Réponse du Cardinal Gerdil.

« En réponse à votre obligeante lettre, datée de Paris, 14 mai 1801, et qui ne m'est parvenue que le 16 janvier passé, je dois, Monsieur, vous assurer qu'il ne me souvient pas d'avoir jamais eu l'avantage de connaître, pas même de nom, M. le médecin Boëjat, que vous supposez m'être connu. J'ajoute que je n'ai non plus aucune connaissance de la radiation dont vous me parlez relativement à un mien neveu, dont j'ignore, eu égard aux circonstances, depuis bien des années, la conduite et la situation.

« Je ne suis pas moins sensible à l'intérêt que vous témoignez prendre à son sort, et je souhaite vivement une occasion favorable de pouvoir vous donner quelque marque de ma reconnaissance, en vous rappelant au souvenir de ceux qui peuvent contribuer aux vues bienfaisantes de M. le cardinal de Zelada à votre égard.

« Agréez, Monsieur, les sentiments de la parfaite considération avec laquelle je suis...

« A Rome, le 6 février 1802. »

XIV

A madame de Capellis [1]*, en religion Sœur Henriette-Thérèse de Jésus, religieuse Carmélite du monastère de Carpentras.*

« Rome, 10 décembre 1814.

« J'ai reçu, ma très-honorée supérieure et amie en Notre-

---

[1] Henriette-Thérèse de Jésus de Capellis était une femme de

Seigneur [1], votre très-chère lettre du 14 novembre. Comme j'ai pensé qu'ayant changé de monastère et d'autels, et vos indulgences et celles appliquées à votre autel privilégié devenant nulles, j'en ai demandé tout de suite le renouvellement, en général de toutes celles de votre Ordre, et de votre monastère et de l'autel privilégié. Vous en trouverez ci-joint le rescrit du Pape, signé du cardinal Galeffi, préfet, que je vous envoie franc de port par l'entremise du ministre d'État, directeur général des postes, mon ami.

« Je me flatte que vous trouverez dans cet empressement à vous être agréable, des preuves de mon zèle pour vous,

---

tête et de cœur, en même temps qu'une sainte religieuse, comme le dit l'internonce.

Elle était restée dans le pays malgré la Terreur. Là, elle apprit un jour que les biens de son frère, qui avait suivi l'émigration, allaient être confisqués et vendus comme biens d'émigrés.

Sans hésiter, elle part pour Paris, va trouver Robespierre, lui décline son nom, et proteste énergiquement contre l'arrêt qui la frappe injustement, puisqu'elle est héritière de son frère et qu'elle n'a pas quitté la France.

Robespierre se rendit à ses instances et fit rapporter le décret qui l'avait atteinte.

Après la paix d'Amiens, son frère revint en France. Quelle ne fut pas sa surprise de retrouver ses biens, qu'il croyait perdus !

« C'est à moi et à mon courage que tu les dois, lui dit sa sœur, mais je te demande d'employer une partie de tes revenus à racheter le couvent de Carpentras, qui a été vendu comme propriété nationale. »

Et le frère s'exécuta de la meilleure grâce du monde.

[1] Je dois les lettres suivantes, en particulier la dernière, à l'obligeance de Mme la Supérieure des Carmélites de Carpentras. Certains passages n'offrent qu'un intérêt local ; mais comme ils sont partout mêlés aux réflexions sur les événements politiques, et qu'ils contribuent à dessiner de plus en plus la curieuse physionomie de l'internonce, je donne ces lettres en entier. Elles sont, d'ailleurs, tout à l'honneur de la vénérée Mère de Capellis.

pour laquelle j'ai, depuis bien longtemps, un véritable attachement, et en souvenir de notre cher et bon ami.

« Priez au contraire le Seigneur que je n'aie pas le temps d'avoir ce chapeau que vous me désirez. Dieu m'est témoin que je ne le désire pas, n'ayant point d'ambition. Vous voyez que Dieu ne m'abandonne pas et qu'il a inspiré au Roi Très Chrétien de me récompenser de ma fidélité et de ma constance pour les bons principes, en me donnant une place que je ne demandais pas.

« Vous avez fait le bien en venant au secours des personnes persécutées, mais n'en attendez le souvenir et la récompense que de la part de Dieu. Ces messieurs paraissent avoir oublié tout ce qu'on a fait pour eux, et celui que vous connaissez ne pense qu'à devenir archevêque de Milan, dont il était chanoine.

« Les deux cardinaux Ruffo sont beaucoup plus reconnaissants. Aussi, je les vois souvent et ils viennent chez moi.

« Le cardinal archevêque de Naples est un saint; il perd cinq cent mille livres de rente pour ne pas faire le serment à Murat.

« Vous n'avez besoin de personne, Madame : votre asile est à vous et vous restera; d'ailleurs, quand vous aurez besoin de l'illustre archevêque de Reims, vous vous adresserez à moi.

« On reprend son état par ordre du Pape, mais la remise est lente. Les revenus sont divertis, et il faut vivre avant tout.

« Ne vous engagez pas dans des bâtisses : la Providence est grande, elle pourvoira à tout; il faut remplir tout le local vacant : vous prenez si peu d'espace!

« Je suis bien fâché que votre cher curé soit souffrant; faites-lui mes compliments, ainsi qu'à la respectable demoiselle de L... J'ai écrit, il y a quelque temps, à la chère Henriette; nous sommes bons amis et je l'aime, parce qu'elle porte votre nom.

« Ne pensez pas à l'expédition des indulgences; tout est dit, et les voilà. Je jouis beaucoup de ce que vous serez contente et votre sainte communauté. Priez pour moi : j'ai besoin encore d'un peu plus de ferveur, mais Dieu me tiendra compte de mon zèle pour la Religion et son service.

« Je suis enrhumé, voilà tout; nous avons beaucoup de pluies. Mais parlons de votre santé, qui est plus précieuse que la mienne : des saints comme vous ne doivent jamais mourir.

« Oui, vous aurez un évêque à Carpentras; je travaille pour cela, et alors, on pensera à M. l'abbé Choisy. Gardez-vous bien d'employer en rien votre évêque d'Avignon.

« Adieu, ma très-honorée Supérieure; croyez à mon respect et à mon entier dévouement pour vous.

« † L'évêque d'Orthosia. »

XV

A la même.

« Rome, 15 mars.

« Votre chère lettre du 17 janvier, ma vénérable Prieure et amie, ne m'est parvenue que le 8 de ce mois, le roi de Sardaigne ayant jugé à propos, je ne sais sous quel prétexte, d'arrêter le courrier de France pendant six semaines.

« Je suis bien charmé d'apprendre que vous vous portez

bien et que vous avez été contente de la réception du rescrit qui confirme toutes les indulgences accordées autrefois à votre couvent. Je ferai toujours ce *qu'il* dépendra de moi pour seconder vos efforts. Je ne sais ce que vous demandez à M. l'archevêque de Reims, grand aumônier; j'aurais pu, peut-être, appuyer votre demande : j'ai l'honneur d'être en correspondance avec lui, et il a de l'amitié et des bontés pour moi. C'est un prélat plein de vertus et aimé du Roi.

« Je ne vois pas qui est-ce qui vous donne des craintes pour votre asile; vous y êtes établies, vous l'avez acheté; les Carmes n'y reviendront jamais. Dans toutes circonstances, rappelez-vous que ce couvent n'a jamais été qu'un hospice de peu de religieux, et qu'ici, au centre de la religion, peu de moines et de religieuses sont encore à rentrer dans leurs monastères, soit par mauvaise volonté, soit parce qu'il n'y a pas de revenus, soit parce que quelques couvents sont vendus.

« Je crois que la reddition de notre pays est bien loin encore d'être effectuée. Vous voyez le peu d'empressement que met la cour de Rome à satisfaire le Roi. Notre Église de France est dans un grand imbroglio, et on ne se presse pas d'y remédier. On ne pense qu'au temporel, et on gémit que les vrais intérêts de la Religion *sont* abandonnés. Bonaparte disait : *je veux*, et il obtenait; le Roi prie et n'obtient rien.

« Ayons donc confiance en Dieu seul, qui trouvera un moyen pour rendre à l'Église de France son ancien lustre, et vous, vivez toujours pour faire le bien, et je vous soutiendrai pour qu'on ne vous trouble pas.

« Continuez toujours à vous rendre utiles, et faites les petites classes d'enfants.

« Pour M. Michel Choisy, il faut attendre que les évêchés

soient rétablis, ce qui sera bientôt, et surtout le nôtre si ancien, pour lequel je travaille, et vous serez protégées auprès du nouveau prélat. Je pense qu'on pourra lui procurer une place à la cathédrale.

« Je suis bien affligé de l'état de votre pauvre curé. Il faut espérer que Dieu vous le conservera encore longtemps. Faites-lui mes compliments, ainsi qu'à son respectable frère.

« Je remercie mademoiselle de L... de son souvenir ; c'est une des personnes que je respecte le plus, et j'ose dire que j'aime le plus ; ses bonnes qualités la feront chérir.

« C'est comme vous, sainte amie, tout le monde vous aime. Si j'étais aussi saint que vous, je ferais un accord avec vous : c'est que celui de nous deux qui sera le premier dans le ciel, priera bien pour le survivant, afin que Dieu lui fasse miséricorde ; il était mon ami sur la terre, qu'il le soit dans le ciel.

« Je me recommande aux prières de vos chères sœurs. Oui, mon établissement à Rome m'a coûté bien cher : le ministre des affaires étrangères m'a promis que je serai plus riche l'an prochain.

« Ici, tout n'est que gloriole. Quand je vous dirai que moi, qui avais trop d'un domestique, ai trois jurisconsultes pour la Rote, deux abbés pour mon antichambre, deux valets de chambre qui viennent habillés de noir, en grand manteau de soie dans les cérémonies, et quatre chevaux ; obligé d'avoir une voiture de suite pour les abbés et valets de chambre et trois laquais de livrée. Cela ne finit plus. Je crois que j'ai à mes gages treize personnes : je n'en nourris que deux.

« J'ai un très joli jardin. Dans ce moment, il est rempli de fleurs, et les orangers en pleine terre sont couverts d'oranges dont je ne sais que faire; si nous étions près, je vous en fournirais pour vos collations, ainsi que des citrons.

« Le climat ne m'a point éprouvé; j'y étais accoutumé, et je n'ai que des douleurs de tête, comme j'avais en France. D'ailleurs, je devais enfin travailler à recevoir le fruit de ma bonne conduite, et vous voyez que le Roi ne m'a pas fait languir. De lui-même il m'a donné ce poste important, auquel je ne pensais certainement pas, et peut-être la Providence m'aurait conduit près de vous ; mais il en est arrivé autrement. En tout, il faut bénir Dieu.

« J'ai toujours eu une grande confiance en la Providence divine, qui m'a conduit presque par la main depuis vingt-cinq ans pur et sans tache. Que d'actions de grâces n'ai-je pas à lui rendre!

« Mais notre bonheur n'est pas parfait. Je suis isolé ici de tous mes amis, et surtout de vous et de votre chère famille, que j'aime de tout mon cœur.

« Je crains bien que notre chère et aimable Henriette n'ait perdu l'occasion de s'établir, et c'est une véritable peine pour moi... Mais je ne finirais pas, quand je parle de vous toutes. Je finis donc en vous assurant, très sainte Prieure, de toute ma respectueuse amitié.

« ✝ L'Évêque.

« C'est l'abbé Joubert, un saint prêtre, qui vous portera ma lettre. »

XVI

A la même.

« Rome, 9 décembre[1].

« Je reçois avec un véritable plaisir, notre très-chère et sainte Mère, votre édifiante lettre du 8 novembre. Après un silence si long, si douloureux, quelle consolation de recevoir des nouvelles des personnes qu'on estime et qu'on aime! C'est véritablement une récompense du ciel après tant de tourments, et j'ose dire de dangers.

« Car j'en ai essuyé ici! Cet exécrable Bonaparte, sur la dénonciation de Fesch, auquel je n'avais voulu jamais faire visite, m'avait désigné à Murat, quand il devait s'emparer de Rome; et celui-ci m'avait recommandé à ses généraux Pignatelli et Caraccosa.

« Je devais être conduit à Paris sous bonne escorte, et la duchesse Difiano, sœur d'un général napolitain, qui s'intéresse à moi, m'en avait donné l'avis. En la remerciant, je lui dis que je ne cédais jamais à la peur, et que j'étais disposé à subir ma destinée. Le tribunal de la Rote n'ayant pas suivi le Pape à Gênes, j'étais resté seul ici, en butte à tous les sarcasmes des gens mal intentionnés; car ici, il y a beaucoup de bonapartistes et de jacobins. Mais je n'ai jamais quitté mon lys et l'ai toujours porté sur mon habit noir, et j'ai bien fait, car je n'ai jamais désespéré du salut du Roi. Heureusement, les Napolitains ont été chassés par les Allemands, au moment où ils allaient entrer dans Rome, et j'ai été sauvé.

[1] Cette lettre ne porte pas le quantième de l'année, mais le contenu montre qu'elle fut écrite en 1815, après les Cent-jours.

« J'ai su toute la magnanimité du cher neveu ; il a du courage, de l'honneur et de l'attachement au Roi ; il parviendra sans doute. Dieu veille toujours sur les siens. Ç'a été véritablement un bonheur que son aimable femme se soit trouvée à Versailles.

« Ma santé n'est point parfaite : depuis la fin d'août, je suis atteint des accès de fièvre qui m'ont laissé quelques intervalles, mais pour revenir double tierce ; je suis mieux, depuis dix jours : j'en suis quitte, et j'en suis à la troisième livre de quinquina, car ici, il n'y a pas d'autre moyen de s'en délivrer... : et encore elles reviennent.

« Je suis charmé que votre santé se soit soutenue au milieu de ce terrible orage ; je vous félicite aussi de recevoir enfin le prix de vos sacrifices, de vos peines, en vous voyant rétablie dans un monastère de votre Ordre, et de pouvoir y vivre d'après votre saint et admirable Institut. Je vois que votre troupeau s'est accru d'une manière miraculeuse, puisque la Providence divine vous a ramené deux saintes religieuses, qui pourront soutenir votre couvent par les ressources qu'elles ont conservées.

« Je me suis entretenu d'elles et de leurs infirmités avec le cardinal secrétaire des mémoriaux, Galeffi. Il m'a répondu ce qu'on m'avait déjà répondu : qu'il fallait s'adresser à leurs confesseurs, et qu'ils décideraient si leur état, comme il le paraît en effet, demande un adoucissement à la règle ; et même une supérieure peut en connaître, car vous voyez bien si leur état de faiblesse leur permet de suivre en entier la règle qui est vraiment pénible et dont l'observance demande une bonne santé. Ainsi point de scrupule et qu'elles fassent seulement ce qu'elles peuvent ; vous devez d'autant plus les conserver, que ces dames sont une ressource pour votre maison.

« Je pense, en effet, comme vous, Madame, que les

affaires du clergé dureront encore quelque temps; on y met peu d'ardeur, et même de l'insouciance.

« Je savais bien que l'éducation des jeunes personnes était étrangère à votre état. Vous aviez eu de bons motifs pour y déroger; dès qu'ils ont cessé, vous vous renfermez dans les limites de votre règle; c'est fort louable. Mais, sainte Mère, puisque vous avez une dispense du grand Pie VI et que Pie VII vous l'a confirmée à son passage à Lyon, que voulez-vous de plus? Profitez-en, c'est à présent à vos confesseurs et à vos directeurs à vous diriger sur cet article : vous n'avez plus besoin de Rome. Conduisez-vous d'après votre conscience, d'après vos confesseurs. Mais surtout point de scrupule : c'est l'écueil de la véritable piété.

« Mais comment ces deux saintes filles peuvent-elles avoir des scrupules, puisque deux Papes vous ont dispensées de vos obligations? Ces dispenses sont bonnes jusqu'à ce qu'elles soient révoquées. Si elles le sont à présent pour quelques-unes par leur conscience, elles subsistent dans toute leur vigueur pour celles dont la santé ou le grand âge empêchent de suivre la règle. Il ne faut pas être grand casuiste pour résoudre cette question. Vous-même, devez diminuer vos austérités, à cause de votre crachement de sang, et vous devez vous conserver, étant l'âme de votre sainte communauté.

« J'ai reçu un plaisir infini d'une lettre que m'a écrite la chère belle-sœur : elle entre dans beaucoup de détails.

« Quant à la Sœur B..., il faut la rappeler, en vertu de la sainte obéissance, si vous êtes dans le cas de la nourrir, et elle est obligée de revenir dans son couvent de profession, en conscience. C'est à son confesseur à le lui faire sentir. Le supérieur d'A... n'a aucun droit sur elle; il faut faire écrire le curé à ce supérieur malhonnête, qui ne sait pas son métier; sur le tout attendez un évêque de Carpentras ou d'Avignon ; je vous la ferai bien revenir. Je conçois l'insouciance de son père et même de toute sa famille, que j'ai pourtant perdue de vue depuis mon enfance, car je n'ai plus demeuré à Carpentras depuis l'âge de neuf ans [1].

« On assure que le Roi a demandé la démission de tous les évêques de France; vous êtes sûres alors de n'avoir pas P....

« Mille amitiés à notre cher curé, et respects à Mlle de L....

« Je vous remercie de tout mon cœur de vos aimables sentiments pour moi; je vais voir avec plaisir votre petit troupeau porté à dix-huit : c'est beaucoup. Priez Dieu pour moi, car j'ai beaucoup de peine. Je conserve pour vous une tendre amitié en Dieu, et je serai bien heureux quand je pourrai vous en donner des marques.

« Respect et compliments.

« † L'Évêque. »

XVII

ARTICLE DE LA BIOGRAPHIE UNIVERSELLE DE FELLER-PÉRENNÈS, QUI RÉSUME TOUTE LA VIE DE MGR DE SALAMON.

Salamon (Louis-Siffren-Joseph), évêque de Saint-Flour, naquit d'une famille noble à Carpentras, le 22 octobre 1759, et vint très jeune à Paris, où il acheta une charge de con-

[1] Même détail au livre Ier des *Mémoires*, et cette concordance entre une lettre intime et le récit de l'internonce en accuse bien l'*authenticité*.

seiller-clerc au Parlement. Devenu, en 1791, correspondant du cabinet de Sa Sainteté à Paris, il remplit ces fonctions jusqu'au mois de juillet 1792, époque à laquelle il fut arrêté et conduit à l'Abbaye. Son éloquence et son sang-froid le sauvèrent des massacres de septembre. Remis en liberté, il continua sa correspondance avec le Saint-Père. Poursuivi de nouveau par les terroristes, il vécut longtemps caché dans les environs de Paris. Il fut même réduit à se réfugier dans le bois de Boulogne, où quelques feuilles lui servaient de lit. Arrêté sous le Directoire et menacé de la déportation, il fut néanmoins acquitté. Le pape Pie VII le nomma, en 1806, évêque *in partibus* d'Orthosia, en Carie, et le Roi lui donna, en 1814, la place d'Auditeur de Rote. Mais le Souverain Pontife, pensant que Mgr d'Isoard, qui en était pourvu, ne pouvait être renvoyé, ne l'accepta pas. Après un séjour de trois ans à Rome, Salamon revint à Paris, fut nommé, en 1817, évêque de Belley, et en 1820, évêque de Saint-Flour. Ce prélat est mort le 11 juin 1829. On a publié, en 1815, des *Lettres de Rome*, attribuées à ce prélat et adressées à M. de Talleyrand-Périgord, grand aumônier : elles sont curieuses par les détails qu'elles contiennent sur la disposition des esprits à Rome, lors de la première nouvelle du débarquement de Bonaparte.

INDEX DES NOMS CITÉS

A

ALLEMANE (vicomtesse d'), 161, 275.
ANGRAU (le président), 289.
ANTONELLI (cardinal), 260.
AUBUSSON (marquise d'), 248.
AUDIN ROUVIÈRE, 166, 167, 168.
AULNAY (d'), 146, 163, 205, 210, 275.
AYMER (le chef d'escadre d'), 153.

B

BAILLI, 130, 131, 132.
BALBO (comte), 265.
BALBO (comtesse), XI.
BARRAS (amiral), 153.
BEAULIEU (abbé Chaubri DE), 147, 148.
BELLART (maître), 287, 305, 308, 310, 348.
BELMONT (Mgr DE), XLVII.
BELMONTE (prince), 238.
BERTRAND, 243.
BOEJAT, 350, 352.
BOISSIÈRE (abbé DE), 298.
BONAPARTE, 235, 315.
BONNAUD (abbé), 30.
BOULANGER (le commissaire du Directoire), 284, 295, 296, 308.
BOURDON (de l'Oise), 223.
BOURGEOIS (le peintre), XX.
BOUZET (abbé DE), 18, 80, 81.
BRASCHI (duc), 236, 240.
BRIENNE (Loménie, cardinal DE), 233, 326, 331.
BRISSAC (duc DE), 6, 7.
BROTTIER (abbé), 276.
BUSCA (cardinal), 234, 254.

C

CACCIA, 162, 182, 198.
CADET, 302.
CAMPO (marquis DEL), 234, 235, 265.
CANI (abbé DE), 275.
CAPELLIS (Mme DE), 352, 353, 355, 359.
CAPPARUIS (abbé), vicaire de Saint-Paul-Saint-Louis, 81.
CAPRARA (cardinal), 124.
CARACCOSA (général), 359.
CHAMPAGNE (abbé), 322.
CHAMPCENETZ (Mme DE), 157, 158, 159.
CHAMPLATREUX (le président DE), 36, 141.
CHAPTAL (M.), 351.
CHARET, 302.
CHARLOTTE CORDAY, 15.
CHARNOIS (DE), 339.
CHARPENTIER, 302.

CHATEAUBRIAND (DE), 140, 152.
CHAUMETTE, 218.
CHEUHEUSE (Mme DE), 205.
CHIARAMONTI (cardinal), 240.
CHOISY (abbé), 356.
COCHON (M.), 239.
COLIN (M.), 226.
COLIN (Mme), 245, 258, 289, 303.
COLLET, 205, 219.
COLLI (général), 236.
CONDORCET, 207.
COURVILLE (baronne DE), 220.
CRÉQUI (marquise DE), 277.

D

DELACROIX, 235.
DELLEBART (Mme), liv. II, passim.
DIFIANO (duchesse), 359.
DILLON (Mgr), 328.
DUCHILLEAU (Mme), 159.
DUGAZON, 95.
DUGNANI (le nonce), 3, 4, 232.
DULAU (Mgr), 29.

E

ÉLISABETH (Madame), 112, 291.
EUTELX (marquise D'), 193.
EVANGELISTI, 217.

F

FAVIER, 153.
FÉRON, 17.
FESCH (cardinal), 359.
FEUILLADE (DE LA), 203.
FONTANGES (Mgr DE), 18.
FOURNIER DE LA CHAPELLE, 210.
FRANGINI (cardinal), 260.
FRÉDY, 133.

G

GACECOURT (DE), 267.
GERDIL (cardinal), 350, 352.

GERVAIS (abbé), 18, 82.
GIRARD (abbé), 179, 186, 187, 188, 195.
GIRARD (Mlle), 184, 185, 186, 187, 189, 201.
GODARD (abbé), 18, 27, 28, 49, 51, 65, 66, 68, 69, 70, 71, 74, 334.
GOHIER, 284, 303.
GOURGUES (DE), 141.
GRABOURTRA (Mme DE), 302.
GRANDIN (Mme), 188, 191, 195, 201, 249.
GRAVESON (Mme DE), 193.
GUASTALDI, 159, 161.
GUIMART (LA), 149.

H

HÉRAUT DE SÉCHELLES, 98, 114, 117, 120, 121.
HERCÉ (Mgr DE), 327.
HUGUENIN, 93, 109.

I

INGUIMBERT (Mgr D'), XIV.
ISOARD (Mgr D'), 363.

J

JOLY (le chanoine), 179, 183, 184, 204.
JOUBERT (Mgr), XLVII.
JOUBERT (abbé), 358.
JOURDAN, 110, 111, 114.
JUIGNÉ (Mgr DE), 5.
JUSSIEU, 204.

L

LA DEVÈZE, 267.
LAMBALLE (princesse DE), 174.
LA ROCHEFOUCAULT (les deux frères), 29.

INDEX DES NOMS CITÉS.

LA ROCHEFOUCAULT (duc DE), 14.
LA ROCHEFOUCAULT-DANVILLE (duchesse DE), 159, 206, 221.
LA VILLEHEURNOIS (DE), 276.
LEBLANC DE VARENNES, 302, 308.
LEBOIS, 288.
LE COUTEUX DE LA NORAI, 302, 307.
LEGENDRE, 219.
LEGRAS, 260, 285, 308.
LE MOYNE (abbé), 179, 180, 204, 207.
LENFANT (l'abbé), 119.
LEROY, dit *Montmartre*, 269, 273.
LOUIS XV, 153.
LOUIS XVI, 3, 232.

M

MAILLARD, 95.
MALESHERBES (DE), 12, 140, 152, 160, 292, 326.
MANUEL, 26, 72, 73, 130.
MARAT, 14, 86.
MARCÉ (DE), 146.
MARCHAND, 301, 302.
MASSIEU, 118.
MATTEI (cardinal), 236.
MAURY (abbé), 112, 124.
MÉGRIGNY (DE), 178.
MIROMÉNIL (DE), 326.
MODÈNE (comte DE), 92.
MONOT, 34, 119.
MONTBOISSIER (Mme DE), 105.
MONTMORIN (DE), 6.
MOULINS (marquise DE), 95.
MURAT, 359.
MUY (DE), 277.

N

NICOLLE, 268.
NOAILLES (Mme la maréchale DE), 6.

O

ORLÉANS (Philippe, duc D'), 291.
ORMESSON (Noiseau D'), 141, 145.

P

PASQUIER (M.), 102, 146, 174, 184, 185.
PASTORET, 14.
PENTHIÈVRE (duc DE), 51, 70.
PÉRIGORD (cardinal DE), 356.
PÉTION, 42, 50, 64, 66.
PIE VI, 123, 232, 235, 236, 239, 240, 242, 361.
PIE VII, 124, 239, 240, 361.
PIERRACCHI (abbé), 235.
PIGNATELLI (général), 359.
PORTAIL, 168, 169.
POULTIER, 268.
PRADT (Mgr DE), XLIV.

Q

QUARANTOTTI, 4.

R

RACIN, 268.
RASSURET, 124.
RASTIGNAC (abbé DE), 30.
REUSS (prince DE), 237.
RÉVEILLON, 332.
RICHARD, liv. III, *passim*.
ROBERT, 121.
ROBESPIERRE, 218, 353.
ROCHEBRUNE (abbé DE), XLVIII.
ROCHEFORT (Mme DE), 175.
ROHAN (cardinal DE), 5, 20, 220.
ROSAMBO (DE), 8, 105, 128, 129, 134, 138, 139, 140, 148, 152, 175.
ROVÈRE, 114, 198.

Royer (curé de Saint-Jean en Grève), 18, 58, 67, 79, 80.
Ruffo (cardinal), 354.

S

Saint-Palais (Clément de), 43.
Saron (Bochart de), 14, 128, 134, 138, 141, 145.
Séchelles (Héraut de), 114.
Ségur (comte de), xi.
Sénozan (Mme de), 160, 161.
Sergent, 107, 108, 110, 114.
Sicart (abbé), 18, 34, 101, 118, 121, 123.
Simon (abbé), 31, 86.
Simon (chanoine de Saint-Quentin), 31, 86.
Solérac (le chevalier de), 93, 101, 109, 121.
Soyecourt (Mme de), 158.
Sulx (duchesse de), 162.

T

Talleyrand-Périgord (cardinal de), 356, 363.
Tallien, 121.
Thierry, 179.
Tolosan (général de), 302, 322.
Torné, 41, 42, 98, 114, 120, 121.
Tripier (l'abbé), li.

U

Urtat (Mme d'), 159.

V

Vigier, 302.
Villeneuve-Ségur (Mme de), xi.
Vitali (l'abbé), vicaire de Saint-Merry, 43.
Vogüé (de), 193.

Z

Zelada (cardinal), 3, 6, 124, 125, 216.

TABLE DES MATIÈRES

	Pages.
AVANT-PROPOS	1

INTRODUCTION

I. Date et occasion des Mémoires	IX
II. La famille de l'internonce. — Il entre au Parlement de Paris	XIII
III. L'internonce. — Les Mémoires. — Leur valeur historique	XXI
IV. L'évêque d'Orthozie. — Le Concordat de 1817	XLI
V. L'épiscopat de Mgr de Salamon	XLVII

LIVRE PREMIER

MON MARTYRE

CHAPITRE PREMIER

L'ARRESTATION DE L'INTERNONCE

L'abbé de Salamon est nommé internonce. — Lettre de Pie VI et du cardinal Zelada. — Échos de l'Édit des protestants : le duc de Brissac, la maréchale de Noailles et Mgr de Juigné, archevêque de Paris. — L'internonce devant Louis XVI. — Comment il est arrêté : Mme Blanchet. — Marat et ses médecines 3

CHAPITRE II

LE DÉPÔT DE LA MAIRIE

La prison et les prisonniers. — L'abbé Sicart. — Les grands vicaires de Toulouse, de Bourges et de Strasbourg. — Le curé de Saint-Jean en Grève. — L'abbé Gervais, secrétaire général de l'archevêché de Paris. — Le chevalier du poignard... 16

CHAPITRE III
L'ARRÊTÉ DE LA COMMUNE

Manuel. — L'abbé Godard, grand vicaire de Toulouse. — Le message des évêques renfermés aux Carmes à l'internonce. — L'abbé Simon, chanoine de Saint-Quentin, et la loyauté révolutionnaire. — Menteur et naïf. — Heureuse inspiration. — L'abbé Sicart et l'horloger Monotte. — Où allons-nous donc?........................ 26

CHAPITRE IV
LA PREMIÈRE NUIT A L'ABBAYE

Canaglia! — Le réfectoire des moines. — Les prisonniers militaires. — Un fâcheux camarade de lit. — L'abbé Vitali, vicaire à la paroisse de Saint-Merry. — Les démarches de Mme Blanchet. — Torné, archevêque constitutionnel de Bourges, et Pétion, maire de Paris. — M. Clément de Saint-Palais. — Le vieux lieutenant général des armées du Roi............ 37

CHAPITRE V
LE DIMANCHE EN PRISON

L'internonce est réuni à ses compagnons. — La part de Dieu. — La part des pauvres. — Le dernier repas. — Un monstre. .

CHAPITRE VI
LA PRÉPARATION A LA MORT

Des heures qui semblent des siècles. — Le crime du procureur au Parlement. — La marchande de la place Maubert et les deux jeunes religieux Minimes. — La dernière absolution. — Le perruquier du faubourg Saint-Antoine : « Je suis un honnête homme, et voilà mon délit. » — L'optimiste abbé Godard. — Quel scélérat que ce geôlier!............... 54

CHAPITRE VII
LE PEUPLE

Le peuple envahit la prison. — La peur donne des ailes. — Sous les piques. — « Voyons, l'abbé, avancez-vous? » — Une excellente femme qui n'eut qu'un tort. — En route pour le tribunal. 69

CHAPITRE VIII
LE MASSACRE

Prétoire et juges. — La stratégie de l'internonce. — Le défilé des martyrs. 76

CHAPITRE IX
HEUREUSE DIVERSION

La députation des Marseillais. — Un *bevitore di sangue* — Pastiche d'éloquence révolutionnaire. — Mort tragique de deux jeunes gardes du corps. — Lueur d'espoir. 86

CHAPITRE X
L'INTERROGATOIRE

L'acteur Dugazon. — Un bossu bien gênant. — « Je demande la parole. » — Un bon point à Maillard. — Heureux d'entrer au violon. — Encore le bossu. — L'abbé Sicart ou son fantôme. 94

CHAPITRE XI
AU VIOLON

Pauvre Blanchet! M. et Mme de Rosambo. — Deux femmes héroïques. — « Voilà M. Sergent qui passe. » — Saisissement. — Enfin, voilà de braves gens! — M. Jourdan et le Comité civil. — Ce qu'était le bossu. 104

CHAPITRE XII
LA DÉLIVRANCE

Soif de sang. — La morale de l'abbé Sicart. — Mort du P. Lenfant, confesseur du Roi. — Quelles gaillardes que ces Provençales! — Patrons et ouvriers. — La perle des tricoteuses. 116

ÉPILOGUE

L'internonce est nommé vicaire apostolique pour la France. — Un cadeau de Pie VI à Mme Blanchet. — *Meâ culpâ*. . . . 123

LIVRE II

MA VIE SOUS LA TERREUR

CHAPITRE PREMIER
LA CHAMBRE DES VACATIONS

Sujet de ce second livre. — Les états généraux et la Chambre des vacations. — Huissier, à l'audience! — Procédés incivils de Manuel. — Bailli et la procession du vœu de Louis XIII à Notre-Dame. — L'affaire des carriers de Montmartre. — La protestation du Parlement................. 127

CHAPITRE II
LE MANDAT D'ARRESTATION

La section de Bondy essaye de se saisir de Mgr de Salamon. — Une dame bien poltronne de l'Île Saint-Louis. — Une amie dévouée. — A la découverte : MM. de Saron, d'Ormesson, de Marcé, Pasquier. — L'abbé Chaubri de Beaulieu : un magistrat devenu fabricant de bas de laine. — Mme Dellebart et sa fille. — Fausse piste. — Lettre de M. de Chateaubriand à Mgr de Salamon..................... 142

CHAPITRE III
LE COUVENT DES ANGLAISES

Blanchet est arrêtée. — La section des « Bandits ». — Deux affreux Auvergnats. — Les prisonnières des Anglaises. — Mesdames de Champcenez, de Soyecourt, de La Rochefoucault, d'Urtat, Duchilleau. — Leur conduite envers Blanchet. — Intervention du docteur Guastaldi. — Mort du fils de Blanchet à l'hôpital de la Charité. — Un boulanger qui veut être le maitre chez lui. — Mgr de Salamon intéresse à Blanchet la duchesse de Sulx et Mme d'Aulnay. — Lettres de Rome. . 154

CHAPITRE IV
A TRAVERS PARIS

Mgr de Salamon quitte la maison de Mme Dellebart. — Son hôtesse de la rue de Paradis. — L'ex abbé devenu professeur à l'École de médecine. — Un déplorable compatriote. — La chemise fine et le vieux bordeaux du jacobin......... 164

CHAPITRE V
DANS LE BOIS DE BOULOGNE

L'internonce sort de Paris. — « Pardon ! je me trompais. » — Les nuits à la belle étoile. — Un chanoine ermite. — Le conseil de l'internonce : MM. Joly, Le Moyne et Girard, auteur du *Comte de Valmont*. 174

CHAPITRE VI
A LA RECHERCHE D'UN GÎTE

Le décret contre les nobles. — L'internonce se met en quête d'un logement. — Le curé intrus de Passy. — Le signalement de Mlle Girard. — Le galetas de Mme Grandin. — Visite à Mme Dellebart, suivie d'un triste retour. — Une vilaine mère qui a une charmante fille. — Brave homme de perruquier. — Une Avignonnaise : la marquise d'Entelx. — Alerte. . . . 181

CHAPITRE VII
UNE NUIT ACCIDENTÉE

« Connaissez-vous une vieille femme nommée Marianne? » — Le citoyen Grandin. — M. de La Feuillade. — L'internonce fait sa cuisine et tient son conseil dans les fourrés du bois de Boulogne. — Une promenade botanique à la suite de M de Jussieu dans le bois de Meudon. — M. Colet, ancien président à Saint-Domingue. — Une verte réplique de Blanchet à madame de La Rochefoucault. — Un mauvais garnement. — Le coup de foudre 198

CHAPITRE VIII
LES DEUX FUGITIVES

Au plus épais du bois. — « Gardez le silence, qui que vous soyez ! » — Le chemin des écoliers. — A tâtons. — Sapho. — « Pardonnez-moi, mademoiselle... » — Visite à Marianne. — Lettre du cardinal Zelada. — Détails curieux sur la correspondance diplomatique de l'internonce avec Pie VI. 211

CHAPITRE IX
RÉUNION

Chute de Robespierre. — Lettre de l'internonce au citoyen Legendre. — La baronne de Courville et sa fille. — Blanchet se

met à la recherche de son maître : leur rencontre au Ranelagh.
— Une visite de l'internonce à Bourdon de l'Oise. 218

ÉPILOGUE

Mort de Blanchet et de Mme Dellebart. 225

LIVRE III

MON PROCÈS SOUS LE DIRECTOIRE

CHAPITRE PREMIER
PIE VI ET LE DIRECTOIRE

Coup d'œil rétrospectif sur l'internonciature de Mgr de Salamon. — Un projet de Concordat entre le Pape et le Directoire : MM. del Campo, Pierracchi et le cardinal Busca. — Une soirée chez un banquier flamand : le prince Belmonte, ambassadeur à Naples, et le prince de Reuss —M. Cochon, préfet de police, fait arrêter le courrier expédié par l'internonce à Pie VI. . 231

CHAPITRE II
LA CONSPIRATION DE L'INTERNONCE

Descente inopinée des agents de police au domicile de l'internonce. — Il est arrêté avec Mme Blanchet. — Le cachot de la Préfecture de police. — Mme Colin. — Une perquisition dans l'appartement de l'internonce à Passy : encore Mme Grandin. — Nuit tragique. 241

CHAPITRE III
L'INSTRUCTION DU PROCÈS

Une lettre du cardinal Busca. — Un type curieux du juge d'instruction. — Les provisions de Mme Colin. — « Je ne suis pas digne de dormir aux côtés de cet ange. » — L'internonce devant le président du jury d'accusation. — Il rencontre Blanchet. 253

CHAPITRE IV
L'INTERNONCE A LA GRANDE FORCE

L'internonce est transféré à la Grande Force. — La suprême consolation des galériens. — Lettres de l'internonce à MM. del

TABLE DES MATIÈRES.

Campo et Balbo, ambassadeurs d'Espagne et de Sardaigne : leur conduite pusillanime. — M. Racin, fondateur du journal *le Spectateur*. — L'infirmerie de la Grande Force. — Les aventures d'un brave naturel de Montmartre. — La voiture cellulaire. — Délivrance de Blanchet. — Adieux à la Grande Force............................. 262

CHAPITRE V
LA CONCIERGERIE

L'internonce est écroué à la Conciergerie. — Le bon Richard. — L'abbé Brottier et M. de Cani, curé de Bonne-Nouvelle. — La cuisinière de Richard. — Anecdotes sur Marie-Antoinette. — Les compagnons de captivité de l'internonce. — Le carlin de la Reine........................... 274

CHAPITRE VI
LE TRIBUNAL CRIMINEL

Au greffe. — L'audience. — Le président Gohier. — L'acte d'accusation. — L'intervention de Boulanger, commissaire du Directoire. — Le rédacteur de l'*Ami du peuple*. — La petite-fille de Richard. — Nouvelles anecdotes sur Marie-Antoinette, le duc d'Orléans et Madame Élisabeth............. 282

CHAPITRE VII
LA SECONDE COMPARUTION DE L'INTERNONCE

Mauvais jurés. — La seconde audience. — Nouvelle intervention de Boulanger. — Vigoureuse protestation de l'internonce et de son défenseur, M. Bellart. — « Ces gens-là veulent ma mort à tout prix ! »........................... 293

CHAPITRE VIII
UN COUP D'ÉTAT

Très mauvais jurés. — Le plan de Richard. — Les effets du malaga sur M. Marchand. — L'internonce improvise un plaidoyer pour le procès de Mme Colin. — Les tristes pressentiments de M. Bellart. — Physionomie de la salle d'audience............................ 299

TABLE DES MATIÈRES.

CHAPITRE IX
ENFIN !

Encore Boulanger! — Répliques vigoureuses de l'accusé et de son défenseur. — Un incident soulevé par le président Gohier. L'interrogatoire........................ 308

CHAPITRE X
L'ACQUITTEMENT

Dernières heures à la Conciergerie. — Joyeux pressentiments de M. Bellart. — La suite de l'audience. — L'abbé Champagne. — Le verdict. — La délivrance. — Conclusion : L'internonce est nommé par le pape Pie VII administrateur des diocèses de la Normandie........................ 319

PIÈCES JUSTIFICATIVES

Lettre de l'abbé de Salamon. — L'affaire du Collier..... 325
Les états généraux........................ 327
Émeute provoquée par Réveillon............... 331
Les évêchés de France.................... 333
Authenticité des Brefs de Pie VI............... 334
Fragments des Mémoires de l'abbé Sicart sur les massacres de septembre........................ 336
Pièces relatives à la protestation du Parlement...... 341
Pièces relatives au procès de l'internonce......... 346
Suite de la correspondance de Mgr de Salamon...... 350
Résumé de sa vie d'après Feller-Pérennès......... 362

PARIS. TYP. DE E. PLON, NOURRIT ET Cie, RUE GARANCIÈRE, 8.